JUNIOR GREAT BOOKS

Conversaciones

3

PROGRAMA DE ESTUDIOS INTERPRETATIVOS

DE DISCUSIÓN, ESCRITURA, Y LECTURA

JUNIOR GREAT BOOKS

Conversaciones

3

GUÍA DEL DIRECTOR

◆

LEADER'S EDITION

THE GREAT BOOKS FOUNDATION

A nonprofit educational organization

First Printing

9   8   7   6   5   4   3   2   1   0

Printed in the United States of America

Published and distributed by

THE GREAT BOOKS FOUNDATION

A nonprofit educational organization

35 East Wacker Drive, Suite 2300

Chicago, IL 60601-2298

www.greatbooks.org

CONTENIDO

CONTENTS

SOBRE *CONVERSACIONES*

Después de 40 años como editorial del ampliamente aclamado programa Junior Great Books, la Great Books Foundation tiene el orgullo de presentar *Conversaciones,* nuestro primer programa en lengua española. Los cuentos de esta serie tienen la finalidad de iniciar a los estudiantes en el placer de leer literatura de alta calidad y discutirla. Las selecciones que publicamos se eligen por su calidad literaria, por su estudio esmerado de temas universales y su capacidad de estimular preguntas significativas para la discusión.

La mitad de los cuentos de *Conversaciones 3* ha sido traducida al español de la Serie 3 de Junior Great Books. Los otros cuentos fueron escogidos porque expresan conjuntamente la calidad que buscamos en nuestras selecciones y exploran con esmero la cultura hispanohablante. *Conversaciones 3* les da a los estudiantes una experiencia de lectura multicultural que afirma la importancia de su acervo cultural a la vez que les presenta otras tradiciones. Las antologías en español e inglés tienen las mismas actividades interpretativas y conllevan la esperanza de que los estudiantes respondan lo mejor posible a un tipo de literatura que los haga pensar.

El objetivo de los programas de lectura y discusión de Great Books es inculcar a los estudiantes la costumbre del raciocinio característico de pensadores, lectores, y estudiantes independientes. El centro de todos los programas de Great Books es la Discusión colectiva, en la que el grupo trabaja en equipo para investigar las posibles interpretaciones de una selección.

ACTIVIDADES DE LA UNIDAD

A medida que los estudiantes leen y reflexionan sobre las selecciones de *Conversaciones,* aprenden a

- Leer los textos detalladamente

- Pensar analíticamente en las palabras e ideas de una selección

- Hacer preguntas para evaluar su propio nivel de comprensión

- Expresar ideas y respaldarlas con evidencia

- Sintetizar interpretaciones de sus ideas o de las ideas de los demás

Cada una de las unidades comprende varias actividades de lectura y escritura creadas para preparar a los estudiantes tanto para la discusión como para ampliar sus ideas sobre ésta.

ACTIVIDADES INTERPRETATIVAS BÁSICAS

Las Actividades interpretativas básicas proporcionan una estructura fundamental para leer un texto y pensar en él analíticamente. Esta secuencia, que no cambia, comprende dos lecturas, oportunidades de hacer preguntas y tomar apuntes, y la Discusión colectiva. Al practicar estas actividades, los estudiantes empiezan a desarrollar la costumbre del raciocinio necesario para convertirse en lectores competentes y analíticos.

Primera lectura seguida de Preguntas para compartir

Recomendamos que la primera lectura de un cuento sea en voz alta para que los estudiantes puedan disfrutar la obra juntos. Las Preguntas para compartir van después de la primera lectura con el fin de animar a los estudiantes a que observen y valoren la forma en que reaccionan ante un cuento. Las Preguntas para compartir les ofrecen una oportunidad de aclarar malentendidos, obtener ayuda con el vocabulario, y empezar a identificar aspectos del cuento que despierten su curiosidad. Como director, puede utilizar este tiempo para darse cuenta de lo que sus estudiantes ya entienden y quieren saber del cuento. Usted puede valerse de la curiosidad de los estudiantes para decidir cuáles son las preguntas que se prestan para guiar la discusión y cuáles Actividades adicionales debe usar.

Segunda lectura con Toma de apuntes

La segunda lectura puede hacerse en voz alta en clase o independientemente. Durante esta lectura, los estudiantes desarrollan ideas sobre el cuento al observar con más cuidado el lenguaje y los detalles del relato. Después de tomar sus propios apuntes o seguir una sugerencia para tomarlos, los estudiantes analizan sus apuntes en parejas, en grupos pequeños, o con toda la clase. Al tomar apuntes y compartirlos, los estudiantes aprenden a reconocer y evaluar sus propias respuestas, y se dan cuenta de que se pueden interpretar los pasajes de diferentes maneras.

Discusión colectiva

Después de dos lecturas cuidadosas del cuento, los estudiantes quedan listos para pensar profundamente en un problema interpretativo. Puesto que usted, como director, inicia la discusión con una pregunta que realmente despierta su curiosidad, los estudiantes aprenden el valor de la participación en un foro intelectual abierto a ideas divergentes. Recomendamos que se arregle el salón de clase para la discusión de forma que todos puedan oírse y verse fácilmente, y que el director se siente en el círculo con el grupo. Esta disposición refuerza las premisas centrales de la Indagación colectiva: que las ideas de todos son valiosas, que todos están presentes para aprender y que la directora es también una estudiante quien espera que el grupo produzca ideas propias.

ACTIVIDADES ADICIONALES

Las Actividades adicionales de cada unidad le permiten adecuar el trabajo de un cuento a los intereses y a las necesidades de sus estudiantes. Usted siempre tendrá la libertad de seleccionar las actividades y la cantidad de ellas que considere más apropiadas para sus estudiantes:

- **Preparación del contexto.** Las actividades previas a la lectura se basan en las experiencias y el conocimiento de los estudiantes para prepararlos a entender mejor el cuento.

- **Vocabulario.** Diversas actividades estimulan a los estudiantes a pensar en nuevas palabras en el contexto y a trabajar creativamente con ellas.

- **Observación literaria.** Arraigadas en las cualidades literarias específicas de una selección, estas actividades ayudan a los estudiantes a pensar en las técnicas y géneros de escritura.

- **Actividades creativas.** Arte, drama, y otras actividades creativas animan a los estudiantes a interpretar el cuento y expresar sus reacciones personales.

- **Escritura.** Las sugerencias para escribir les indican a los estudiantes que creen poemas y cuentos originales, y que expresen sus experiencias y opiniones.

- **Para explorar más.** Las listas de temas y preguntas para explorar más sugieren proyectos que pueden integrar el cuento y sus temas a otras áreas del currículo, entre ellas ciencias, estudios sociales, y arte.

SATISFACCIÓN DE LAS NECESIDADES DEL ESTUDIANTE DE INGLÉS

Los estudiantes aprenden idiomas con más rapidez y facilidad en un contexto significativo. La literatura de *Conversaciones 3* fue seleccionada para estimular el interés del estudiante y el intercambio de ideas, dándole un verdadero motivo para comunicarse.

Los elementos de la adquisición del lenguaje—pensamiento, escucha, habla, lectura, y escritura—son interdependientes y se desarrollan simultáneamente. Al trabajar con *Conversaciones,* los estudiantes leen, desarrollan sus propias ideas, escuchan las ideas de los demás, y discuten y exploran temas juntos. Así, aprenden unos de otros y desarrollan habilidades criticoanalíticas y de comunicaciones.

Puesto que la mitad de los cuentos de *Conversaciones 3* ha sido traducida de la Serie 3 de Junior Great Books, usted puede facilitárselos a los estudiantes en español o inglés, o en ambas lenguas. Si sus estudiantes se encuentran en distintos niveles de inglés, tiene la opción de trabajar con ellos en uno u otro idioma o en ambas lenguas. Se recomienda usar la Serie 3 de Junior Great Books y *Conversaciones 3* con estudiantes de tercero grado o de cursos más altos.

RECURSOS DE APOYO PARA USAR *CONVERSACIONES*

Los Elementos del director contienen recursos que le ayudarán a usar *Conversaciones* eficazmente en su salón de clase; a menudo, ofrecen respuestas a las preguntas sobre la dirección de las Actividades interpretativas básicas y las Actividades adicionales, y las ofrecen sugerencias para adaptarlas a las necesidades de los estudiantes. El apéndice A trata de la evaluación, la integración de Great Books en el currículo, y la participación en el programa de los padres. El apéndice B contiene prototipos reproducibles con formularios útiles y páginas de actividades a los que se hace referencia en todos los Elementos del director y en las descripciones de las actividades que aparecen en cada unidad.

La Great Books Foundation ofrece talleres de Indagación colectiva para ayudar a profesores y voluntarios a usar lo más eficazmente posible nuestro material con los estudiantes. En estos talleres, los participantes aprenden a hacer preguntas provechosas, a seguir con eficacia los comentarios de los estudiantes, y a prepararlos para la discusión. Los participantes también practican cómo dirigir una discusión y reflexionan sobre el procedimiento con los demás. Recomendamos encarecidamente que todos los directores asistan a un taller de Indagación colectiva antes de empezar a usar *Conversaciones.* Para obtener más información, sírvase llamar a la Great Books Foundation al 1-800-222-5870 o, por favor, visite nuestro sitio de web en www.greatbooks.org.

Esta Guía del director debe utilizarse con *An Introduction to Shared Inquiry,* el manual para nuestro taller preliminar, Taller para directores de Indagación colectiva—Primer nivel. Si tiene comentarios o preguntas acerca de alguno de los aspectos de los programas de Great Books, sírvase llamarnos por teléfono al 1-800-222-5870 o, por favor, escríbanos por correo electrónico en jgb@greatbooks.org.

SOBRE INDAGACIÓN COLECTIVA

Los programas de Great Books se valen de un método de aprendizaje que llamamos Indagación colectiva, en el que los participantes buscan respuestas a las preguntas que surgen del texto y que tienen más de una respuesta razonable. Esta búsqueda requiere que los participantes interactúen cuidadosamente con una selección para contestar las preguntas sobre su significado. Se anima a todos los participantes a leer la selección (o a hacer que alguien se las lea) dos veces antes de la discusión, observar las reacciones que el texto les provoque, y hacer preguntas acerca de su significado. La Indagación colectiva comprende muchos tipos de preguntas a los que se alude en esta Guía del director.

PREGUNTAS INTERPRETATIVAS

Una pregunta interpretativa demanda información sobre lo que un cuento significa y tiene más de una respuesta que puede respaldarse con evidencia tomada del texto. Puesto que tal tipo de pregunta pide que los lectores indiquen cómo entienden la motivación de un personaje, un hecho de una trama, u otros aspectos de un cuento, hace que los lectores vuelvan al relato para examinar cuidadosamente el texto. Si bien las experiencias y los valores personales afectan la interpretación de los lectores, no son la base de las respuestas a las preguntas interpretativas: las palabras del cuento lo son. En la Indagación colectiva se usan las preguntas interpretativas para iniciar y mantener la discusión; también pueden servir como sugerencias para el trabajo por escrito. En *Conversaciones,* hacemos referencia a los siguientes tipos de preguntas interpretativas:

Preguntas de enfoque

La pregunta de enfoque trata de un problema de significado fundamental en un cuento y puede mantener una discusión que valga la pena. Recomendamos empezar la discusión con una pregunta de enfoque que el grupo analizará en detalle. Nuestros ejemplos de preguntas de enfoque están impresos en negrillas en la sección Preguntas sugeridas para discusión de cada una de las unidades.

Preguntas relacionadas

Una pregunta relacionada es la que se conecta con el problema fundamental que surge como consecuencia de la pregunta de enfoque. Las preguntas relacionadas pueden ser acerca de personajes determinados o partes del cuento; en la discusión, ayudan a los participantes a ampliar ideas sobre el tema expresado en la pregunta de enfoque. Los ejemplos de preguntas relacionadas que damos aparecen impresos debajo de las preguntas de enfoque en negrillas, en la sección Preguntas sugeridas para discusión de cada una de las unidades.

PREGUNTAS EVALUATIVAS

La pregunta evaluativa pide que el lector salga del texto y decida qué piensa de algo que ha leído en el cuento, basándose en su conocimiento, valores, o experiencia. Por ejemplo, una pregunta evaluativa puede pedirle al lector que indique si está de acuerdo con lo que un personaje elige o con las ideas de un autor. A menudo, las preguntas evaluativas son acerca de principios generales: *¿Es correcto hacer esto? ¿Qué debería hacer la gente al encarar este tipo de situaciones?* En la Indagación colectiva se usan las preguntas evaluativas *después de* la discusión interpretativa: leer el texto y considerarlo detenidamente ayuda a los estudiantes a responder con esmero a los temas más amplios relacionados con el asunto. En *Conversaciones,* usamos estas preguntas como base para asignar tareas de escritura evaluativa que piden que, después de la discusión, los estudiantes expresen juicios sobre un personaje o una idea del cuento. Las preguntas evaluativas también pueden discutirse una vez que el grupo haya completado una discusión interpretativa.

PREGUNTAS OBJETIVAS

Una pregunta objetiva tiene sólo una respuesta correcta que admite evidencia del cuento; este tipo de pregunta les pide a los participantes que recuerden algo del texto, y se la puede contestar generalmente al señalar un pasaje. Aun cuando una pregunta exija que el lector deduzca algo, la consideramos objetiva si solamente hay una respuesta que se pueda deducir razonablemente de los otros hechos de la selección. Puesto que las preguntas objetivas no se prestan a discusiones o análisis, no tienen un papel muy significativo en la Indagación colectiva. No obstante, las preguntas objetivas surgen, en efecto, y deben tratarse informalmente después de la primera lectura; el uso de las preguntas objetivas como preguntas de seguimiento en la Discusión colectiva también puede ayudar a aclarar los aspectos básicos del cuento.

PREGUNTAS DE SEGUIMIENTO

Una pregunta de seguimiento es una pregunta espontánea que un director hace como respuesta a uno de los participantes en la discusión. Las preguntas de seguimiento mantienen la discusión activa al pedirles a los participantes que expliquen sus respuestas en forma más completa y que respondan a las ideas de los demás. Un director puede preguntarle a un participante cuál es la evidencia en el cuento que respalda una respuesta determinada, qué piensa de una idea de otro participante, o qué quiere decir al usar una palabra o una frase en particular. Aunque las preguntas de seguimiento se usan más que todo en la discusión, usted también puede usarlas cada vez que quiera alentar a los estudiantes a que expliquen sus ideas y las amplíen, como cuando analiza los apuntes de los estudiantes o responde a lo que han escrito. Específicamente, las preguntas de seguimiento pueden

- **Aclarar comentarios.** *¿Qué quieres decir con eso? ¿Quieres repetirlo? ¿Quieres decirnos algo más sobre esa idea?*

- **Respaldar ideas.** *¿Cuál parte del cuento te dio esa idea? ¿Qué fue lo que dijo o hizo el personaje para hacerte pensar de tal manera? ¿En qué parte del cuento ves eso?*

- **Solicitar opiniones adicionales.** *¿Estás de acuerdo o no con eso? ¿Tienes alguna idea acerca de esa parte del cuento? ¿Tiene alguien alguna idea que no hayamos oído todavía?*

- **Poner a prueba la evidencia en busca de ideas.** *Según tu respuesta, ¿cómo explicarías esta parte del cuento? ¿Hay algo en el cuento que te dé una idea distinta?*

- **Mantener la discusión encauzada.** *¿Cuál fue la respuesta que escribiste antes de que empezara la discusión? Y eso ¿qué te hace pensar de la pregunta inicial?*

PREGUNTAS DE MUESTRA

Para "El robo de las aes"

Interpretativa: *¿Por qué piensa el niño que debe hacer algo para detener los insultos contra su padre?*

Evaluativa: *¿Es correcto hacer lo que sea para proteger a alguien en la familia?*

Objetiva: *¿En qué forma insulta el Padre Demetrio al padre del narrador?* [Única respuesta posible: Él critica las ideas del padre en el periódico y en la misa.]

ABOUT *CONVERSACIONES*

After 40 years as publisher of the widely acclaimed Junior Great Books program, the Great Books Foundation is proud to introduce *Conversaciones,* our first Spanish-language program. The stories in this series are intended to introduce students to the joys of reading and discussing high-quality literature. The selections we publish are chosen for their literary quality, their thoughtful exploration of universal issues, and their capacity to raise meaningful questions for discussion.

Half the stories in *Conversaciones 3* have been translated into Spanish from Junior Great Books Series 3. The others were chosen because they unite the qualities we look for in all our selections with thoughtful explorations of Spanish-speaking cultures. *Conversaciones 3* gives your students a multicultural reading experience, one that affirms the importance of their own heritages while introducing them to other traditions. The interpretive activities and the expectation that students respond best when they are challenged by thought-provoking literature are the same in both our English- and Spanish-language anthologies.

The goal of Great Books reading and discussion programs is to instill the habits of mind that characterize self-reliant thinkers, readers, and learners. The heart of all Great Books programs is Shared Inquiry Discussion, in which the group works together to explore possible interpretations of a selection.

UNIT ACTIVITIES

As students read and reflect on the selections in *Conversaciones,* they learn to

• Read texts closely

• Think critically about the words and ideas in a selection

• Ask questions to gauge their own level of understanding

• Articulate ideas and support them with evidence

• Synthesize interpretations that draw on their own and others' thinking

Each unit includes a spectrum of reading and writing activities designed both to prepare students for discussion and to extend their thinking about it afterward.

CORE INTERPRETIVE ACTIVITIES

The Core Interpretive Activities provide a basic structure for reading and thinking critically about a text. This sequence, which remains consistent, comprises two readings, opportunities to ask questions and take notes, and Shared Inquiry Discussion. By practicing these activities, students begin to develop the habits of mind needed to become proficient and thoughtful readers.

First Reading followed by Sharing Questions

We recommend that the first reading of a story be done aloud, so that students can experience the work together. Sharing Questions takes place after the first reading, to encourage students to notice and value their own reactions to a story. Sharing Questions is an opportunity for students to clear up misunderstandings, get help with vocabulary, and begin to identify aspects of the story they are curious about. As a leader, you can use this time to learn what your students already understand and what they want to know about the story. You can then use students' curiosity to make decisions about which questions to lead in discussion and which Supplemental Activities to use.

Second Reading with Note Taking

The second reading may be done aloud in class or independently. During this reading, students develop their thinking about the story by taking a closer look at its language and details. After making their own notes or following a note-taking prompt, students explore their notes in pairs, small groups, or with the whole class. By making and sharing notes, students learn to recognize and value their own responses to a story and realize that passages may be interpreted in more than one way.

Shared Inquiry Discussion

After two thoughtful readings of the story, students are ready to think about an interpretive problem in depth. Because you as leader begin discussion with a question you are genuinely curious about, students learn what it is like to participate in an intellectual forum open to divergent ideas. We recommend that for discussion the classroom be arranged so that everyone may hear and see one another easily, and that the leader sit in the circle with the group. This arrangement reinforces the main premises of Shared Inquiry: that everyone's ideas are valuable, that everyone is present to learn, and that the leader is also a learner and expects the group to come up with ideas of their own.

SUPPLEMENTAL ACTIVITIES

The Supplemental Activities in each unit enable you to customize work on a story to meet your students' interests and needs. You are always free to select which activities are most appropriate for your students and how many activities you wish to use:

- **Building Context.** Prereading activities draw on students' own experience and prior knowledge to prepare them to better understand the story.

- **Vocabulary.** Various activities encourage students to think about new words in context and to work with them creatively.

- **Looking at Literature.** Rooted in a selection's specific literary qualities, these activities help students think about writing techniques and genres.

- **Creative Endeavors.** Art, drama, and other creative activities encourage students to interpret the story and express their personal reactions.

- **Writing.** Suggestions for writing ask students to create their own poetry and stories and to articulate their experiences and opinions.

- **For Further Exploration.** Lists of topics and questions for further exploration suggest projects that can integrate the story and its themes with other curricular areas, including science, social studies, and art.

MEETING THE NEEDS OF ENGLISH-LANGUAGE LEARNERS

Students learn language more rapidly and with greater facility when they use it in a meaningful context. The literature in *Conversaciones 3* is selected to ignite student interest and the exchange of ideas, giving students a real reason to communicate.

The elements of language acquisition—thinking, listening, speaking, reading, and writing—are interdependent and develop simultaneously. Working with *Conversaciones,* students read, develop their own ideas, listen to the thoughts of others, and discuss and explore issues together. In this way students learn from one another, developing both critical-thinking and communication skills.

Because half the stories in *Conversaciones 3* are translated from Junior Great Books Series 3, you may make those stories available to your students in Spanish, in English, or in both languages. If your students are at different levels of English acquisition, you may choose to work with them in either or both languages. Junior Great Books Series 3 and *Conversaciones 3* are recommended for use with students in third grade or higher.

RESOURCES TO SUPPORT YOUR USE OF *CONVERSACIONES*

The Leader's Toolbox contains resources to help you use *Conversaciones* effectively in your classroom. It answers frequently asked questions about conducting the Core Interpretive Activities and Supplemental Activities and adapting them to meet the needs of your students. Appendix A addresses assessment, integrating Great Books into the curriculum, and involving parents in the program. Appendix B contains reproducible masters of useful forms and activity pages referred to throughout the Leader's Edition.

The Great Books Foundation offers Shared Inquiry workshops to help teachers and volunteers use our materials with students most effectively. In these workshops, participants learn how to pose fruitful questions, follow up on students' comments effectively, and prepare students for discussion. Participants also practice leading a discussion and reflect on the process with others. We strongly recommend that all leaders attend a Shared Inquiry workshop before using *Conversaciones.* For more information, call the Great Books Foundation at 1-800-222-5870 or visit our Web site at www.greatbooks.org.

This Leader's Edition is intended for use with *An Introduction to Shared Inquiry,* the handbook for our introductory workshop, Shared Inquiry Leader Workshop—Level I. If you have comments or questions about any aspect of Great Books programs, please call us at 1-800-222-5870 or e-mail us at jgb@greatbooks.org.

ABOUT SHARED INQUIRY

Great Books programs employ a method of learning we call Shared Inquiry, in which participants search for answers to questions raised by a text—questions that have more than one reasonable answer. This search requires participants to interact thoughtfully with a selection to resolve questions about its meaning. All participants are encouraged to read the selection (or have it read to them) twice before discussion, note their reactions to the text, and ask questions about its meaning. Shared Inquiry involves many types of questions, which are referred to throughout this Leader's Edition.

INTERPRETIVE QUESTIONS

An interpretive question asks what a story means, and it has more than one answer that can be supported with evidence from the text. Because such a question asks readers how they understand a character's motivation, a plot event, or some other aspect of a story, it sends readers back to the story to examine the text carefully. While personal experiences and values affect each reader's interpretation, they are not the basis of answers to interpretive questions—the words of the story are. In Shared Inquiry, interpretive questions are used to begin and sustain discussion; they may also serve as prompts for written work. In *Conversaciones*, we refer to the following types of interpretive questions:

Focus questions

A focus question addresses a central problem of meaning in a story and can sustain a rewarding discussion. We recommend beginning discussion by asking a focus question, which the group will explore in depth. Our examples of focus questions are printed in bold in the Suggested Questions for Discussion section of each unit.

Related questions

A related question is linked to the central problem raised by a focus question. Related questions may be about specific characters or parts of the story; they are used in discussion to help participants think further about the issue expressed in the focus question. Our examples of related questions are printed beneath the bold focus questions in the Suggested Questions for Discussion section of each unit.

EVALUATIVE QUESTIONS

An evaluative question asks readers to go outside the text and decide what they think about something in the story based on their own knowledge, values, or life experience. For example, an evaluative question may ask whether a reader agrees with a character's choices or with an author's ideas. Often, evaluative questions ask about general principles: *Is it right to do this? What should people do when faced with this kind of situation?* In Shared Inquiry, evaluative questions are used *after* interpretive discussion—reading and considering the text thoroughly helps students respond thoughtfully to larger related issues. In *Conversaciones*, we use these questions as the basis for evaluative writing assignments that ask students to express their judgment of a character or idea in the story after discussion. Evaluative questions may also be discussed after a group has completed an interpretive discussion.

FACTUAL QUESTIONS

A factual question has only one correct answer that can be supported with evidence from the story. It asks participants to recall something in the text, and it can usually be answered by pointing to a passage. Even if a question requires the reader to make an inference, we consider it factual if there is only one answer that can be reasonably inferred from the other facts in the selection. Because factual questions do not lend themselves to discussion or exploration, they do not play a large role in Shared Inquiry. However, factual questions do arise and should be addressed informally after the first reading; using factual questions as follow-up questions in Shared Inquiry Discussion can also help to clarify basic aspects of the story.

FOLLOW-UP QUESTIONS

A follow-up question is a spontaneous question that a leader asks in response to a participant during discussion. Follow-up questions keep discussion going by asking participants to explain their answers more fully and to respond to one another's ideas. A leader may ask a participant what evidence in the story supports an answer, what he or she thinks of another's idea, or what he or she means by a particular word or phrase. Although follow-up questions are used most in discussion, you can also use them whenever you want to spur students to explain and elaborate on their thinking, such as when you explore students' notes or respond to their writing. Specifically, follow-up questions can

- **Clarify comments.** *What do you mean by that? Could you say that again? Can you tell us more about that idea?*

- **Get support for ideas.** *What part of the story gave you that idea? What did the character say or do that made you think that? Where in the story do you see that?*

- **Solicit additional opinions.** *Do you agree or disagree with that? Do you have an idea about that part of the story? Does anyone have an idea we haven't heard?*

- **Test the evidence for ideas.** *How would you explain this part of the story, given your answer? Is there anything in the story that gives you a different idea?*

- **Keep discussion focused.** *What answer did you write down before discussion started? What does that make you think about the opening question?*

SAMPLE QUESTIONS

For "The Theft of the A's"

Interpretive: *Why does the boy feel that he must do something to stop the insults against his father?*

Evaluative: *Is it right to do whatever it takes to protect someone in your family?*

Factual: *How does Father Demetrio insult the narrator's father?* [Only possible answer: He criticizes the father's ideas in the newspaper and at mass.]

Carlos y la milpa de maíz

Jan Romero Stevens

CARLOS Y LA MILPA DE MAÍZ

Jan Romero Stevens

Traducción de Patricia Hinton Davison

Extensión del cuento: 13 páginas

Duración de la lectura en voz alta: Aproximadamente 15 minutos

El papá le encomienda a Carlos el trabajo importante de plantar semillas de maíz y ofrece pagarle cinco dólares por hacerlo. En vez de seguir las instrucciones del papá y dejar caer tres semillas en cada agujero, Carlos toma un puño de semillas para cada agujero con el fin de ganarse rápidamente los cinco dólares y comprarse una navaja que desea mucho. Poco después, cuando el maíz empieza a brotar, Carlos se lleva una sorpresa.

Acerca de la autora

Jan Romero Stevens nació en 1953 y ha pasado toda su vida en Nuevo México y en Arizona. Fascinada por la historia y la cultura del suroeste de los Estados Unidos, Stevens se dedica en la actualidad a investigar su herencia hispana y estudiar español con sus niños. Además de *Carlos and the Cornfield/Carlos y la milpa de maíz,* ha escrito otros dos libros para niños con Carlos como personaje principal: *Carlos and the Squash Plant/Carlos y la planta de calabaza* y *Carlos and the Skunk/Carlos y el zorrillo.* Stevens también escribe para periódicos y revistas.

CARLOS AND THE CORNFIELD

Jan Romero Stevens

Story length: 13 pages

Read-aloud time: About 15 minutes

Carlos's father gives him the job of planting corn seeds, offering to pay him five dollars for his work. Instead of following directions and planting three seeds in each hole, Carlos puts a handful of seeds in each hole so that he can quickly get his five dollars and buy a pocketknife that he covets. Later, when the corn begins to sprout, Carlos is in for a surprise.

About the Author

Jan Romero Stevens was born in 1953 and has lived all her life in New Mexico and Arizona. Fascinated by the history and culture of the American Southwest, Stevens is now exploring her Hispanic heritage by studying Spanish with her children. In addition to *Carlos and the Cornfield/Carlos y la milpa de maíz,* she has written two other books featuring Carlos, *Carlos and the Squash Plant/Carlos y la planta de calabaza* and *Carlos and the Skunk/Carlos y el zorrillo.* Stevens also writes for newspapers and magazines.

ACTIVIDADES INTERPRETATIVAS BÁSICAS

Para obtener información más detallada sobre cómo hacer estas actividades y adaptarlas a las necesidades de los estudiantes de diferentes niveles, refiérase a los Elementos del director, a partir de la pág. 337.

Primera lectura (alrededor de 15 minutos) seguida de Preguntas para compartir (20–30 minutos)

Recuérdeles a los estudiantes que, a medida que escuchen el cuento, deben pensar en las preguntas que les gustaría hacer después de la lectura. Léales el cuento en voz alta y luego, pídales que compartan sus preguntas. Cuando ellos hagan preguntas, escríbalas en el tablero o en papel gráfico, el que puede colgar en clase para que puedan consultarlas mientras trabajan en el cuento. Con la ayuda de los estudiantes, conteste las preguntas urgentes sobre vocabulario o hechos específicos. Si el tiempo lo permite, haga que la clase considere brevemente las respuestas posibles a algunas de las otras preguntas. Explique que guardarán las preguntas sobre el significado del cuento para la Discusión colectiva.

Segunda lectura con Toma de apuntes (30–45 minutos)

Para ayudar a los estudiantes a considerar el texto más atentamente, indíqueles que tomen apuntes durante la segunda lectura. Decida si los estudiantes (1) anotarán en el margen las reacciones que el cuento les cause, (2) señalarán las partes que sugieran respuestas a alguna de las preguntas hechas durante la sección Preguntas para compartir, o (3) marcarán el texto utilizando uno de las sugerencias para tomar apuntes, que aparecen a continuación, o alguno que usted haya creado:

- Señala con una **S** las partes donde Carlos piensa en **sí** mismo, y con una **O** las partes en las que piensa en **otros.**
- Señala con una **C** las partes donde Carlos o su padre **confían** en sí mismos, y con **NC** las partes en las que Carlos o su padre **no confían** en sí mismos.

Antes de empezar la segunda lectura, explique cómo le gustaría que los estudiantes tomaran apuntes. Luego, lea el cuento en voz alta o haga que los estudiantes lo lean independientemente o en parejas, tomando apuntes durante la lectura. Una vez que los estudiantes hayan tomado apuntes, déles la oportunidad de compartir los apuntes sobre varios pasajes o páginas del cuento y explicarlos.

Discusión colectiva (30–45 minutos)

Antes de la discusión, decida cuales son las preguntas que quiere tratar con la clase (vea la página siguiente). Siempre que sea posible, siente a los estudiantes en forma tal que todos puedan verse y escucharse con facilidad. Recuérdeles que necesitarán sus libros y útiles de escritura. Distribuya ejemplares de Elaborar tu respuesta (vea el apéndice B, pág. 411) y déles a los estudiantes la oportunidad de meditar sobre la pregunta de enfoque y anotar respuestas antes de empezar la discusión. Durante la discusión, utilice preguntas relacionadas con partes específicas del cuento para ayudarles a los estudiantes a pensar en la evidencia del texto que respalde sus opiniones. En nuestras preguntas sugeridas, las preguntas de enfoque aparecen en negrillas y las preguntas relacionadas están bajo la pregunta de enfoque a que aluden.

CORE INTERPRETIVE ACTIVITIES

For more detailed information about conducting these activities and adapting them to meet the needs of students working at different levels, see the Leader's Toolbox, beginning on p. 363.

First Reading (about 15 minutes) followed by Sharing Questions (20–30 minutes)

Remind students that as they listen to the story they should think of any questions they would like to ask after the reading. Read the story aloud, and then have them share their questions. As students pose questions, you may want to write them on the board or on chart paper that can be left up during the class's work on the story. With students' help, answer pressing vocabulary or factual questions. If time permits, have the class briefly consider possible answers to a few of the other questions. Explain that you will save questions about the story's meaning for Shared Inquiry Discussion.

Second Reading with Note Taking (30–45 minutes)

To help students look at the text more closely and thoughtfully, have them take notes during the second reading. Decide whether students will (1) make their own marks about their reactions to the story in the margins, (2) mark places that suggest answers to one of the questions asked during Sharing Questions, or (3) mark the text using one of the following note-taking prompts or one that you have created:

- Mark places where Carlos is thinking of **himself** with **H**, and places where he is thinking of **others** with **O**.
- Mark places where Carlos or his father is **feeling confident** with **C**, and places where Carlos or his father is **not feeling confident** with **NC**.

Explain how you would like students to take notes before they begin the second reading. Then read the story aloud or have students read independently or in pairs, making notes throughout. After students have made notes, give them an opportunity to share and explain their notes from several passages or pages of the story.

Shared Inquiry Discussion (30–45 minutes)

Before discussion, decide which questions you want to explore with your class (see the facing page). Whenever possible, seat students so that everyone can see and hear one another easily. Remind students that they will need their books and something to write with. Distribute copies of the Building Your Answer page (see appendix B, p. 411), and give students an opportunity to reflect on the focus question and write down their answers before discussion begins. Throughout discussion, use related questions about specific parts of the story to help students think about evidence in the text that supports their opinions. In our suggested questions, focus questions appear in bold type and related questions appear under the focus question they support.

PREGUNTAS SUGERIDAS PARA LA DISCUSIÓN

Le recomendamos que establezca su propia lista de preguntas para la Discusión colectiva (vea el prototipo Red de preguntas en el apéndice B, pág. 407). Necesitará una pregunta de enfoque, que será la pregunta que usted haga al inicio de la discusión, y preguntas relacionadas para ayudar a los estudiantes a reflexionar aún más sobre la pregunta de enfoque. Usted puede derivar la pregunta de enfoque, y las preguntas relacionadas con ésta, de las preguntas de los estudiantes, de sus propios apuntes, o de las preguntas de muestra indicadas a continuación.

¿Por qué decide Carlos hacer el trabajo con rapidez en lugar de hacerlo correctamente?

- ¿Por qué le encomienda el papá a Carlos el trabajo importante de plantar las semillas de maíz?

- ¿Por qué decide Carlos dejar caer más de tres semillas en cada agujero, cuando poco antes pensaba en trabajar aún más duro?

- Cuando Carlos se fue rápidamente a su casa en bicicleta después de comprar la navaja, ¿por qué se aseguraba a cada ratito de que la navaja todavía estuviera en su bolsillo?

- ¿Por qué no dice a nadie Carlos que se siente un poco incómodo cuando el maíz empieza a brotar?

- ¿Por qué le ruega Carlos al señor López que le compre la navaja roja?

Al final del cuento, ¿por qué sonríe Carlos cuando repite lo que su padre le ha dicho: "Cosechas lo que siembras"?

- ¿Por qué le dice el papá a Carlos: "Cosechas lo que siembras", luego de indicarle cómo plantar las semillas?

- ¿Por qué cree el papá de Carlos, sin verificarlo, que su hijo ha trabajado duro y que se merece los cinco dólares?

- ¿Por qué le dice Carlos al papá que entiende el dicho "Cosechas lo que siembras", cuando en realidad no entiende lo que el papá quiere decir?

- ¿Por qué compra Carlos más semillas y las siembra sin decirle al papá lo que ha hecho?

- Cuando Carlos se da cuenta de que había comprado maíz azul en vez de amarillo, ¿por qué le da vergüenza? ¿Por qué le contesta al papá un poco apenado?

SUGGESTED QUESTIONS FOR DISCUSSION

We recommend that you create your own set of questions for Shared Inquiry Discussion (see the Question Web master in appendix B, p. 407). You will need a focus question, which will be the question you ask at the beginning of discussion, and related questions that help students think further about the focus question. Your focus question and related questions can be drawn from your students' questions, your own notes, or the sample questions that follow.

Why does Carlos decide to do the job quickly instead of correctly?

- Why does Carlos's father give him the big job of planting the corn?

- Why does Carlos decide to put more than three seeds in each hole, when earlier his idea was to work even harder?

- When Carlos rides home after buying the pocketknife, why does he keep checking to make sure the knife is in his pocket?

- Why doesn't Carlos say anything about the uneasy feeling he has when the corn begins to sprout?

- Why does Carlos beg to sell his red pocketknife back to Señor López?

At the end of the story, why does Carlos smile when he repeats what his father has told him, "You reap what you sow"?

- Why does Carlos's father tell him "You reap what you sow" after he tells Carlos how to plant the seeds?

- Why does Carlos's father believe, without checking, that his son has worked hard and deserves the five dollars?

- Why does Carlos tell his father that he understands the saying "You reap what you sow" when he really doesn't?

- Why does Carlos buy more seeds and plant them without telling his father what he has done?

- When Carlos realizes that he bought blue corn seed, why is he embarrassed? Why does he respond to his father "sheepishly"?

ACTIVIDADES ADICIONALES

Estas actividades hacen que los estudiantes comprendan mejor el cuento y lo disfruten más y que desarrollen destrezas del vocabulario, la escritura, y el razonamiento crítico. Las necesidades y los intereses de su grupo le ayudarán a determinar cuáles actividades debe incluir en el programa de actividades básicas.

Preparación del contexto

Oportunidad: Antes de la primera lectura

Presente el cuento diciéndoles a los estudiantes que se trata de un niño cuyo padre le encomienda un trabajo importante. Dirija una discusión breve con base en esta pregunta: *Si te encomiendan un trabajo importante y vas a recibir una recompensa al hacerlo, ¿harías el trabajo tan rápidamente como pudieras o tan bien como pudieras?*

Vocabulario

Oportunidad: En cualquier momento después de la primera lectura

Interpretación de las palabras (vea la página de actividades). Los estudiantes consideran el significado de la palabra *apenado*.

Observación literaria

Oportunidad: En cualquier momento después de la segunda lectura

Proverbios y dichos (vea la página de actividades). Esta página de actividades presenta cuatro proverbios mexicanos. Los estudiantes pueden escribir un proverbio que hayan aprendido en casa, explicar el mensaje o la moraleja que alguno de los proverbios enseña, o indicar una situación a la que pueda aplicarse el proverbio.

Actividades creativas

Oportunidad: En cualquier momento después de la primera lectura

- Haga que los estudiantes dibujen la casa de Carlos y la milpa de maíz, según las conciban (vea el prototipo de arte en el apéndice B, pág. 425).

- Prepare panqués de maíz con los estudiantes según la receta indicada, tal vez con un batido de maíz amarillo para la primera tanda y con otro de maíz azul para la segunda.

- Haga que los estudiantes construyan una granja de papel, dibujando parcelas y recortando imágenes de catálogos de semillas. Los estudiantes pueden solicitar catálogos a compañías que se especialicen en semillas particulares o en semillas de cosechas antiguas, y averiguar qué tipo de cosechas puede darse en su sector.

SUPPLEMENTAL ACTIVITIES

These activities deepen students' understanding and enjoyment of the story and develop vocabulary, writing, and critical-thinking skills. The needs and interests of your group will help you determine which activities to add to the schedule of core activities.

Building Context

Timing: Before the first reading

Introduce the story by telling students that it is about a boy whose father gives him an important job to do. Lead a brief discussion of the question: *If you were given a big job and were going to receive a reward at the end of it, would you do the job as fast as you could or as well as you could?*

Vocabulary

Timing: Anytime after the first reading

Interpreting Words (see activity page). Students consider the meaning of the word *apenado*.

Looking at Literature

Timing: Anytime after the second reading

Proverbs and Sayings (see activity page). This activity page presents four Mexican proverbs. Students can write a proverb they have learned at home, explain the message or lesson that one of the proverbs might teach, or draw a situation in which the proverb might be spoken.

Creative Endeavors

Timing: Anytime after the first reading

- Have students draw their interpretation of Carlos's home and the cornfield (see the art master in appendix B, p. 425).

- Prepare *panqués de maíz* with the students according to the recipe provided, perhaps using yellow cornmeal for one batch and blue cornmeal for another.

- Have students create a farm on paper by drawing plots and cutting out pictures from seed catalogs. Students can request catalogs from companies that specialize in heirloom seeds or the seeds of ancient food crops and research which crops will grow well in their area.

Escritura

Oportunidad: Después de la Discusión colectiva

Escritura evaluativa (vea la página de actividades). Los estudiantes consideran si los padres deben encomendarles trabajos importantes a los hijos sabiendo que éstos podrían cometer errores.

Escritura de instrucciones (vea la página de actividades). Los estudiantes hacen un libro de recetas que destaque el maíz y contribuyen con recetas familiares o tomadas de un libro de cocina. Pida a los estudiantes que piensen en platos entre cuyos ingredientes figure el maíz o una comida de maíz. Los estudiantes pueden elaborar las recetas en casa o en la escuela y compartirlas después.

Para explorar más...

Estudios sociales

• Invite a un granjero a que visite el salón de clases para una entrevista. Los estudiantes pueden preparar preguntas como las siguientes: *¿Cómo aprendió a ser granjero? ¿Qué clase de trabajo tuvo en la granja cuando era niño? ¿Cree en el dicho "Cosechas lo que siembras"?*

Literatura

• Francisco X. Alarcón, "Ode to Corn/Oda al maíz", tomado de *Laughing Tomatoes and Other Spring Poems/Jitomates risueños y otros poemas de primavera* (San Francisco: Children's Book Press, 1997).

• Tomie de Paola, *El libro de las palomitas de maíz* (Nueva York: Holiday House, 1993). Libro con ilustraciones, de no ficción, que trata de la historia del maíz y de sus múltiples usos en todo el mundo.

• Monica Hughes, *A Handful of Seeds* (Toronto: Lester Publishing, 1993). Una joven aprende que si toma un puñado de semillas en cada cosecha anual y lo guarda, siempre tendrá maíz para sembrar y sostenerse. Se consigue en español bajo el título *Un puñado de semillas* (Caracas: Ediciones Ekaré, 1996).

• Blanca López de Mariscal, *The Harvest Birds/Los pájaros de la cosecha* (San Francisco: Children's Book Press, 1995). Versión bilingüe de un cuento folklórico de Oaxaca, México, que relata la vida de un joven cuya capacidad de escuchar a la naturaleza lo convierte en un granjero de éxito.

Writing

Timing: After Shared Inquiry Discussion

Evaluative Writing (see activity page). Students consider whether parents should give children important jobs to do, knowing that the children might make mistakes.

Writing Instructions (see activity page). Students make a class recipe book featuring corn by contributing either a family recipe or a recipe from a cookbook. Begin by having the class brainstorm dishes that use corn or cornmeal as an ingredient. The recipes can be made by students at home or at school and then shared.

For Further Exploration

Social Studies

• Invite a farmer to visit the classroom for a guest interview. Students can prepare their own interview questions, such as *How did you learn to farm? What kind of farm work did you do as a child? Do you believe in the saying "You reap what you sow"?*

Literature

• Francisco X. Alarcón, "Ode to Corn/Oda al maíz," from *Laughing Tomatoes and Other Spring Poems/Jitomates risueños y otras poemas de primavera* (San Francisco: Children's Book Press, 1997).

• Tomie de Paola, *El libro de las palomitas de maíz* (New York: Holiday House, 1993). A nonfiction picture book that looks at the history and many uses of corn throughout the world.

• Monica Hughes, *A Handful of Seeds* (Toronto: Lester Publishing, 1993). A young girl learns the wisdom of saving a handful of seeds from each year's harvest so that she can always grow corn to support herself. Available in Spanish as *Un puñado de semillas* (Caracas: Ediciones Ekaré, 1996).

• Blanca López de Mariscal, *The Harvest Birds/Los pájaros de la cosecha* (San Francisco: Children's Book Press, 1995). Bilingual version of a folktale from Oaxaca, Mexico, that tells the story of a young man whose ability to listen to nature makes him a successful farmer.

Nombre: _____

Al final del cuento, después de darse cuenta de que había comprado maíz azul en lugar de maíz amarillo, Carlos le contesta "un poco **apenado**" a su padre.

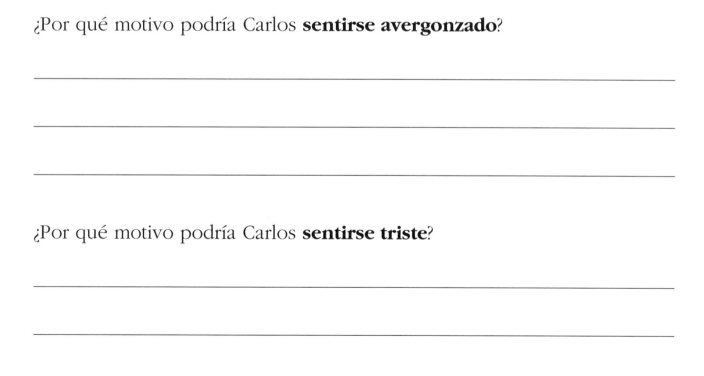

apenado

- ✇ sentirse avergonzado
- ✇ sentirse triste
- ✇ sentir haber causado muchas dificultades

¿Por qué motivo podría Carlos **sentirse avergonzado**?

_____

_____

_____

¿Por qué motivo podría Carlos **sentirse triste**?

_____

_____

_____

¿Cómo podría Carlos **sentir haber causado muchas dificultades**?

_____

_____

_____

Ahora, válgate de las ideas que expresaste para contestar esta pregunta de interpretación:

¿Por qué empieza a sonreír Carlos inmediatamente después de responder un poco apenado a su padre?

_____

_____

_____

_____

_____

Nombre: _____

Querer es poder.

El que parte y comparte, se queda con la mejor parte.

Más hace una hormiga andando que un buey echado.

Cuando en duda, consúltalo con tu almohada.

Nombre: _____

En el cuento, el papá le encomienda a Carlos un trabajo importante, pero Carlos comete un error al hacerlo.

Escribe un ensayo que responda a esta pregunta:
¿Deben encomendar los padres trabajos importantes a los hijos sabiendo que éstos podrían cometer errores?

¿Por qué le encomendaría un padre un trabajo importante a un hijo?

_____

_____

_____

_____

¿Qué puede aprender un niño al hacer un trabajo importante?

_____

_____

_____

_____

_____

_____

¿En qué forma
podrían causarles
problemas a los
padres los errores
de un hijo?

_____

_____

_____

_____

_____

_____

_____

_____

_____

Si tú fueras padre,
¿le encomendarías
un trabajo
importante a
tu hijo?

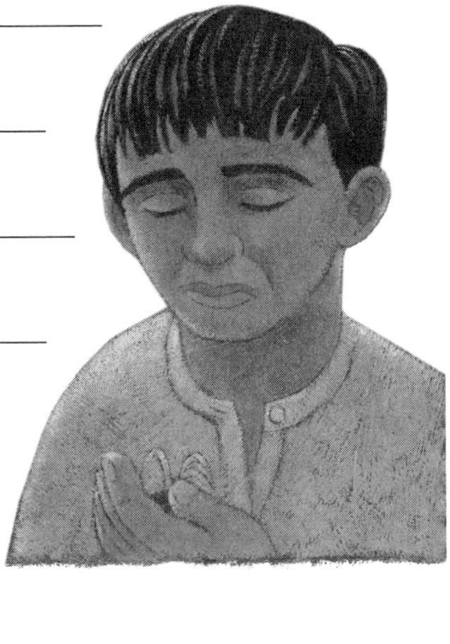

_____

_____

_____

_____

_____

_____

_____

Nombre: _____

Mi receta para _____

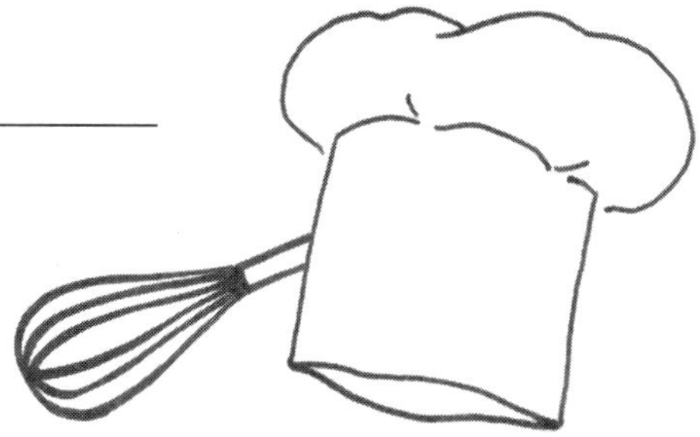

Ingredientes:

_____   _____

_____   _____

_____   _____

_____   _____

Instrucciones:

_____

_____

_____

_____

_____

Cómo servir:

_____

_____

_____

Esta receta proviene de:

_____

Panqués de maíz

1	huevo
1	taza de leche agria (buttermilk)
2	cucharadas de aceite
1/2	taza de harina
1/2	taza de harina de maíz, amarilla o azul
1	cucharada de azúcar
1	cucharadita de levadura en polvo
1/2	cucharadita de bicarbonato de soda
1/2	cucharadita de sal

Se bate el huevo. Se agregan los demás ingredientes y se baten hasta que estén bien mezclados. Se engrasa el comal o la sartén. Para comprobar que está caliente deje caer unas gotas de aqua y si las gotas bailan, el comal está listo. Se vierte el batido para formar pequeños panqués en el comal. Se voltean los panqués tan pronto como estén esponjados y llenos de burbujas pero antes de que se revienten las burbujas. Se cuecen hasta que estén dorados de los dos lados.

Se sirven calientes con mantequilla, jarabe, o miel.

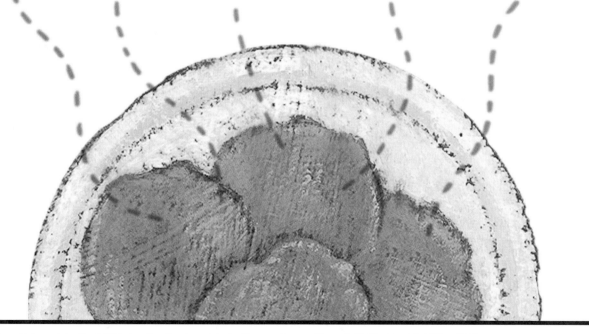

Recipe from *Carlos and the Cornfield/Carlos y la milpa de maíz* by Jan Romero Stevens (Flagstaff, AZ: Northland Publishing, 1995).

—M'ijo, tengo un trabajo importante para ti.

CARLOS Y LA MILPA DE MAÍZ

Jan Romero Stevens

Traducción de Patricia Hinton Davison

Carlos se inclinó para ver por el lado de la vitrina, y luego se paró de puntitas para ver desde arriba.

Sobre un pedazo de terciopelo azul oscuro estaba la cosa más maravillosa que jamás había visto, una navaja roja con dos hojas, un par de pinzas, unas tijeras, un abrelatas, y un palillo de plástico.

—¡Qué hermosura! —dijo, admirando la navaja desde todos lados.

1

Carlos bent down to look through the side of the glass case, then stood on his tiptoes to peer in from the top.

Lying on a piece of dark blue velvet was the most beautiful thing he had ever seen—a red pocketknife with two blades, a tiny pair of tweezers, scissors, a can opener, and a plastic toothpick.

"Qué hermosura!"—"How beautiful!"—he said, admiring the knife from all angles.

Carlos took all the change from his pockets and counted it slowly, hoping he had enough money to buy the red knife. But he was still several dollars short.

Disappointed, he left Señor López's store, hopped on his bicycle, and pedaled quickly down the street. After a few curves, the road turned to dirt and the houses came farther and farther apart.

Carlos and his family lived in the fertile Española Valley in northern New Mexico. Their home, with its thick adobe walls and high-pitched tin roof, was next to a large field that Carlos's father planted each spring in rows of sweet yellow corn.

How Carlos loved corn! He loved hot corn tortillas, spicy corn tamales at Christmastime, and corn on the cob, shiny with butter and sprinkled with salt. On cool fall mornings, he loved hot cornmeal pancakes, drizzled with honey.

Carlos sacó todo el cambio de sus bolsillos y lo contó lentamente. Esperaba tener suficiente dinero para comprar la navaja roja. Pero le faltaban unos dólares.

Desanimado, se fue de la tienda del señor López, se montó en su bicicleta, y se fue rápidamente calle abajo. Después de unas curvas el camino se convirtió en tierra y había más y más distancia entre las casas.

Carlos y su familia vivían en el valle fértil de Española en el norte de Nuevo México. Su casa, con sus gruesas paredes de adobe y su techo de lámina de dos aguas, estaba junto a una milpa grande que su papá plantaba en hileras de dulce maíz amarillo.

¡Cómo le encantaba el maíz a Carlos! Le encantaban las tortillas calientes de maíz, los tamales picosos que hacía su mamá durante la Navidad, y el elote, brilloso con la mantequilla que le ponía y rociado con sal. En las mañanas frías de otoño le fascinaban los panqués de maíz chorreados con miel.

2

Carlos se cambió de la ropa que usaba para ir a la escuela y se fue al campo a ayudarle a su papá.

Empezó a trabajar la tierra oscura con el azadón, rompiendo los terrones grandes de tierra para que estuviera lisa y uniforme. Después de más o menos una hora su papá lo llamó.

—M'ijo, tengo un trabajo importante para ti. Ahora que la tierra está lisa, quiero que plantes la semilla. Ven acá y te enseñaré lo que necesito que hagas.

El papá de Carlos levantó una cubeta grande llena de semillas de maíz, que parecían granos secos de maíz.

—Esta semilla se debe plantar de una manera muy especial —dijo su papá, al darle a Carlos la cubeta.

3

Carlos changed out of his school clothes and walked out to the field to help his father.

He began working the dark soil with his hoe, breaking up the large clumps of dirt so that it was smooth and even. After about an hour, his father called to him.

"*M'ijo*—my son—I have a big job for you. Now that the ground is ready, I want you to plant the seed. Come here and I will show you what I need you to do."

Carlos's father picked up a large bucket of corn seed, which looked like dry kernels of corn.

"This seed must be planted in a very special way," Papá said, as he handed Carlos the bucket.

"You must walk down the first row and drop three seeds, no more, in each hole. Otherwise the corn will not grow right. When you finish the first row, start the second, and continue until the pail is empty. Remember, *Cosechas lo que siembras*—You reap what you sow. Do you understand?"

—Debes caminar por la primera hilera y dejar caer tres semillas, ni una más, en cada agujero. De otra manera el maíz no crecerá bien. Cuando termines la primera hilera, empieza la segunda y continúa así, hasta que la cubeta esté vacía. Acuérdate que cosechas lo que siembras. ¿Me entiendes?

4

—Sí, Papá, entiendo —dijo Carlos. Pero en realidad no entendía lo que Papá quería decir, y cuando miró en la cubeta, pensó que jamás en su vida había visto tanta semilla de maíz.

—Éste sí que es un trabajo importante y por eso cuando termines te daré cinco dólares —le dijo su papá.

Carlos casi no podía creer su buena fortuna. Con los cinco dólares tendría suficiente dinero para comprarse la navaja roja en la tienda del señor López.

Carlos estaba tan emocionado que casi no pudo dormir esa noche, y despuecito de desayunar corrió afuera a comenzar su labor.

—Uno, dos, tres —Carlos contó las tres semillas y las dejó caer en el primer agujero. Cuando había terminado con la primera hilerota, se dio la vuelta y miró hacia atrás, a donde había empezado. Parecía tan lejos, pero cuando miró en su cubeta de semillas de maíz, se veía igual de llena que cuando había empezado.

¡Dios mío! pensó. He plantado todas estas semillas pero no parece que he usado ni una todavía. Tengo que trabajar aún más duro.

5

"Sí, Papá, I do," said Carlos. But he didn't really understand what Papá meant, and when he looked in the bucket, he thought he had never seen so much corn seed in his life.

"Because this is such a big job, when you are finished, I will give you five dollars," said his father.

Carlos could hardly believe his good fortune. With the five dollars he would have enough money to buy the red pocketknife in Señor López's store.

Carlos was almost too excited to sleep that night, and right after breakfast, he ran outside to begin his job.

"Uno, dos, tres." Carlos counted out three seeds and dropped them into the first hole. When he was finished with the long row, he turned around and looked back at where he started. It seemed so far away. But when he looked in his bucket of corn seeds, it looked just as full as when he had started.

Dios mio!—Oh my goodness!—he thought. I've planted all these seeds but it doesn't seem like I have used any yet. I'll have to work even harder.

So he moved to the next row and started again.

"*Uno, dos, tres,*" he said to himself, counting the seeds, and finally he finished the second row. Again he looked into the bucket. Still there seemed to be almost no difference in the number of seeds left.

Carlos was already starting to get tired and hot. He thought he would never finish his job.

Just then, he had an idea. If he put four or five seeds into each hole instead of three, he could be finished much sooner.

He began to count: "*Uno, dos, tres, cuatro, cinco.*" Five seeds in each hole this time.

At the end of the sixth row, he looked in the bucket again. The pail still seemed almost as full as before. He was going to have to do something different to be finished in time. Why not put six seeds in each hole?

"*Uno, dos, tres, cuatro, cinco, seis,*" he said out loud as he dropped six kernels into the ground.

But even that did not finish the job.

•••

Así que se movió a la siguiente hilera y empezó de nuevo.

—Uno, dos, tres —se dijo, contando las semillas, y por fin acabó la segunda hilera. De nuevo miró en la cubeta. Todavía parecía que no había diferencia en el número de semillas que quedaban.

Carlos empezaba a sentirse cansado y tenía calor. Pensaba que nunca iba a terminar su trabajo.

En ese instante se le ocurrió una idea. Si en vez de tres ponía cuatro o cinco en cada agujero, terminaría mucho más pronto.

—Uno, dos, tres, cuatro, cinco —empezó a contar. Cinco semillas en cada agujero esta vez.

Al final de la sexta hilera, miró en la cubeta de nuevo. La cubeta todavía parecía estar tan llena como antes. Tendría que hacer algo diferente para terminar a tiempo. ¿Por qué no echar seis semillas en cada agujero?

—Uno, dos, tres, cuatro, cinco, seis —dijo en voz alta al echar seis granos en la tierra.

Pero ni eso lo dejó terminar su trabajo.

6

So Carlos scooped out a handful of seeds for each hole, and quickly emptied the bucket, leaving the last two rows unplanted. Excitedly, he ran up to the house where his father was having a drink of water.

Así es que Carlos tomó un puño de semillas para cada agujero en las siguientes hileras y rápidamente vació la cubeta, dejando las últimas dos hileras sin plantar. Emocionado se fue corriendo a la casa donde su papá estaba tomando agua.

7

"Papá, Papá. I am finished!" said Carlos, and he hurried to his room to get his money, hidden in his dresser drawer underneath his T-shirts. When Carlos returned to the kitchen, his father handed him a five dollar bill.

"This is for you, *m'ijo*. You deserve it for working so hard."

"Thank you, Papá," said Carlos, and he ran outside, grabbed his bicycle, and was off to Señor López's store.

"You're just in time," said Señor López. He knew exactly what Carlos wanted as soon as he saw him. The old man folded up the tweezers, scissors, and blades on the red knife, and carefully slipped it into a black felt pouch. Carlos paid Señor López and rode quickly home. Every few minutes, he checked to make sure the knife was still secure in his pocket.

A few weeks passed, and the days grew warmer. Carlos used his pocketknife often. He whittled a long pole

—Papá, Papá. ¡Terminé! —dijo Carlos, y se fue de prisa a su cuarto por su dinero que estaba escondido en el cajón de su armario, debajo de sus camisetas. Cuando regresó a la cocina su papá le dio un billete de cinco dólares.

—Esto es para ti, m'ijo. Te lo mereces por haber trabajado tanto.

—Gracias, Papá —le dijo Carlos, y corrió afuera, agarró su bicicleta, se montó en ella, y se fue rumbo a la tienda del señor López.

—Llegas justo a tiempo —le dijo el señor López. Sabía exactamente lo que Carlos quería tan pronto como lo vio. El viejito cerró las pinzas, las tijeras, y las hojas de la navaja roja, y con cuidado la metió en una bolsita de fieltro negro. Carlos le pagó al señor López y se fue rápidamente a su casa en su bicicleta. A cada ratito, se aseguraba de que la navaja todavía estuviera en su bolsillo.

Después de unas semanas, empezó a hacer calor. Carlos usaba su navaja seguido. Con la hoja de la navaja, talló un palo largo

8

…

para pescar y cortó la cuerda de pescar con las tijeritas. A veces necesitaba las pinzas para quitarse una astilla del dedo. Una vez hasta usó el abrelatas y comió al aire libre con sus primos.

Carlos se había olvidado de la milpa de maíz.

Entonces, una noche cuando estaban cenando, su papá le dijo que el maíz había empezado a brotar. Carlos se sintió un poco incómodo.

Esa noche se salió por la ventana de su recámara. A la luz de la luna, Carlos podía ver que su papá tenía razón, las mazorcas de verdad estaban brotando. En las primeras hileras de la milpa, las mazorcas estaban creciendo uniformes y derechas. Pero en las hileras de en medio, las plantas habían salido amontonadas. En las últimas hileras, donde se le había acabado la semilla, ni una planta crecía.

9

for fishing and cut the fishing line with the knife's tiny scissors. Sometimes he needed the tweezers to remove a splinter from his finger. Once he even used the can opener and ate lunch outside with his cousins.

Carlos had forgotten about the cornfield.

Then one evening at dinner, his father told him the corn had begun to sprout. Carlos had a very uneasy feeling.

That night he slipped out his bedroom window. In the moonlight, Carlos could see that his father was right—the little plants had certainly sprouted. In the first rows of the field, the stalks were growing even and straight. But in the middle rows, the plants had come up in haphazard bunches. In the last rows, where he had run out of seeds, no plants were growing at all.

Desperately, Carlos began pulling some of the tiny sprouts, transplanting them into the empty rows of the field. After working for nearly an hour, he could see it was no use.

Tired and discouraged, he crawled back into his bedroom window. He slept late the next morning. When Mamá came in to tell him she and Papá were going to visit their aunt and uncle, Carlos told her he wasn't feeling well and wanted to stay home.

As soon as his parents drove away, Carlos jumped on his bicycle and headed to Señor López's store. Bursting through the door out of breath, Carlos told Señor López he wanted to sell his knife.

"But Carlos," replied Señor López, "your knife is used. I cannot sell it again."

"Oh please, Señor López— I must have the money back!" pleaded Carlos.

Señor López scratched his chin. He sensed there was a problem. "All right, Carlos," he said, opening his cash register and handing Carlos the money.

Desesperadamente, Carlos empezó a sacar algunos de los retoños. Los trasplantó a las hileras vacías en la milpa. Después de trabajar casi una hora, pudo ver que de nada le servía.

Cansado y desanimado se metió a su recámara por la ventana. No se despertó hasta tarde la siguiente mañana. Cuando su mamá vino a decirle que su papá y ella iban a ir a visitar a sus tíos, Carlos le dijo que no se sentía bien y que se quería quedar en casa.

Tan pronto como sus papás se fueron, Carlos se montó en su bicicleta y se fue a la tienda del señor López. Jadeante, abrió la puerta y le dijo al señor López que quería vender su navaja.

—Pero Carlos —le respondió el señor López—, tu navaja está usada. Yo no puedo venderla otra vez.

—Por favor, señor López, necesito que me regrese el dinero —le rogó.

El señor López se rascó la barbilla. Sintió que había un problema. —Bueno, Carlos —dijo, y abriendo la caja registradora le entregó el dinero.

10

Hopping back on his bike, Carlos pedaled to the feed store, where he purchased a bag of corn seed.

That night, he crawled out his window again, this time to plant the last rows of the field. In the moonlight, he poked new holes

Montándose de nuevo en su bicicleta, Carlos se fue al almacén donde compró un costal de maíz.

Esa noche, se salió por su ventana otra vez, esta vez para plantar las últimas dos hileras de la milpa. A la luz de la luna, hizo nuevos agujeros

11

with a stick, then walked down the rows, carefully counting out exactly three seeds in each hole. Finally finishing his job, he went back to bed, sleeping soundly until the next morning.

That year, Carlos's father harvested the field later than usual. He noticed something peculiar about the corn from the last two rows but said nothing.

One fall morning, Mamá made cornmeal pancakes for breakfast.

"Blue corn cakes, my favorite," said Carlos, as he spread honey on a hot pancake. "Where did we get blue cornmeal?"

"Why Carlos, don't you remember?" asked Papá, holding back a smile. "You planted it yourself." And at that, Papá slapped both his knees and burst into laughter.

Realizing then he had bought blue corn seed instead of yellow, Carlos was embarrassed.

"*Sí*, Papá," Carlos said sheepishly. Then he began to smile. "But I remember what you said—*Cosechas lo que siembras*— You reap what you sow."

• • •

con un palo, entonces caminó por las hileras cuidadosamente contando exactamente tres semillas en cada agujero. Finalmente terminó su labor, se regresó a su cama, y se quedó profundamente dormido hasta la siguiente mañana.

Ese año, el papá de Carlos cosechó la milpa de maíz más tarde de lo que acostumbraba hacerlo. Se dio cuenta de algo extraño en las últimas dos hileras de maíz, pero no dijo nada.

Una mañana de otoño, Mamá hizo panqués de maíz para el desayuno.

—Panqués de maíz azul, mis favoritos —dijo Carlos, al untarle miel a un panqué—. ¿De dónde sacamos maíz azul?

—Pero Carlos, ¿no te acuerdas? —le preguntó su papá, conteniéndose la risa—. Tú mismo lo plantaste—. Y con eso, su papá se golpeó las rodillas y soltó una carcajada.

Dándose cuenta de que había comprado maíz azul en vez de maíz amarillo, a Carlos le dio vergüenza.

—Sí, Papá —Carlos le dijo un poco apenado. Entonces se empezó a sonreír. —Pero me acordé de lo que me habías dicho, cosechas lo que siembras.

12

···

—Así es, Carlos —le contestó su papá—. Por cierto, vi al señor López el otro día. Me dijo que te diera esto.

Y sin decir otra palabra, su papá extendió la mano por encima de la mesa y le dio la navaja roja a Carlos.

"That's right, Carlos," his father said. "By the way, I saw Señor López the other day. He said to give you this."

And without another word, Papá reached across the table and handed Carlos the red knife.

OOKA Y EL LADRÓN HONRADO

*Cuento folklórico japonés
en versión de I. G. Edmonds*

OOKA Y
EL LADRÓN HONRADO

Cuento folklórico japonés
en versión de I. G. Edmonds

Traducción de Osvaldo Blanco

∿

Extensión del cuento: 8 páginas

Duración de la lectura en voz alta: Aproximadamente 10 minutos

Un pobre jornalero roba unos puñados de arroz, sólo lo suficiente para alimentar a su familia hambrienta, y promete devolver todo lo que ha tomado. Al poner al jornalero a prueba, un juez redefine su concepto de justicia para incluir en éste la posibilidad de que exista un ladrón honrado.

Apuntes del cuento

Es importante entender el concepto del pago de interés al hacer un préstamo para interpretar este cuento. Si los estudiantes no están familiarizados con el concepto, tal vez usted desee, después de la primera lectura, realizar una de las actividades de matemáticas que se encuentran en la sección Para explorar más, de esta unidad.

Acerca del autor

I. G. (Ivy Gordon) Edmonds nació en Texas en 1917. Prestó servicio en la Fuerza Aérea de Estados Unidos y pasó buena parte de su tiempo en puestos en el extranjero. Los libros para jóvenes de Edmonds reflejan el interés que tenía en la historia, el folklore internacional, y en los viajes. "Ooka y el ladrón honrado" procede de la colección de cuentos de Edmonds titulada *Ooka the Wise: Tales of Old Japan (Ooka el sabio: Cuentos de Japón antiguo)*.

OOKA AND
THE HONEST THIEF

Japanese folktale
as told by I. G. Edmonds

∿

Story length: 8 pages

Read-aloud time: About 10 minutes

A poor man steals only enough rice to feed his hungry family and promises to return every grain he takes. In testing the man, a judge redefines his concept of justice to include the possibility of there being an honest thief.

Story Notes

The concept of paying interest on a loan is important to interpreting this story. If students are unfamiliar with this concept, after the first reading you may want to do one of the math activities that addresses this issue in the For Further Exploration section of this unit.

About the Author

I. G. (Ivy Gordon) Edmonds was born in Texas in 1917. He served in the U.S. Air Force, spending much of his time in overseas posts. Edmonds's books for young people reflect his interests in history, international folklore, and travel. "Ooka and the Honest Thief" comes from Edmonds's collection of tales entitled *Ooka the Wise: Tales of Old Japan*.

Para obtener información más detallada sobre cómo hacer estas actividades y adaptarlas a las necesidades de los estudiantes de diferentes niveles, refiérase a los Elementos del director, a partir de la pág. 337.

Primera lectura (alrededor de 10 minutos) seguida de Preguntas para compartir (20–30 minutos)

Recuérdeles a los estudiantes que, a medida que escuchen el cuento, deben pensar en las preguntas que les gustaría hacer después de la lectura. Léales el cuento en voz alta y luego, pídales que compartan sus preguntas. Cuando ellos hagan preguntas, escríbalas en el tablero o en papel gráfico, el que puede colgar en clase para que puedan consultarlas mientras trabajan en el cuento. Con la ayuda de los estudiantes, conteste las preguntas urgentes sobre vocabulario o hechos específicos. Si el tiempo lo permite, haga que la clase considere brevemente las respuestas posibles a algunas de las otras preguntas. Explique que guardarán las preguntas sobre el significado del cuento para la Discusión colectiva.

Segunda lectura con Toma de apuntes (30–45 minutos)

Para ayudar a los estudiantes a considerar el texto más atentamente, indíqueles que tomen apuntes durante la segunda lectura. Decida si los estudiantes (1) anotarán en el margen las reacciones que el cuento les cause, (2) señalarán las partes que sugieran respuestas a alguna de las preguntas hechas durante la sección Preguntas para compartir, o (3) marcarán el texto utilizando uno de las sugerencias para tomar apuntes, que aparecen a continuación, o alguno que usted haya creado:

- Señala con una **J** las partes donde crees que Ooka es **justo,** y con una **I** las partes en las que crees que Ooka es **injusto.**
- Señala con una **B** las partes donde crees que Gonta hace **bien** algo, y con una **M** las partes en las que crees que él hizo **mal** algo.

Antes de empezar la segunda lectura, explique cómo le gustaría que los estudiantes tomaran apuntes. Luego, lea el cuento en voz alta o haga que los estudiantes lo lean independientemente o en parejas, tomando apuntes durante la lectura. Una vez que los estudiantes hayan tomado apuntes, déles la oportunidad de compartir los apuntes sobre varios pasajes o páginas del cuento y explicarlos.

Discusión colectiva (30–45 minutos)

Antes de la discusión, decida cuales son las preguntas que quiere tratar con la clase (vea la página siguiente). Siempre que sea posible, siente a los estudiantes en forma tal que todos puedan verse y escucharse con facilidad. Recuérdeles que necesitarán sus libros y útiles de escritura. Distribuya ejemplares de Elaborar tu respuesta (vea el apéndice B, pág. 411) y déles a los estudiantes la oportunidad de meditar sobre la pregunta de enfoque y anotar respuestas antes de empezar la discusión. Durante la discusión, utilice preguntas relacionadas con partes específicas del cuento para ayudarles a los estudiantes a pensar en la evidencia del texto que respalde sus opiniones. En nuestras preguntas sugeridas, las preguntas de enfoque aparecen en negrillas y las preguntas relacionadas están bajo la pregunta de enfoque a que aluden.

CORE INTERPRETIVE ACTIVITIES

For more detailed information about conducting these activities and adapting them to meet the needs of students working at different levels, see the Leader's Toolbox, beginning on p. 363.

First Reading (about 10 minutes) followed by Sharing Questions (20–30 minutes)

Remind students that as they listen to the story they should think of any questions they would like to ask after the reading. Read the story aloud, and then have them share their questions. As students pose questions, you may want to write them on the board or on chart paper that can be left up during the class's work on the story. With students' help, answer pressing vocabulary or factual questions. If time permits, have the class briefly consider possible answers to a few of the other questions. Explain that you will save questions about the story's meaning for Shared Inquiry Discussion.

Second Reading with Note Taking (30–45 minutes)

To help students look at the text more closely and thoughtfully, have them take notes during the second reading. Decide whether students will (1) make their own marks about their reactions to the story in the margins, (2) mark places that suggest answers to one of the questions asked during Sharing Questions, or (3) mark the text using one of the following note-taking prompts or one that you have created:

- Mark places where you believe Ooka is being **fair** with **F,** and places where you believe he is being **unfair** with **U.**
- Mark places where you think Gonta does something right with **R,** and places where you think he does something wrong with **W.**

Explain how you would like students to take notes before they begin the second reading. Then read the story aloud or have students read independently or in pairs, making notes throughout. After students have made notes, give them an opportunity to share and explain their notes from several passages or pages of the story.

Shared Inquiry Discussion (30–45 minutes)

Before discussion, decide which questions you want to explore with your class (see the facing page). Whenever possible, seat students so that everyone can see and hear one another easily. Remind students that they will need their books and something to write with. Distribute copies of the Building Your Answer page (see appendix B, p. 411), and give students an opportunity to reflect on the focus question and write down their answers before discussion begins. Throughout discussion, use related questions about specific parts of the story to help students think about evidence in the text that supports their opinions. In our suggested questions, focus questions appear in bold type and related questions appear under the focus question they support.

Le recomendamos que establezca su propia lista de preguntas para la Discusión colectiva (vea el prototipo Red de preguntas en el apéndice B, pág. 407). Necesitará una pregunta de enfoque, que será la pregunta que usted haga al inicio de la discusión, y preguntas relacionadas para ayudar a los estudiantes a reflexionar aún más sobre la pregunta de enfoque. Usted puede derivar la pregunta de enfoque, y las preguntas relacionadas con ésta, de las preguntas de los estudiantes, de sus propios apuntes, o de las preguntas de muestra indicadas a continuación.

¿Por qué quiere Ooka que Gonta devuelva más arroz del que robó?

- ¿Por qué quiere Ooka demostrar que Gonta es un ladrón honrado?

- ¿Por qué Ooka le pone tantos obstáculos a Gonta para devolver el arroz?

- ¿Por qué Ooka le deja a Gonta el mensaje "la honradez es la mejor norma de conducta"?

- Cuando le deja el mensaje a Gonta, ¿por qué lo firma Ooka con su nombre?

¿Por qué no cree Gonta que es deshonesto al robar arroz para su familia?

- ¿Por qué se arriesga Gonta a que lo pillen cada noche al tomar sólo lo suficiente para alimentar a su familia por el día siguiente?

- ¿Por qué rehúsa Gonta tomar más arroz, aun cuando Ooka lo tienta a hacerlo?

- Cuando Ooka le sugiere a Gonta que si va a robar, lo mismo da que se lleve una buena cantidad pues será castigado tanto por robar un solo grano como un saco entero, ¿por qué exclama Gonta indignado: "¡Eso sería deshonesto!"?

- Aun cuando el temor que tiene Gonta de ser sorprendido es cada vez más grande, ¿por qué regresa cada noche a devolver el arroz que tomó de la tienda?

We recommend that you create your own set of questions for Shared Inquiry Discussion (see the Question Web master in appendix B, p. 407). You will need a focus question, which will be the question you ask at the beginning of discussion, and related questions that help students think further about the focus question. Your focus question and related questions can be drawn from your students' questions, your own notes, or the sample questions that follow.

Why does Ooka want Gonta to pay back more rice than he stole?

- Why does Ooka want to prove that Gonta is an honest thief?

- Why does Ooka make it so difficult for Gonta to return the rice?

- Why does Ooka leave Gonta the message "honesty is the best policy"?

- When he leaves the message for Gonta, why does Ooka sign his name?

Why doesn't Gonta think that he is being dishonest when he steals rice for his family?

- Why does Gonta risk being caught every night taking just enough rice to feed his family for the next day?

- Why does Gonta refuse to take more rice, even though Ooka tempts him to do so?

- When Ooka suggests to Gonta that he should take a whole sack of rice because he will be punished as much for stealing a single grain as he would for a whole sack, why does Gonta exclaim, "That would be dishonest!"?

- Even though Gonta becomes more and more afraid of being caught, why does he return each night to return the rice he took from the shop?

ACTIVIDADES ADICIONALES

Estas actividades hacen que los estudiantes comprendan mejor el cuento y lo disfruten más y que desarrollen destrezas del vocabulario, la escritura, y el razonamiento crítico. Las necesidades y los intereses de su grupo le ayudarán a determinar cuáles actividades debe incluir en el programa de actividades básicas.

Preparación del contexto

Oportunidad: Antes de la primera lectura

Presente el cuento diciéndoles a los estudiantes que se trata de un juez que debe decidir con justicia un caso difícil. En esta actividad, los estudiantes también decidirán lo que es justo en dos casos difíciles (vea la página de actividades). Dígales que, en cada uno de los casos, ambas partes tienen méritos y que usted espera oír opiniones diferentes. Una vez que los estudiantes hayan trazado un círculo alrededor de las decisiones que consideran más justas, déles la oportunidad de comentar los motivos que tuvieron para tomar una decisión.

Vocabulario

Oportunidad: En cualquier momento después de la primera lectura

Exploración de palabras (vea los Elementos del director, pág. 355). Indíqueles a los estudiantes que piensen en los conceptos relacionado con la justicia y la imparcialidad y haga que piensen en palabras y frases que pueden acompañar a la palabra *juez*. Las categorías que puede usar para ampliar el mapa incluyen las situaciones que ocurren en un juicio, y el papel del juez, sus obligaciones, y su despacho. Entre las palabras que los estudiantes pueden sugerir o que usted tal vez quiera presentar figuran: *acusación, arrestar, castigar, delito, ladrón, magistrado, prueba, robar, sospechas,* y *tribunal.*

Taller de palabras (vea la página de actividades). Explique a los estudiantes que una analogía es una relación de semejanza entre palabras. Indíqueles que observen el primer par de palabras en la página de actividades y que consideren cómo se relacionan.

SUPPLEMENTAL ACTIVITIES

These activities deepen students' understanding and enjoyment of the story and develop vocabulary, writing, and critical-thinking skills. The needs and interests of your group will help you determine which activities to add to the schedule of core activities.

Building Context

Timing: Before the first reading

Introduce the story by telling students it is about a judge who has to decide the fair thing to do in a difficult case. In this activity, students will also decide what is fair in two difficult cases (see activity page). Tell students that in each case both sides have merit and that you expect to hear different opinions. After students have circled the decisions they think are most fair, give them an opportunity to discuss the reasons for their choices.

Vocabulary

Timing: Anytime after the first reading

Word Mapping (see the Leader's Toolbox, p. 381). Lead students in generating words and phrases around the word *juez*. Categories you may use to extend the map include things that happen at trial, and a judge's duties, character, and workplace. Words that students may suggest, or that you may wish to introduce, include *acusación, arrestar, castigar, delito, ladrón, magistrado, prueba, robar, sospechas,* and *tribunal.*

Word Workshop (see activity page). Explain to students that analogies are relationships between words. Have them look at the first pair of words on the activity page and think about how the words are related.

Actividades creativas

Oportunidad: En cualquier momento después de la primera lectura

- Haga que los estudiantes representen la escena del cuento en la que Ooka pretende ser un ladrón y anima a Gonta a que robe un saco entero de arroz. Considere la posibilidad de que dos o más pares de estudiantes representen la escena y pídales que comparen la forma en que se presentan los personajes en tal caracterización.

- Indique a los estudiantes que hagan un rollo de papel con un dicho favorito, que lo firmen y lo sellen con cera.

Escritura

Oportunidad: Después de la Discusión colectiva

Escritura creativa (vea la página de actividades). Los estudiantes se imaginan un obstáculo que Ooka pudiera haber creado para Gonta y escriben un cuento en el que describen cómo éste lo supera.

Escritura evaluativa (vea la página de actividades). Los estudiantes consideran si es justo hacer Gonta devuelva más arroz del que robó, examinando la evidencia para poder responder "Sí" o "No". Antes de que los estudiantes empiecen a escribir, asegúrese de que entiendan que deben examinar los dos aspectos de una pregunta antes de tomar una decisión. Por ejemplo, usted puede presentarles los pros y contras de tener una mascota (comparando la compañía y protección que un perro ofrece con el entrenamiento que hay que darle y con sacarlo a correr todos los días).

Para explorar más...

Literatura
- Claire Huchet Bishop y Kurt Wiese, *The Five Chinese Brothers* (Nueva York: Coward-McCann, 1989). Un cuento acerca de cinco hermanos con un talento extraordinario pero diferente. Publicado por primera vez en 1938.

Matemáticas
- Enseñe a los estudiantes a sacar el 10 por ciento de un número, utilizando números simples como 100 ó 250. Hágales calcular la cantidad de arroz que Gonta habría tenido que pagar en interés de haber tomado 20 sacos de arroz.

- Muestre a los estudiantes estados de cuentas bancarias y de tarjetas de crédito para que vean cómo se gana el interés cómo se lo paga.

- **La venganza de Ooka** (vea la página de actividades). Este juego es apropiado para grupos de cinco o seis estudiantes, y permite a los jugadores pedir dinero en préstamo y pagar intereses.

Creative Endeavors

Timing: Anytime after the first reading

- Have students act out the scene in which Ooka pretends to be a thief and encourages Gonta to steal the whole sack of rice. Consider having two or more pairs of students act out the scene and ask students to compare how the dramatizations made the characters seem.

- Have students make a scroll displaying their favorite saying, signing the scroll and sealing it with wax.

Writing

Timing: After Shared Inquiry Discussion

Creative Writing (see activity page). Students imagine an obstacle Ooka might have set up for Gonta and write a story describing how Gonta would overcome it.

Evaluative Writing (see activity page). Students consider whether it is fair to make Gonta put back more rice than he stole, weighing evidence for both "Yes" and "No" answers. Before students begin writing, make sure they understand that they should weigh both sides of a question before deciding what to do. For instance, you could model the pros and cons of having a pet (weighing the companionship and protection a dog offers against having to train it and walk it every day).

For Further Exploration

Literature
- Claire Huchet Bishop and Kurt Wiese, *The Five Chinese Brothers* (New York: Coward-McCann, 1989). A story about five brothers who have different extraordinary abilities. First published in 1938.

Math
- Teach students how to figure 10 percent of a number, using simple numbers such as 100 or 250. Have students calculate how much rice Gonta would have to pay in interest if he had taken 20 sacks of rice.

- Show students both bank statements and credit card statements to show earning interest and paying interest.

- **Ooka's Revenge** (see activity page). This game, in which players borrow money and pay interest, can be played by groups of five to six students.

Nombre: _____

¿Qué es lo justo en estos dos casos difíciles?

Caso 1

Tratar a todos por igual o hacer excepciones con las personas que tienen necesidades particulares.

Por ejemplo: en un reñido juego de béisbol, lanzarle una fácil al vecino más joven porque no es muy buen jugador o tratarlo como a cualquier miembro del equipo contrario.

Traza un círculo   Trataría al vecino como a cualquier persona.   Haría una excepción y le lanzaría una fácil.

Caso 2

Seguir una norma para el bien de todos o violarla porque alguien requiere ayuda.

Por ejemplo: guardar silencio en la biblioteca para que todos puedan concentrarse o violar la norma para explicar una tarea difícil a tu mejor amigo.

Traza un círculo   Seguiría la norma y me mantendría callado.   Le explicaría la tarea a mi mejor amigo.

Nombre: _____

Analogías

Mira el primer par de palabras y considera la forma en que se relacionan. Luego, usando el banco de palabras, escribe una palabra o un nombre que aparezca en el cuento en forma tal que el segundo par se relacione de la misma manera.

cumplir : promesa   cometer : <u>delito</u> _____

Piensa: Se cumple, ¿Qué se comete? ¡Se comete un **delito**!

dudar	**guardar**	**Gonta**
juez	**impedir**	**Yahichi**

1. **Ooka : tribunal** _____ : tienda de arroz

2. **Chogoro : centinela** _____ : jornalero

3. **tomar : devolver** _____ : permitir

4. **admitir : confesar** vigilar : _____

5. **ladrón : criminal** magistrado : _____

6. **asintir : negar** estar convencido : _____

Nombre: _____

Ooka pone "toda clase de obstáculos" para dificultarle a Gonta la devolución del arroz de Yahichi. Pero eso no le impide a Gonta regresar cada noche a la tienda de arroz para devolver la cantidad robada.

Imagínate un obstáculo que Ooka podría ponerle a Gonta y escribe un cuento en el que describes cómo éste lo supera.

El obstáculo de Ooka

_____

¿Cuál es el obstáculo? ¿Cómo lo descubre Gonta?

_____

_____

_____

¿Espera Gonta el obstáculo o se sorprende al verlo? ¿Piensa en algún momento en dejar de cumplir su propósito?

_____

_____

_____

¿Cómo supera
Gonta el obstáculo?
¿Lo hace con astucia
o con rapidez?

_____

_____

_____

_____

_____

_____

_____

_____

¿Qué siente
o dice Gonta
al devolver el puñado
de arroz?

_____

_____

_____

_____

_____

_____

Nombre:

Sé tú el juez

Un buen juez, como Ooka, examina siempre los dos aspectos de un caso antes de tomar una decisión. Imagínate que tú eres el juez y tienes que decidir:

¿Es justo obligar a Gonta a que devuelva más arroz del que robó?

Al otro lado de la página, anota tantas razones como puedas acerca de ambos aspectos antes de tomar una decisión.

Sí. Es justo obligar a Gonta a que devuelva más arroz del que robó.

No, no es justo obligar a Gonta a que devuelva más arroz del que robó.

_____

_____

_____

_____

_____

_____

_____

_____

_____

_____

Tu decisión:

Instrucciones del juego

Número de jugado

5 ó 6

Lo que se necesita

♦ 2 dados
♦ dinero de juego (billetes de uno, cinco, diez, y veinte)
♦ papel para notas

Finalidad del juego

Cada jugador procura obtener en préstamo una cantidad de dinero suficiente para pagar $500 de alquiler. Cada vez que se hace un préstamo debe pagarse al banco un interés del 10%.

Reglas del juego

Uno de los jugadores hace de banquero y los demás son prestatarios.

Cada uno de los prestatarios empieza con $10.

Los jugadores tiran un dado para determinar quien empieza el juego; el que saque el número más alto lo empieza.

Tu turno

Tira los dados y suma el resultado. Multiplica este número por 10. Puedes hacer un préstamo **hasta** por esta cantidad de dinero. Por ejemplo, tú arrojas los dados y sacas un 5 y un 2.

$$5 + 2 = 7$$
$$7 \times 10 = \$70$$

Cada vez que haces un préstamo, debes pagar al banco el 10% de la cantidad prestada. Si tienes un préstamo de $70, debes pagar el banco $7 de interés.

Si es tu primer turno y el resultado de los dados es 12, no podrás tomar en préstamo toda la cantidad porque tendrías que pagar $12 de interés. En este caso, puedes pedir al banco que te preste menos dinero (por ejemplo, $100). O conseguir que uno de los jugadores, si él lo desea, te preste un mínimo de $10. Tú deberás pagarle después un 10% por tal préstamo.

Cómo ganar

El primer jugador que acumule dinero suficiente para el alquiler sin ninguna deuda, ¡gana!

OOKA AND THE HONEST THIEF

Japanese folktale
as told by I. G. Edmonds

One day, Yahichi, owner of a rice store, came to Ooka's court, complaining that each night some of his rice disappeared.

"It is such a small amount that I hesitate to trouble your Honorable Honor," Yahichi said, touching the ground with his head to show proper respect for the great magistrate. "But I am reminded of the story of the mountain that was reduced to a plain because a single grain was stolen from it each day for centuries."

OOKA Y
EL LADRÓN HONRADO

Cuento folklórico japonés
en versión de I. G. Edmonds

Traducción de Osvaldo Blanco

Yahichi, el dueño de una tienda de arroz, se presentó un día en el tribunal de Ooka, quejándose de que todas las noches se le desaparecía un poco de arroz.

—Es una cantidad tan pequeña que casi no me animo a molestar a su ilustre señoría —dijo Yahichi, tocando el suelo con la frente para demostrar el debido respeto al gran magistrado—. Pero recuerdo la historia de la montaña que fue reducida a una llanura porque durante siglos le era robado un grano cada día.

14

···

Ooka asintió gravemente con la cabeza.

—Tan deshonesto es robar un solo grano como un saco grande lleno de arroz —observó—. ¿Tomaste precauciones adecuadas para proteger tu propiedad?

—Sí, su señoría. Puse un centinela a vigilar el arroz todas las noches, pero sigue desapareciendo. No alcanzo a comprenderlo —dijo el vendedor de arroz, mesándose nerviosamente la blanca barba.

—¿Qué piensas de tu centinela? ¿Merece confianza? —preguntó Ooka.

—Absolutamente, señor juez Ooka —respondió Yahichi—. Mi guardia es Chogoro, que ha servido a mi familia durante setenta y cinco años.

—Sí, conozco a Chogoro —dijo Ooka—. Es un hombre de conciencia. Él no podría ser el ladrón. Pero es posible que se quede dormido en su puesto. Después de todo, tiene ochenta años.

—Uno puede estar tan alerta a los ochenta años como a los veinte —replicó prontamente Yahichi—. Yo mismo tengo ochentiún años y nunca he estado tan alerta. Además, las dos últimas noches yo también monté guardia con Chogoro, y el arroz igualmente desapareció.

15

Ooka nodded gravely. "It is just as dishonest to steal one grain of rice as it is to steal a large sack," he remarked. "Did you take proper steps to guard your property?"

"Yes, my lord. I stationed a guard with the rice each night, but still it disappears. I cannot understand it," the rice merchant said, pulling his white beard nervously.

"What about your guard. Can he be trusted?" Ooka asked.

"Absolutely, Lord Ooka," Yahichi said. "The guard is Chogoro. He has served my family for seventy-five years."

"Yes, I know Chogoro," Ooka said. "He is a most conscientious man. He could not be the thief. But it is possible that he falls asleep at his post. After all, he is eighty years old."

"A man can be just as alert at eighty as at twenty," Yahichi replied quickly. "I am eighty-one myself, and I have never been so alert. Besides, I stood guard myself with Chogoro these last two nights. The rice vanished just the same."

"In that case I will watch with you tonight," Ooka said. "I should like to see this for myself."

As he had promised, Ooka made his way that evening to Yahichi's rice store. He was sure that both Yahichi and Chogoro had fallen asleep and had allowed the thief to enter each time the rice had been stolen, and it was not long before his suspicions were proved correct. Within an hour, both men were sleeping soundly. Ooka smiled. He was certain that when the men awoke neither would admit he had slept at all.

A little past midnight, Ooka heard a slight sound outside the building. He sprang to his feet and peered cautiously out the window. To his astonishment, Ooka found himself staring straight into the face of a man standing in the shadows just outside the building. The judge recognized him as Gonta, a laborer who had been out of work for some time. The man was rooted to the spot by fear.

Ooka hesitated to arrest him. After all, he had not entered the rice store.

—En ese caso, yo montaré guardia con ustedes esta noche —dijo Ooka—. Me gustaría ver este asunto por mí mismo.

Como había prometido, Ooka se dirigió esa noche a la tienda de arroz de Yahichi. Estaba seguro de que cada vez que era robado el arroz, Yahichi y Chogoro se habían quedado dormidos, permitiendo así que entrara el ladrón. Y no pasó mucho tiempo antes de que se confirmaran sus sospechas. En menos de una hora, los dos hombres dormían profundamente. Ooka sonrió. Tenía la certeza de que, cuando despertaran, ninguno de ellos admitiría en absoluto haberse dormido.

Poco después de medianoche, Ooka oyó un ligero ruido fuera de la tienda. Se puso de pie de un salto y miró cautelosamente por la ventana. Con gran sorpresa, Ooka se halló contemplando directamente la cara de un hombre parado en las sombras allí afuera. El juez reconoció a Gonta, un jornalero que llevaba algún tiempo sin trabajo. El hombre estaba clavado en el sitio por el miedo.

Ooka dudó si debía arrestarlo. Después de todo, Gonta no había entrado en la tienda de

16

Ooka would have no proof that he had come to steal. He could simply say that he had lost his way in the dark.

Though Ooka had recognized the thief, Gonta had not recognized the judge, for the darkness inside the building hid his face.

Ooka decided the best thing to do would be to pretend that he, too, was a thief. In this way he might trap Gonta into completing his crime. Speaking in a harsh tone to disguise his voice, he said, "You have obviously come here to steal rice just as I have."

arroz. Ooka no tendría prueba alguna de que había venido a robar. El hombre sencillamente podía decir que se había perdido en la oscuridad de la noche.

Aunque Ooka había reconocido al ladrón, Gonta no había reconocido al juez porque la oscuridad dentro de la tienda le ocultaba el rostro.

Ooka decidió que lo mejor sería fingir que él también era un ladrón; de esa manera podría pillar a Gonta cometiendo su delito. Hablando en tono áspero para disfrazar la voz, dijo:

—Por lo visto tú has venido aquí, lo mismo que yo, a robar arroz.

17

Gonta was relieved to find himself face to face with another thief instead of a guard.

"As a favor from one thief to another," Ooka continued, "I will pass the rice out to you, so that you will not need to risk coming in yourself."

Gonta thanked him profusely for his courtesy, and Ooka picked up a large sack of rice and handed it out to him.

"This is too much," Gonta protested. "I want only a few handfuls."

Ooka was amazed. "But if you are going to steal, you may as well take a large amount. After all, if Ooka catches you, you will be punished as much for stealing a single grain as you would for a whole sack."

"That would be dishonest!" Gonta replied indignantly. "I take just enough to feed my family for a single day, for each day I hope I will find work and not have to steal anymore. If I do find work, I intend to return all I have taken."

Then he took out the amount of rice he needed for his family's daily meal and handed the sack back to the astonished judge. Thanking Ooka once more for his courtesy, Gonta

Gonta se sintió aliviado de encontrarse cara a cara con otro ladrón en lugar de un centinela.

—Como favor de un ladrón a otro —siguió diciendo Ooka—, yo te pasaré el arroz, así no necesitarás arriesgarte entrando aquí.

Gonta le agradeció efusivamente su cortesía; entonces Ooka recogió un gran saco de arroz y se lo alcanzó por la ventana.

—Esto es demasiado —protestó Gonta—. Yo sólo quiero unos pocos puñados.

Ooka se quedó pasmado.

—Pero si vas a robar, lo mismo da que te lleves una buena cantidad. Al fin y al cabo, si Ooka te descubre, serás castigado tanto por robar un solo grano como un saco entero.

—¡Eso sería deshonesto! —replicó Gonta, indignado—. Yo no tomo más que lo suficiente para alimentar a mi familia por un día, pues cada día espero encontrar trabajo y no tener que robar otra vez. Si encuentro trabajo, pienso devolver todo lo que he tomado.

Entonces sacó la cantidad de arroz que necesitaba para la comida diaria de su familia y devolvió el saco al asombrado juez. Agradeciendo a Ooka una vez más su gentileza, Gonta

18

dio media vuelta y desapareció en la oscuridad. Ooka no trató de detenerlo.

Cuando el tendero y su guardia se despertaron, Ooka les contó lo que había pasado.

—Pero, ¿por qué dejó ir al ladrón? —preguntó con indignación Yahichi.

—Gonta es ciertamente un ladrón —replicó Ooka—. Pero estoy convencido de que es un ladrón honrado, porque se negó a robar más de lo que necesitaba.

—Pero, señor juez Ooka, ¿cómo puede alguien ser ladrón y honrado a la vez?

19

turned and disappeared into the darkness. Ooka did not try to stop him.

When the shopkeeper and his guard awoke, Ooka told them what had happened.

"But why did you let the thief go?" Yahichi asked indignantly.

"Gonta is certainly a thief," Ooka replied. "But I am convinced he is an honest one, for he refused to steal more than he needed."

"But, Lord Ooka, how can a man be a thief and honest at the same time?"

"I would never have believed it possible, but it is so," Ooka said. "It is the duty of a judge to punish wickedness and reward virtue. In this case, we find both qualities in the same man, so obviously it would be unfair to treat him as any ordinary thief."

"But, Lord Ooka—"

"I have made my decision. Tomorrow I will see that work is found for Gonta which is sufficient to feed his family and still leave enough to allow him to pay back the rice he stole. We will see if he keeps his promise. If he returns here and replaces the extra amount each night, it will prove my belief that he is an honest thief."

The plan was carried out according to Ooka's wishes. Gonta was given a job, without knowing that Ooka was responsible. And, as the judge suspected, every night Gonta took the rice left over from his day's earnings and left it in the rice shop.

Ooka put all kinds of obstacles in his way to make it difficult for him to enter the shop, but this did not prevent Gonta from returning each night, although he became more and more afraid of being caught.

...

—Yo nunca lo hubiera creído posible, pero es así —dijo Ooka—. El deber de un juez es castigar la maldad y premiar la virtud. En este caso, encontramos ambas cualidades en el mismo hombre, de modo que obviamente sería injusto tratarlo como a un ladrón común.

—Pero, señor juez Ooka...

—Ya he tomado mi decisión. Mañana veré de que se encuentre un trabajo para Gonta que le permita alimentar a su familia y le deje aún bastante para permitirle pagar el arroz que robó. Vamos a ver si cumple su promesa. Si vuelve aquí cada noche para devolver la cantidad robada, se confirmará mi creencia de que es un ladrón honrado.

El plan se llevó a cabo de acuerdo con los deseos de Ooka. Gonta recibió un trabajo, sin saber que fue gracias a Ooka. Y tal como el juez esperaba, Gonta tomó cada noche el arroz sobrante de sus ganancias del día y lo dejó en la tienda de arroz.

Ooka puso toda clase de obstáculos en su camino para dificultarle la entrada a la tienda, pero eso no le impidió a Gonta regresar cada noche, aunque su temor de ser sorprendido era cada vez más grande.

20

Yahichi admitió que el ladrón había sido ya castigado suficientemente por su delito y dijo a Ooka que no deseaba presentar la acusación. El gran juez sonrió, escribió algo en un pequeño rollo de papiro, y ordenó a Yahichi que lo dejara donde Gonta pudiera verlo cuando viniera a pagar la última porción de arroz.

Cuando el honrado ladrón entró temerosamente en la tienda de arroz por última vez, se llevó una gran sorpresa al ver el rollo de papiro escrito y firmado por Ooka, con el siguiente mensaje:

Debes un diez por ciento extra en
concepto de interés.
La honradez es la mejor norma de conducta.

21

Yahichi admitted that the thief had been punished enough for his crime and told Ooka he did not wish to press charges. The great judge smiled and wrote out a small scroll which he ordered Yahichi to leave for Gonta to see when he came to pay for the last portion of rice.

When the honest thief slipped fearfully into the rice shop for the last time, he was shocked to find the scroll on which was written in Ooka's own handwriting, and bearing Ooka's signature, the following message:

You owe an extra
ten percent for interest.
Honesty is the best policy.

La tejedora de sueños

Concha Castroviejo

LA TEJEDORA DE SUEÑOS

Concha Castroviejo

Extensión del cuento: 15 páginas

Lectura en voz alta: Aproximadamente 10 minutos

La familia de Rogelia dice que no sirve para nada porque pasa el día soñando y haciendo torpemente las tareas. Un día, Rogelia conoce a una viejecita llamada Gosvinda, quien le dice que es tejedora de sueños. Después de este encuentro, Rogelia no puede pensar en nada más y se pone tan distraída que su familia piensa enviarla a un internado. Ante esta eventualidad, Rogelia se marcha a la casa de Gosvinda, que está en el bosque, y prontamente se convierte en una tejedora de sueños muy hábil. Cuando Gosvinda le dice a Rogelia que debe volver a su casa y trabajar allí por un tiempo a fin de saber si ser tejedora de sueños sea su destino, Rogelia comprende que debe tomar una decisión.

Apuntes del cuento

En este cuento, los estudiantes encontrarán un vocabulario propio de las artes textiles. *Encaje de bolillo* es el arte de hacer encajes al anudar y enhebrar a mano fibras delicadas. Las hebras se aseguran con alfileres a una almohadilla y se enrollan en palillos de madera, que ayudan a la hiladora a manipular los hilos y mantenerlos en orden. La rueca se usa para sostener los copos o haces de fibras aún no hiladas que se van a enrollar; es un huso o vara de madera muescada movida por una rueda. La rueca permite que la hilandera pueda tener una mano libre con la que pone porciones de fibras no enrolladas en el hilado que se forma, mientras que con la otra mano controla las vueltas de los hilos.

Acerca de la autora

Concha Castroviejo nació en España, en 1915. Publicó sus primeros cuentos en el periódico local de su ciudad natal, Santiago de Compostela. En 1961, Castroviejo recibió el premio Doncel por su obra *El jardín de las siete puertas*. "La tejedora de sueños" pertenece a esta colección. Castroviejo murió en 1995.

THE DREAM WEAVER

Concha Castroviejo

Translation by Helen Lane

Story length: 15 pages

Read-aloud time: About 10 minutes

Rogelia is considered good-for-nothing by her family, since she daydreams and does chores clumsily. One day she meets an old woman named Gosvinda, who tells Rogelia that she is a weaver of dreams. Afterward, Rogelia can think of nothing else, and becomes so inattentive to her chores that her family talks of sending her to boarding school. Faced with this, Rogelia runs away to Gosvinda's house in the forest and soon becomes an accomplished dream weaver. When Gosvinda tells Rogelia that she must return to her family and work for a time to discover if dream weaving is her destiny, Rogelia must decide what to do.

Story Notes

In this story, students will encounter vocabulary specific to lace making and weaving. *Encaje de bolillo* is the art of making lace by knotting delicate threads by hand. The threads are anchored to a pillow with pins and are wrapped around small wooden rods that help the artisan manipulate them and keep them organized. The distaff, a notched rod attached to the spinning wheel, is used to hold bundles of unspun fibers that will be spun into yarn or thread. The distaff allows one hand to feed wisps of unspun fiber into the thread that is forming and the other to control the twist of the thread.

About the Author

Concha Castroviejo was born in Spain in 1915. She published her first short stories in the local newspaper of her hometown, Santiago de Compostela. In 1961, Castroviejo was awarded the Doncel Prize for her book *El jardín de las siete puertas (The Garden of the Seven Doors)*, from which "La tejedora de sueños" is taken. She died in 1995.

Para obtener información más detallada sobre cómo hacer estas actividades y adaptarlas a las necesidades de los estudiantes de diferentes niveles, refiérase a los Elementos del director, a partir de la pág. 337.

Primera lectura (alrededor de 10 minutos) seguida de
Preguntas para compartir (20–30 minutos)

Recuérdeles a los estudiantes que, a medida que escuchen el cuento, deben pensar en las preguntas que les gustaría hacer después de la lectura. Léales el cuento en voz alta y luego, pídales que compartan sus preguntas. Cuando ellos hagan preguntas, escríbalas en el tablero o en papel gráfico, el que puede colgar en clase para que puedan consultarlas mientras trabajan en el cuento. Con la ayuda de los estudiantes, conteste las preguntas urgentes sobre vocabulario o hechos específicos. Si el tiempo lo permite, haga que la clase considere brevemente las respuestas posibles a algunas de las otras preguntas. Explique que guardarán las preguntas sobre el significado del cuento para la Discusión colectiva.

Segunda lectura con Toma de apuntes (30–45 minutos)

Para ayudar a los estudiantes a considerar el texto más atentamente, indíqueles que tomen apuntes durante la segunda lectura. Decida si los estudiantes (1) anotarán en el margen las reacciones que el cuento les cause, (2) señalarán las partes que sugieran respuestas a alguna de las preguntas hechas durante la sección Preguntas para compartir, o (3) marcarán el texto utilizando uno de las sugerencias para tomar apuntes, que aparecen a continuación, o alguno que usted haya creado:

- Señala con una **S** las partes en que Rogelia está **segura** de lo que quiere hacer, y con una **D** las partes en que está **dudosa.**

- Señala con una **J** las partes en que tratan a Rogelia con **justicia,** y con una **I** las partes en que la tratan **injustamente.**

Antes de empezar la segunda lectura, explique cómo le gustaría que los estudiantes tomaran apuntes. Luego, lea el cuento en voz alta o haga que los estudiantes lo lean independientemente o en parejas, tomando apuntes durante la lectura. Una vez que los estudiantes hayan tomado apuntes, déles la oportunidad de compartir los apuntes sobre varios pasajes o páginas del cuento y explicarlos.

Discusión colectiva (30–45 minutos)

Antes de la discusión, decida cuales son las preguntas que quiere tratar con la clase (vea la página siguiente). Siempre que sea posible, siente a los estudiantes en forma tal que todos puedan verse y escucharse con facilidad. Recuérdeles que necesitarán sus libros y útiles de escritura. Distribuya ejemplares de Elaborar tu respuesta (vea el apéndice B, pág. 411) y déles a los estudiantes la oportunidad de meditar sobre la pregunta de enfoque y anotar respuestas antes de empezar la discusión. Durante la discusión, utilice preguntas relacionadas con partes específicas del cuento para ayudarles a los estudiantes a pensar en la evidencia del texto que respalde sus opiniones. En nuestras preguntas sugeridas, las preguntas de enfoque aparecen en negrillas y las preguntas relacionadas están bajo la pregunta de enfoque a que aluden.

CORE INTERPRETIVE ACTIVITIES

For more detailed information about conducting these activities and adapting them to meet the needs of students working at different levels, see the Leader's Toolbox, beginning on p. 363.

First Reading (about 10 minutes) followed by
Sharing Questions (20–30 minutes)

Remind students that as they listen to the story they should think of any questions they would like to ask after the reading. Read the story aloud, and then have them share their questions. As students pose questions, you may want to write them on the board or on chart paper that can be left up during the class's work on the story. With students' help, answer pressing vocabulary or factual questions. If time permits, have the class briefly consider possible answers to a few of the other questions. Explain that you will save questions about the story's meaning for Shared Inquiry Discussion.

Second Reading with Note Taking (30–45 minutes)

To help students look at the text more closely and thoughtfully, have them take notes during the second reading. Decide whether students will (1) make their own marks about their reactions to the story in the margins, (2) mark places that suggest answers to one of the questions asked during Sharing Questions, or (3) mark the text using one of the following note-taking prompts or one that you have created:

- Mark places where Rogelia seems **sure** of what to do with **S,** and places where she seems **unsure** of what to do with **U.**

- Mark places where Rogelia is treated **fairly** with **F,** and places where she is treated **unfairly** with **U.**

Explain how you would like students to take notes before they begin the second reading. Then read the story aloud or have students read independently or in pairs, making notes throughout. After students have made notes, give them an opportunity to share and explain their notes from several passages or pages of the story.

Shared Inquiry Discussion (30–45 minutes)

Before discussion, decide which questions you want to explore with your class (see the facing page). Whenever possible, seat students so that everyone can see and hear one another easily. Remind students that they will need their books and something to write with. Distribute copies of the Building Your Answer page (see appendix B, p. 411), and give students an opportunity to reflect on the focus question and write down their answers before discussion begins. Throughout discussion, use related questions about specific parts of the story to help students think about evidence in the text that supports their opinions. In our suggested questions, focus questions appear in bold type and related questions appear under the focus question they support.

Le recomendamos que establezca su propia lista de preguntas para la Discusión colectiva (vea el prototipo Red de preguntas en el apéndice B, pág. 407). Necesitará una pregunta de enfoque, que será la pregunta que usted haga al inicio de la discusión, y preguntas relacionadas para ayudar a los estudiantes a reflexionar aún más sobre la pregunta de enfoque. Usted puede derivar la pregunta de enfoque, y las preguntas relacionadas con ésta, de las preguntas de los estudiantes, de sus propios apuntes, o de las preguntas de muestra indicadas a continuación.

¿Por qué dice Gosvinda que Rogelia debe volver a su casa y trabajar allí a fin de saber si su verdadero destino es ser tejedora de sueños?

- ¿Por qué no se sorprende Gosvinda cuando Rogelia llega a su casa por primera vez?

- ¿Por qué le dice Gosvinda a Rogelia que su familia dirá que es inútil y se reirá de ella si Rogelia le cuenta que teje sueños?

- Después de estar en la casa de Gosvinda, ¿por qué no puede Rogelia vivir sin sus sueños?

- ¿Por qué vuelve Rogelia a casa de Gosvinda a pesar de que su familia y la gente del pueblo alaban su trabajo?

- Cuando Rogelia vuelve a casa de Gosvinda, ¿por qué ésta le dice, "Ahora te quedarás aquí para siempre"?

¿Por qué puede hacer todo bien Rogelia una vez que aprende a tejer sueños?

- ¿Por qué piensa Rogelia que ser tejedora de sueños sería un oficio "hermoso"?

- ¿Por qué está cada vez más distraída Rogelia después de que conoce a Gosvinda?

- ¿Por qué puede tejer Rogelia los sueños más complicados y difíciles?

- ¿Qué significa cuando se dice que Rogelia "atendía a todo porque tantos sueños tenía en la mano que no quedaba ninguno en su cabeza"?

- ¿Por qué cuando Rogelia regresa a casa es capaz de hacer perfectamente bien todas las tareas de la casa, siendo que antes era tan torpe?

SUGGESTED QUESTIONS FOR DISCUSSION

We recommend that you create your own set of questions for Shared Inquiry Discussion (see the Question Web master in appendix B, p. 407). You will need a focus question, which will be the question you ask at the beginning of discussion, and related questions that help students think further about the focus question. Your focus question and related questions can be drawn from your students' questions, your own notes, or the sample questions that follow.

Why does Gosvinda say that Rogelia must go home and work in order to know if being a dream weaver is her true destiny?

- Why isn't Gosvinda surprised when Rogelia first comes to her house?

- Why does Gosvinda tell Rogelia that her family would still find her useless and laugh at her if she told them she weaves dreams?

- After being at Gosvinda's, why can Rogelia no longer live without dreams?

- Why does Rogelia return to Gosvinda's house even though her family and the townspeople praise her work?

- When Rogelia returns, why does Gosvinda say, "Now you will stay here forevermore"?

Why is Rogelia able to do everything well after she learns how to weave dreams?

- Why does Rogelia think being a weaver of dreams would be a "fine" occupation?

- Why does Rogelia become more and more inattentive after she meets Gosvinda?

- Why can Rogelia weave the most complicated and difficult dreams?

- What does it mean that Rogelia "attended to everything, for she had so many dreams in her hands that none were left in her head"?

- Why is Rogelia able to do all the chores perfectly when she returns home, when before she was so clumsy?

ACTIVIDADES ADICIONALES

Estas actividades hacen que los estudiantes comprendan mejor el cuento y lo disfruten más y que desarrollen destrezas del vocabulario, la escritura, y el razonamiento crítico. Las necesidades y los intereses de su grupo le ayudarán a determinar cuáles actividades debe incluir en el programa de actividades básicas.

Preparación del contexto

Oportunidad: Antes de la primera lectura

Presente el cuento diciéndoles a los estudiantes que es sobre una niña que aprende a tejer sueños. Dirija una discusión breve basándose en las preguntas siguientes: *Cuando eras más pequeño, ¿de dónde pensabas que venían los sueños? ¿Qué creías que significaban?*

Vocabulario

Oportunidad: En cualquier momento después de la primera lectura

Interpretación de las palabras (vea la página de actividades). Los estudiantes consideran dos definiciones de *destino* y cómo se relacionan con lo que Rogelia aprende sobre su propio destino.

Taller de palabras (vea la página de actividades). Los estudiantes consideran palabras o frases que describan cómo era Rogelia antes de ir a casa de Gosvinda y cómo es después. Luego, buscan antónimos o ideas opuestas a las palabras o frases que consideraron.

Actividades creativas

Oportunidad: En cualquier momento después de la primera lectura

- Haga que los estudiantes dibujen un sueño o dibujen a Rogelia o Gosvinda tejiendo un sueño (vea el prototipo de arte en el apéndice B, pág. 425).

- Haga que dibujen la casa de Gosvinda después de que vuelvan a leer el pasaje en donde se la describe (vea el prototipo de arte en el apéndice B, pág. 425).

- Haga que los estudiantes representen una de sus escenas favoritas del cuento. Las escenas que prometan más incluyen la interacción entre Rogelia y su familia al comenzar el cuento, a Rogelia y Gosvinda trabajando juntas, o a Rogelia visitando la casa de su familia después de marcharse de casa de Gosvinda.

- Haga que tejan un telar sencillo utilizando hilo o tiras de papel entretejidas.

- Haga que los estudiantes busquen información sobre el tamiz para sueños (dream catcher) de los americanos nativos y que hagan uno.

SUPPLEMENTAL ACTIVITIES

These activities deepen students' understanding and enjoyment of the story and develop vocabulary, writing, and critical-thinking skills. The needs and interests of your group will help you determine which activities to add to the schedule of core activities.

Building Context

Timing: Before the first reading

Introduce the story by telling students that it is about a girl who learns to weave dreams. Lead a brief discussion of the following questions: *When you were much younger, where did you think dreams came from? What did you think they meant?*

Vocabulary

Timing: Anytime after the first reading

Interpreting Words (see activity page). Students consider two definitions of *destino* and how they are related to Rogelia learning what her destiny is.

Word Workshop (see activity page). Students think of words that describe what Rogelia is like before and after she goes to Gosvinda's house, finding opposites for the words and phrases supplied.

Creative Endeavors

Timing: Anytime after the first reading

- Have students draw a dream, or Rogelia or Gosvinda weaving a dream (see the art master in appendix B, p. 425).

- Have students draw Gosvinda's house, after rereading the passage in which it is described (see the art master in appendix B, p. 425).

- Have students act out one of their favorite scenes from the story. Promising scenes include the interaction between Rogelia and her family at the beginning of the story, Rogelia and Gosvinda working together, and Rogelia returning to visit her family after being with Gosvinda.

- Have students do weaving, using yarn on a simple loom or strips of paper woven together.

- Have students research and make a Native American dream catcher.

Escritura

Oportunidad: Después de la Disución colectiva

Ensayo personal (vea la página de actividades). Los estudiantes escriben acerca de cómo aprendieron a hacer bien alguna cosa.

Escritura creativa (vea la página de actividades). Los estudiantes escriben el informe que redacta el empleado después de visitar a Rogelia y Gosvinda.

Escritura creativa (vea la página de actividades). Los estudiantes escriben un sueño que alguien pudiera encargar a Gosvinda y Rogelia.

Para explorar más…

Estudios sociales

* Haga que los estudiantes investiguen la producción de tejidos en una cultura específica. *¿Por qué son los tejidos tan importantes para este pueblo? En esta cultura, ¿quiénes aprenden a tejer—los hombres, las mujeres, o los niños? ¿Que clase de telar se utilicen?*

* Haga que los estudiantes investiguen las creencias sobre los sueños en una cultura específica. *¿De dónde cree la gente de esta cultura que vienen los sueños? ¿Qué creen que significan los sueños?*

Literatura

* Omar S. Castaneda, *Abuela's Weave* (Nueva York: Lee and Low Books, 1993). Una joven guatemalteca llamada Esperanza aprende a tejer un tapiz de su abuela, una anciana maya. Se consigue en español bajo el título *El tapiz de abuela,* trad. de Aida E. Marcuse (1995).

* Roald Dahl, *James and the Giant Peach* (Nueva York: Penguin, 2000). Este cuento trata de un joven que, inesperadamente, emprende un viaje mágico en un melocotón, acompañado de varias criaturas fantásticas. Publicado por primera vez en 1961. Se consigue en español bajo el título *James y el melocotón gigante,* trad. de Michel Simeon (Madrid: Alfaguara/Santillana, 1996).

* Audrey Osofsky, *Dreamcatcher* (Londres: Orchard Books, 1992). Este libro de historietas a cuadros nos relata la historia de una niña americana nativa que teje un tamiz de sueños para proteger al bebé de la familia.

Writing

Timing: After Shared Inquiry Discussion

Personal Essay (see activity page). Students write about how they learned to do something well.

Creative Writing (see activity page). Students write the report the official makes after his visit to Rogelia and Gosvinda.

Creative Writing (see activity page). Students write an order for a dream as they imagine it would come to Gosvinda and Rogelia.

For Further Exploration

Social Studies

* Have students research weaving in a particular culture. *Why is weaving so important to the people? In this culture, who learns to weave—men, women, or children? What kind of loom is used?*

* Have students research a particular culture's beliefs about dreams. *Where do people in this culture believe dreams come from? What do they believe dreams mean?*

Literature

* Omar S. Castaneda, *Abuela's Weave* (New York: Lee and Low Books, 1993). Esperanza, a young Guatemalan girl, learns from her grandmother, a Mayan elder, how to weave a tapestry. Available in Spanish as *El tapiz de abuela,* trans. Aida E. Marcuse (1995).

* Roald Dahl, *James and the Giant Peach* (New York: Penguin, 2000). This tale follows a young boy who unexpectedly takes a magical journey in a giant peach, accompanied by several fantastic creatures. First published in 1961. Available in Spanish as *James y el melocotón gigante,* trans. Michel Simeon (Madrid: Alfaguara/Santillana, 1996).

* Audrey Osofsky, *Dreamcatcher* (London: Orchard Books, 1992). This picture book tells the story of a Native American girl who weaves a dream catcher to protect her family's new baby.

Nombre: _____

Después de que Rogelia se hizo experta en tejer sueños, Gosvinda le dice: "Para que sepas si éste es en verdad tu **destino,** debes hacer una prueba: volver a tu casa y trabajar allí."

destino

🖎 el futuro inevitable; lo que sucede, no importa lo que hagamos

🖎 lo que finalmente sucede por las decisiones que tomamos y las cosas que hacemos

Ahora piensa cómo estas definiciones de **destino** se aplican a las experiencias de Rogelia.

Cuando Rogelia vuelve a su casa y trabaja, ¿cómo le demuestra su experiencia allí que el convertirse en tejedora de sueños es algo **inevitable, no importa lo que los demás hagan**?

_____

_____

_____

_____

¿Cómo el volver a casa le demuestra a Rogelia que el convertirse en tejedora de sueños es **el resultado de decisiones que tomó y de las cosas que hizo**?

_____

_____

_____

_____

Basándote en tus respuestas, ¿crees que el **destino** de Rogelia es **algo inevitable, o algo que ella crea con las decisiones que toma**?

_____

_____

_____

Nombre: _____

Cuando Rogelia vuelve a la casa de su familia
después de vivir con Gosvinda, ella ha cambiado.
Las frases bajo la columna **Antes** describen a Rogelia
antes de viajar a la casa de Gosvinda. Las frases
bajo la columna **Después** la describen
después de trabajar con Gosvinda.

Bajo la columna **Antes** o **Después,** escribe
en el espacio la idea opuesta de la que se da.

Antes	**Después**
1. Estaba tan distraída.	_____
2. _____	Manejaba los palillos con gran destreza.
3. La labor terminaba hecha una lástima.	_____
4. No servía para nada.	_____
5. Sus hermanas le encontraban inútil.	_____

Antes

Después

6. _____

Eres una niña muy dispuesta.

7. _____

Se ponía muy contenta.

8. No se confundía nunca.

_____

9. _____

Traía la gracia en sus manos.

10. _____

Todo el mundo alababa a
Rogelia.

Nombre: _____

En el cuento, Rogelia se transformó de ser inútil a hacer los tejidos más complicados y difíciles para Gosvinda. Escribe cómo tú mismo aprendiste a hacer bien alguna cosa.

_____

¿Qué tratabas de aprender? ¿Quién te enseñó?
_____

_____

_____

_____

¿Qué fue lo mas fácil y lo más difícil al aprenderlo?
_____

_____

_____

_____

_____

¿Cuánto te
demoraste en
hacerlo bien?

_____

_____

_____

_____

_____

_____

_____

¿Cómo te sentiste
cuando aprendiste
a hacerlo bien?

_____

_____

_____

_____

_____

_____

Nombre: _____

El empleado que llega a la casa de Gosvinda y Rogelia dice que el oficio de ellas no está en su lista. Escribe el informe que él redactó para su departamento.

El informe del empleado de las contribuciones

Número de personas que viven en la casa: _____

Nombres: _____

Oficios: _____

Si este oficio no está en la lista, ¿crees que debe incluirse? ¿Por qué sí? ¿Por qué no?

_____

_____

_____

¿Cómo recomendarías que se les cobraran las contribuciones a estas personas? ¿Por qué?

_____

_____

Nombre: _____

En el cuento, los pájaros entregaban encargos para sueños a Gosvinda y Rogelia. Imagina qué sueño encargaría un príncipe, un niño, o un minero. Escribe el encargo que Gosvinda y Rogelia podrían recibir.

Un sueño por encargo

¿Quién encarga el sueño? _____

_____

¿Quién o qué aparece en el sueño? _____

_____

_____

_____

¿Qué ocurre en el sueño? _____

_____

_____

_____

¿Por qué pides este sueño? _____

_____

_____

_____

Otras instrucciones: _____

_____

_____

_____

Rogelia era una niña que no servía para nada.

LA TEJEDORA DE SUEÑOS

Concha Castroviejo

Rogelia era una niña que no servía para nada. Esto decían sus hermanas y la maestra de la escuela.

En la escuela le preguntaban la lección y estaba tan distraída que no sabía lo que le preguntaban; en su casa le decían que planchase los pañuelos, para ir aprendiendo, y los quemaba; que sirviese el café en las tazas, y lo derramaba sobre el mantel; que regase las plantas, y el agua caía al suelo.

23

Rogelia was a good-for-nothing little girl. That was what her sisters and her schoolmistress said.

She was asked questions at school about the day's lesson, and she was so busy daydreaming she didn't know what she was being asked; at home they told her to iron handkerchiefs so that she'd learn how to do the ironing, and she burned them; to fill the coffee cups at meals, and she spilled coffee on the tablecloth; to water the plants, and the water dripped all over the floor.

"This girl is very clumsy," said her sister Camila, who was very capable and quite conceited.

"This girl is stupid," her sister Pepa would add.

"There's no telling whether this girl will learn or not," the schoolmistress sighed.

The worst of it was that Rogelia never learned how to make bobbin lace. Her granny, her sisters, and her aunts—all the women in her house—were very skillful with the bobbins and made beautiful lace with stars, birds, and flowers, fashioning all sorts of whimsical designs with the threads. This pleased Rogelia a great deal. She would sit down beside her granny, with her little sewing cushion full of pins, threads, and bobbins on her knees, and begin to dream of making wonderful designs. But she dreamed of her designs so intently and planned them in her head so enthusiastically that the bobbins collided, tangling the threads; the pins fell out of place, undoing the knots; and her handiwork ended up a sorry mess.

—Esta niña es muy torpe —decía su hermana Camila, que era muy dispuesta y presumía mucho.

—Esta niña es tonta —añadía su hermana Pepa.

—Esta niña no se sabe si aprende o no aprende —suspiraba la maestra.

Lo peor era que Rogelia no aprendía nunca a hacer encaje de bolillos. Su abuelita, sus hermanas, y sus tías, todas las mujeres en su casa, manejaban los palillos con gran destreza y hacían preciosos encajes con estrellas, pájaros, y flores, trenzando con los hilos todas las fantasías. Aquello le gustaba mucho a Rogelia. Se colocaba al lado de la abuelita, con la almohadilla llena de alfileres, hilos y palillos sobre las rodillas, y se ponía a soñar dibujos maravillosos. Pero tanto soñaba sus dibujos y con tanto entusiasmo los componía en su cabeza, que los palillos chocaban enredando los hilos, los alfileres se caían soltando los nudos, y la labor terminaba hecha una lástima.

24

Rogelia burst into tears and felt ashamed as her older sisters began reprimanding her.

"Go get the tissue paper ready to wrap up our lacework," Camila would say to her. "That's all you're good for."

And that was how things went for Rogelia every day.

One afternoon she was peering out the window and saw a very old woman pass by the house, gazing at the sky. Rogelia, who was a very well-mannered girl, ran to the

Rogelia lloraba y se avergonzaba, mientras sus hermanas mayores comenzaban con sus reprimendas.

—Vete preparando el papel de seda para envolver nuestros encajes —le decía Camila—. No sirves para otra cosa.

Y así le sucedía a Rogelia todos los días.

Una tarde estaba asomada a la ventana y vio pasar por delante de la casa a una mujer muy vieja que iba mirando hacia el cielo. Rogelia, que era una niña muy bien educada, corrió a la

25

door and went out into the street, because it seemed that the old woman was about to trip and fall. But the old woman laughed and said to her, "Don't worry. I'm looking at the clouds. By doing so, the work I do later on turns out so nicely."

"What sort of work do you do?" Rogelia asked her.

The woman answered, "I'm a weaver of dreams."

Those words excited Rogelia.

"What a fine occupation!" she exclaimed, and then she asked, "What is your name, señora?"

"My name is Gosvinda."

Rogelia would have liked to follow along after old Gosvinda, but she did not dare. She remained at the door watching her, and saw her walk all the way down the long street, leave the town, and go into the woods. From that day on, Rogelia thought only of the dream weaver. At school she was more and more inattentive; she burned more clothes as she did the ironing, spilled more water as she watered the flower pots, and made an even worse tangle of the pins, threads, and bobbins when she sat down alongside her granny to make lace.

puerta y salió a la calle, porque le pareció que la mujer vieja iba a tropezar y a caerse. Pero la mujer vieja se rió y le dijo:

—No te preocupes. Miro a las nubes. Así después me salen unas labores tan bonitas.

—¿Qué labores hace? —le preguntó Rogelia. La mujer contestó:

—Soy tejedora de sueños.

A Rogelia le entusiasmaron aquellas palabras.

—¡Qué hermoso oficio! —exclamó, y volvió a preguntar.

—¿Cómo se llama usted, señora?

—Me llamo Gosvinda.

Rogelia hubiese querido irse tras la vieja Gosvinda, pero no se atrevió. Se quedó en la puerta, mirándola, y la vio que seguía por la calle larga hasta salir del pueblo y entrar en el bosque.

Desde aquel día Rogelia pensaba sólo en la tejedora de sueños. Cada vez estaba más distraída en la escuela; cada vez quemaba más la ropa con la plancha, derramaba más el agua al regar las macetas, y enredaba más los alfileres, los hilos, y los palillos cuando se sentaba para hacer el encaje de bolillos al lado de la abuelita.

26

—A esta niña —dijo un día su hermana Pepa— habrá que mandarla interna a un colegio, a ver si logran enseñarle algo.

—Un sitio —añadió su hermana Camila— en donde la tengan encerrada y la castiguen.

—En donde no le permitan estar mirando a las nubes —volvió a decir Pepa.

—No sirve para nada —opinó su tía.

Entonces Rogelia les dijo a sus hermanas:

—Ya que tengo que aprender algo, voy a aprender a tejer sueños.

Y sus hermanas se rieron de ella.

Pero Rogelia recogió en una caja de cartón dos mudas, una chaqueta, y sus botas de lluvia, se colocó un gorrito que tenía para los días de fiesta, fue a darle un beso a la abuelita, y se marchó.

"This girl is going to have to be sent to a boarding school to see if they can manage to teach her something," her sister Pepa said one day.

"A place where they keep her locked up and punish her," her sister Camila added.

"Where they won't allow her to while away her time gazing at clouds," Pepa piped up again.

"She isn't good for anything," her aunt said.

Then Rogelia said to her sisters, "Since I must learn something, I'm going to learn how to weave dreams."

And her sisters laughed at her.

But Rogelia packed two changes of clothes, a jacket, and her rain boots into a cardboard box, put on a bonnet that she kept to wear on feast days, gave her granny a goodbye kiss, and took off on her own.

Rogelia left the town and reached the woods. It was dark there because the tops of the trees were so dense. Rogelia walked on for a long time until at last she came upon an open meadow, and in the meadow was a house with its walls painted pink and its windows green, surrounded on every side with yellow flowers.

...

Rogelia salió del pueblo y llegó al bosque. El bosque estaba oscuro de tanto como se apretaban las copas de los árboles. Rogelia anduvo mucho tiempo hasta que encontró un prado despejado, y en el prado una casa con los muros pintados de rosa y las ventanas de verde, y toda rodeada de flores amarillas.

La casa tenía
siete chimeneas
por las que
se escapaba un
humo precioso,
que no se parecía
a ningún humo y
era de color distinto
en cada chimenea.
Rogelia empujó la
puerta, que estaba
abierta, y entró en la
casa. Desde la cocina se
subía a un dormitorio, desde
el dormitorio se subía hasta
el desván, y desde el desván se
veían las nubes y las montañas
lejanas. Allí, en el desván, trabajaba la
vieja Gosvinda todo el día, teje que teje
sueños. El humo de los sueños era el que se
escapaba por las chimeneas.

Rogelia, al llegar al desván, dijo:

—Buenos días, señora Gosvinda.

A la tejedora no le extrañó ver a la niña.

—Sabía que vendrías —le contestó.

29

The house had seven chimneys through which poured out lovely smoke that looked like no other, a different color puffing out from each chimney.

Rogelia pushed on the door, which was unlocked, and went into the house. From the kitchen, she climbed up to a bedroom, and from the bedroom, she climbed up to the loft, and from the loft, she saw the clouds and mountains in the distance. Old Gosvinda worked there in the loft all day, weaving one dream after another. The smoke of the dreams was what was escaping by way of the chimneys.

On reaching the loft, Rogelia said, "Good day, Señora Gosvinda."

The weaver was not surprised to see the little girl.

"I knew you'd come," she said, answering her greeting.

Rogelia looked all around. She saw the distaffs and the looms with threads of crystal, gold, and silver, with the threads the color of emeralds and sapphires. In one corner there were twelve mice grooming their whiskers.

"I've come to stay, if you'll allow me to," she said to Gosvinda. "I wish to learn to weave dreams. At home they tell me I'm useless, but it may be that I'm suited for such a wonderful occupation."

Gosvinda replied that she could stay and explained to her that she needed a girl to help her because she had a great many orders to fill. People kept needing more and more dreams.

Rogelia remained in the house in the woods. Very early each morning, she went up to the loft and

Rogelia miró a todas partes. Vio las ruecas y los telares con hilos de cristal, de oro, y de plata, con hilos del color de las esmeraldas y los zafiros. En un rincón estaban doce ratones atusándose los bigotes.

—Vengo a quedarme, si usted me deja —le dijo a Gosvinda—. Quiero aprender a tejer sueños. En mi casa dicen que no sirvo para nada, pero a lo mejor sirvo para un oficio tan bonito.

Gosvinda le contestó que podía quedarse, y le explicó que le hacía falta una niña que la ayudase porque tenía muchos encargos. La gente necesitaba cada vez más sueños.

Rogelia se quedó en la casa del bosque. Por la mañana, muy temprano, subía al desván y

30

aprendía a preparar los hilos en los telares y los copos en la rueca. Los hilos se deslizaban hasta formar la trama que les daba la vieja tejedora, y la rueda giraba cada vez más de prisa levantando un aire que hacía estornudar a los ratones. Durante el día los cucos, y al anochecer los vencejos, entraban y salían por la ventana trayendo en el pico los encargos que hacían los príncipes desde los palacios reales y los mineros desde sus cuevas profundas. Todos los hombres y las mujeres que conocían a la tejedora le encargaban sueños.

—Antes éramos siete tejedoras —le dijo Gosvinda a Rogelia—. Pero mis compañeras se retiraron a descansar y yo me quedé sola. Eran más viejas que yo. Cuando yo me canse y me marche no quedará nadie.

—¿Y qué harán en el mundo? —preguntó Rogelia.

—Fabricarán unas píldoras para tener sueños sintéticos. Y los niños tejerán ellos mismos sus sueños.

Rogelia, poco a poco, aprendió a hacer hermosas tramas del color y de la forma de las nubes. Aprendió a retener el arco iris con

31

learned to thread the looms and ready the tufts to be spun into threads on the distaff. The threads glided in and out until they formed the weft under the old weaver's hand, and the distaff spun faster and faster, raising a breeze that made the mice sneeze. During the day the cuckoos, and at nightfall the swifts, came and went through the window, bringing in their beaks the orders sent by princes from their royal palaces and by miners from the depths of their caves. All the men and women who knew the wee weaver ordered dreams from her.

"Once upon a time there used to be seven of us weavers," Gosvinda said to Rogelia, "but my companions retired to take their rest and left me by myself. They were older than I. When I grow weary and retire, there will be no one left at all."

"And what will people do then?" Rogelia asked.

"They'll manufacture pills so they can have synthetic dreams. And children will weave their own dreams for themselves."

Little by little, Rogelia learned to make lovely woven fabrics of the color and shape of clouds. She learned how to make the rainbow tarry by singing to it, and how to wrap it up in orange-colored dreams. She learned to weave pink and blue dreams for the young, and green ones to console those who were sick and those who were sad. And white dreams so that children could embroider them in color.

"You're a very clever little girl," old Gosvinda told her.

And that made Rogelia feel very happy.

"Oh, my!" she replied. "If only those back home could see me!"

"They would still find you useless. If you say you weave dreams, people will laugh at you."

canciones y a meterlo en los sueños color de naranja. Aprendió a tejer sueños azules y rosados para los jóvenes, y verdes para consolar con esperanzas a los enfermos y a los tristes. Y sueños blancos para que los niños les bordasen colores encima.

—Eres una niña muy dispuesta —le dijo la vieja Gosvinda.

Y Rogelia se ponía muy contenta.

—¡Ay! —contestaba— ¡Si me viesen en mi casa!

—Te seguirían encontrando inútil. Si dices que tejes sueños la gente se reirá de ti.

···

Los sueños, cuando estaban tejidos, salían en encaje de humo, por las chimeneas, y el viento los llevaba hasta las casas lejanas.

Rogelia aprendió también a barrer y a poner las ollas al fuego. Todas las semanas un oso le traía a la vieja Gosvinda la leña, los conejos se encargaban de traer la verdura, y los mirlos llegaban con la fruta.

—¡Qué casa tan hermosa! —suspiraba Rogelia.

Rogelia aprendió tan bien el oficio que los sueños ya no tenían secretos para ella. De tanto manejarlos ya no se aposentaban en su cabeza. Permanecía atenta a los hilos sutiles y frágiles, a las tramas delicadas que formaban las ramas de los árboles y el dibujo de las nubes, y a los colores del arco iris que se colocaba sobre el tejado puntiagudo de la casita. Ya no se confundía nunca Rogelia porque ya no tenía los sueños en la cabeza, sino en las manos.

Cuando quiera un sueño para mí, pensaba, tejeré el más bello que haya existido nunca.

Un día la vieja Gosvinda le dijo:

—Para que sepas si éste es de verdad tu destino debes hacer una prueba: volver a tu casa y trabajar allí.

33

Dreams, once they were woven, came out of the chimneys in a lacework of smoke, and the wind blew them to distant houses. Rogelia soon learned to sweep the floor and put pots on the fire. Every week a bear brought old Gosvinda wood, rabbits took care of supplying her with vegetables, and blackbirds arrived with fruit.

"What a beautiful house!" Rogelia sighed.

Rogelia learned the weaver's craft so well that dreams now held no secrets for her. Because she worked with them so much with her hands, they no longer lodged in her head. She paid careful attention to the thin, fragile threads, to the delicate interweaving formed by the branches of the trees and the patterns made by the clouds, and to the colors of the rainbow that appeared above the sharp-pointed roof of the little house. Rogelia's mind was never in a daze now, for the dreams were no longer in her head, but in her hands. "When I want a dream for myself," she thought, "I shall weave the most beautiful one that has ever existed."

One day old Gosvinda said to her, "In order to find out if this is your true calling, you must put it to the test: return home and work there."

Rogelia realized that she was obliged to obey. She went to her carboard box and put on a dress that she had woven with the leftovers from the distaff tufts and that gleamed with the colors of flowers.

Rogelia returned home, greeted everyone, and said that she had been learning to be capable. In the beginning her sisters laughed at her, but Rogelia's hands were blessed. If she sat down to make bobbin lace, the bobbins crossed back and forth like castanets and the threads turned into lace, with birds, flowers, and clouds in the white background that looked like a snow-covered field. If she watered the plants, she did not spill a single drop.

Rogelia comprendió que tenía que obedecer. Recogió su caja de cartón y se puso un traje que había ido tejiendo con los residuos de los copos y que lucía con los colores de las flores.

Rogelia llegó a su casa, saludó a todos, y dijo que había estado aprendiendo a ser dispuesta. Al principio sus hermanas se rieron de ella, pero Rogelia traía la gracia en sus manos. Si se sentaba a hacer bolillos los palillos se cruzaban como castañuelas y los hilos se transformaban en encaje, con pájaros, flores, y nubes en el dibujo blanco que parecía un campo de nieve. Si regaba las plantas no derramaba ni una gota

34

If she ironed, the glistening garment looked as good as new.

Everyone sang Rogelia's praises. The meters of lace she made were sought after by all the townspeople. For the grand fiesta of the year they ordered decorations for the balconies from her.

But Rogelia could no longer live without dreams. Each day she climbed to the very top of the house to see if she could make out the smoke coming from the chimneys of Gosvinda the weaver's house.

Rogelia readied her cardboard box once again, bade everyone goodbye, and headed for the woods one morning as day broke.

de agua. Si planchaba, la ropa quedaba nueva y brillante.

Todo el mundo alababa a Rogelia. Los metros de encaje que hacía los solicitaban en todo el pueblo. Para la gran fiesta le encargaban a ella el adorno de los balcones.

Pero Rogelia ya no podía vivir sin sueños. Cada día subía a lo más alto de la casa para ver si desde allí distinguía el humo que salía por las chimeneas de la casa de la tejedora Gosvinda.

Rogelia volvió a preparar su caja de cartón, se despidió de todos, y una mañana, de madrugada, tomó el camino del bosque.

35

"Good day!" she said as she entered the loft.

The weaver was seated in her corner, and the mice were holding the tufts in place that she was putting on the distaffs.

"I knew you would come," she said, answering Rogelia's greeting. "Now you will stay here forevermore."

Rogelia remained with old Gosvinda. She welcomed the cuckoos and the swifts, fed the mice, helped the bear unload the wood, and placed the vegetables and fruit that the rabbits and the blackbirds brought in their proper baskets. But above all, she kept weaving and weaving. She wove the most complicated and difficult dreams, the ones that tired old Gosvinda. She attended to everything, for she had so many dreams in her hands that none were left in her head. She was so fond of her dreams and so proud of her work that she never dared to keep them.

Each year she went to the town to visit her grandmother, her sisters, and her aunt. She greeted them and then went off once again.

One day a very serious looking gentleman, carrying a large briefcase full of registers with black oilcloth covers, came knocking at the door of Gosvinda's house. Rogelia came down from the loft to see what he wanted,

···

—¡Buenos dias! —dijo al entrar en el desván.

La tejedora estaba sentada en su rincón y los ratones sostenían los copos que iba metiendo en las ruecas.

—Ya sabía que vendrías —le contestó a Rogelia—. Ahora te quedarás aquí para siempre.

Rogelia se quedó con la vieja Gosvinda. Recibió a los cucos y a los vencejos, le daba su comida a los ratones, ayudaba al oso a descargar la leña, y preparaba en sus cestillos las verduras y las frutas que traían los conejos y los mirlos. Pero, sobre todo, tejía y tejía. Tejía los sueños más complicados y difíciles, los que fatigaban a la vieja Gosvinda. Atendía a todo porque tantos sueños tenía en la mano que no quedaba ninguno en su cabeza. Tanto amaba a sus sueños y tan orgullosa estaba de su labor que nunca se atrevía a retenerlos.

Cada año iba al pueblo a visitar a su abuela, a sus hermanas, y a su tía. Las saludaba y volvía a marcharse.

Un día llamó a la puerta de la casa de Gosvinda un señor muy serio que traía una gran cartera llena de libretas forradas de hule negro. Rogelia bajó desde el desván a ver lo que quería,

36

y el señor le dijo que venía a enterarse de quién vivía allí y cuál era su oficio para apuntarlo en las libretas de la contribución.

—Aquí vivimos la vieja Gosvinda y yo —le explicó Rogelia—, y somos tejedoras de sueños.

El señor revisó sus libretas y dijo que aquel oficio no figuraba en ninguna lista. Después carraspeó y se marchó.

and the gentleman told her that he had come to find out who lived there and what their occupation was so he could write their names down in the tax registers.

"Old Gosvinda and I live here," Rogelia explained to him, "and we are weavers of dreams."

The gentleman looked through his registers and said that such an occupation was not on any list. Then he cleared his throat and left.

EL MONSTRUO QUE
SE VOLVIÓ PEQUEÑO

Joan Grant

El monstruo que se volvió pequeño

Joan Grant

Traducción de Osvaldo Blanco

Extensión del cuento: 15 páginas

Duración de la lectura en voz alta: Aproximadamente 15 minutos

Un niño llamado Miobi, el Asustado, por la gente de la aldea donde vive, cree que él es un cobarde. Un día, cuando Miobi camina por el sendero del bosque que lo asusta más, rescata una liebre atrapada que le dice dónde puede encontrar valor. Miobi empieza un viaje lleno de peligros y puede ayudar a una aldea vecina cuyos habitantes están convencidos de que un monstruo enorme piensa comérselos.

Apuntes del cuento

Puesto que las palabras *hambruna* y *plaga* pueden afectar la interpretación que los estudiantes hagan del cuento, verifique que las comprendan después de la primera lectura.

Acerca de la autora

Joan Grant nació en Londres, Inglaterra, en 1907. Escribió varias novelas históricas para adultos y dos colecciones de cuentos para niños: *The Scarlet Fish and Other Stories (El pez escarlata y otros cuentos)* y *Redskin Morning and Other Stories (La mañana piel roja y otros cuentos)*. Grant murió en 1989.

The Monster Who Grew Small

Joan Grant

Story length: 15 pages

Read-aloud time: About 15 minutes

A boy called Miobi, the Frightened One, by the people in his village, believes that he is a coward. One day, when Miobi is walking down the forest path that he fears the most, he rescues a trapped Hare who tells him where he can find courage. Miobi begins a journey full of dangers and is able to help a neighboring village whose residents are convinced that an enormous Monster is planning to eat them.

Story Notes

Because the words *famine* and *pestilence* can affect students' interpretation of the the story, check after the first reading to see if students understand these words.

About the Author

Joan Grant was born in London, England, in 1907. She wrote several historical novels for adults and two collections of stories for children, *The Scarlet Fish and Other Stories* and *Redskin Morning and Other Stories*. Grant died in 1989.

Para obtener información más detallada sobre cómo hacer estas actividades y adaptarlas a las necesidades de los estudiantes de diferentes niveles, refiérase a los Elementos del director, a partir de la pág. 337.

Primera lectura (alrededor de 15 minutos) seguida de Preguntas para compartir (20–30 minutos)

Recuérdeles a los estudiantes que, a medida que escuchen el cuento, deben pensar en las preguntas que les gustaría hacer después de la lectura. Léales el cuento en voz alta y luego, pídales que compartan sus preguntas. Cuando ellos hagan preguntas, escríbalas en el tablero o en papel gráfico, el que puede colgar en clase para que puedan consultarlas mientras trabajan en el cuento. Con la ayuda de los estudiantes, conteste las preguntas urgentes sobre vocabulario o hechos específicos. Si el tiempo lo permite, haga que la clase considere brevemente las respuestas posibles a algunas de las otras preguntas. Explique que guardarán las preguntas sobre el significado del cuento para la Discusión colectiva.

Segunda lectura con Toma de apuntes (30–45 minutos)

Para ayudar a los estudiantes a considerar el texto más atentamente, indíqueles que tomen apuntes durante la segunda lectura. Decida si los estudiantes (1) anotarán en el margen las reacciones que el cuento les cause, (2) señalarán las partes que sugieran respuestas a alguna de las preguntas hechas durante la sección Preguntas para compartir, o (3) marcarán el texto utilizando uno de las sugerencias para tomar apuntes, que aparecen a continuación, o alguno que usted haya creado:

- Señala con una **V** las partes donde usted considere que Miobi demuestra **valor,** y con una **M** las partes en las que muestra **miedo.**

- Señala con una **R** las partes donde el miedo de alguien parezca **razonable,** y con una **I** las partes del relato donde parezca **irrazonable.**

Antes de empezar la segunda lectura, explique cómo le gustaría que los estudiantes tomaran apuntes. Luego, lea el cuento en voz alta o haga que los estudiantes lo lean independientemente o en parejas, tomando apuntes durante la lectura. Una vez que los estudiantes hayan tomado apuntes, déles la oportunidad de compartir los apuntes sobre varios pasajes o páginas del cuento y explicarlos.

Discusión colectiva (30–45 minutos)

Antes de la discusión, decida cuales son las preguntas que quiere tratar con la clase (vea la página siguiente). Siempre que sea posible, siente a los estudiantes en forma tal que todos puedan verse y escucharse con facilidad. Recuérdeles que necesitarán sus libros y útiles de escritura. Distribuya ejemplares de Elaborar tu respuesta (vea el apéndice B, pág. 411) y déles a los estudiantes la oportunidad de meditar sobre la pregunta de enfoque y anotar respuestas antes de empezar la discusión. Durante la discusión, utilice preguntas relacionadas con partes específicas del cuento para ayudarles a los estudiantes a pensar en la evidencia del texto que respalde sus opiniones. En nuestras preguntas sugeridas, las preguntas de enfoque aparecen en negrillas y las preguntas relacionadas están bajo la pregunta de enfoque a que aluden.

For more detailed information about conducting these activities and adapting them to meet the needs of students working at different levels, see the Leader's Toolbox, beginning on p. 363.

First Reading (about 15 minutes) followed by Sharing Questions (20–30 minutes)

Remind students that as they listen to the story they should think of any questions they would like to ask after the reading. Read the story aloud, and then have them share their questions. As students pose questions, you may want to write them on the board or on chart paper that can be left up during the class's work on the story. With students' help, answer pressing vocabulary or factual questions. If time permits, have the class briefly consider possible answers to a few of the other questions. Explain that you will save questions about the story's meaning for Shared Inquiry Discussion.

Second Reading with Note Taking (30–45 minutes)

To help students look at the text more closely and thoughtfully, have them take notes during the second reading. Decide whether students will (1) make their own marks about their reactions to the story in the margins, (2) mark places that suggest answers to one of the questions asked during Sharing Questions, or (3) mark the text using one of the following note-taking prompts or one that you have created:

- Mark places where Miobi shows **courage** with **C,** and places where he shows **fear** with **F.**

- Mark places where someone's fear seems **reasonable** with **R,** and places where someone's fear seems **unreasonable** with **U.**

Explain how you would like students to take notes before they begin the second reading. Then read the story aloud or have students read independently or in pairs, making notes throughout. After students have made notes, give them an opportunity to share and explain their notes from several passages or pages of the story.

Shared Inquiry Discussion (30–45 minutes)

Before discussion, decide which questions you want to explore with your class (see the facing page). Whenever possible, seat students so that everyone can see and hear one another easily. Remind students that they will need their books and something to write with. Distribute copies of the Building Your Answer page (see appendix B, p. 411), and give students an opportunity to reflect on the focus question and write down their answers before discussion begins. Throughout discussion, use related questions about specific parts of the story to help students think about evidence in the text that supports their opinions. In our suggested questions, focus questions appear in bold type and related questions appear under the focus question they support.

Le recomendamos que establezca su propia lista de preguntas para la Discusión colectiva (vea el prototipo Red de preguntas en el apéndice B, pág. 407). Necesitará una pregunta de enfoque, que será la pregunta que usted haga al inicio de la discusión, y preguntas relacionadas para ayudar a los estudiantes a reflexionar aún más sobre la pregunta de enfoque. Usted puede derivar la pregunta de enfoque, y las preguntas relacionadas con ésta, de las preguntas de los estudiantes, de sus propios apuntes, o de las preguntas de muestra indicadas a continuación.

¿Por qué se ofrece Miobi a matar al monstruo?

- ¿Por qué se detiene Miobi a ayudar a la criatura que oye gritar entre los árboles, cuando cree que el pequeño ser estaría más asustado que él mismo?

- ¿Por qué Miobi debe encontrar valor por sí mismo en vez de recibirlo como un regalo?

- ¿Por qué se siente Miobi tan alegre y empieza a disfrutar de las cosas tras escaparse de las serpientes?

- ¿Por qué se sorprendió Miobi al ofrecerse a matar al monstruo?

- ¿En qué momento del cuento encuentra Miobi valor?

¿Por qué se empequeñece el monstruo cuando Miobi se le acerca?

- ¿Por qué el miedo al monstruo hace que los aldeanos descuiden sus tareas y sus niños?

- ¿Por qué dice el jefe que el monstruo "seguramente ha de ser aún peor" que como lo describe?

- ¿Por qué el correr rápidamente montaña arriba hace que Miobi no sienta miedo?

- ¿Por qué es el monstruo amistoso cuando Miobi finalmente lo alcanza?

- ¿Por qué tiene el monstruo tantos nombres? ¿Qué quiere decir el monstruo cuando indica que "los seres humanos más dignos de compasión me dan sus propios nombres"?

We recommend that you create your own set of questions for Shared Inquiry Discussion (see the Question Web master in appendix B, p. 407). You will need a focus question, which will be the question you ask at the beginning of discussion, and related questions that help students think further about the focus question. Your focus question and related questions can be drawn from your students' questions, your own notes, or the sample questions that follow.

Why does Miobi volunteer to kill the Monster?

- Why does Miobi stop to help the creature he hears crying out from the trees, when he thinks it might be more frightened than he is?

- Why must Miobi find courage for himself rather than receive it as a gift?

- Why does Miobi feel cheerful and begin to enjoy looking at things after he escapes from the snakes?

- Why is Miobi surprised at himself when he offers to kill the Monster?

- At what point in the story does Miobi find courage?

Why does the Monster grow small when Miobi approaches it?

- Why does fear of the Monster make the villagers neglect their duties and their children?

- Why does the Headman say that the Monster is "sure to be even worse" than he describes it?

- Why does running up the mountain quickly keep Miobi from being frightened?

- Why is the Monster friendly when Miobi finally reaches it?

- Why does the Monster have so many names? What does the Monster mean when it says that "the most pitiable of humans give me their own names"?

Estas actividades hacen que los estudiantes comprendan mejor el cuento y lo disfruten más y que desarrollen destrezas del vocabulario, la escritura, y el razonamiento crítico. Las necesidades y los intereses de su grupo le ayudarán a determinar cuáles actividades debe incluir en el programa de actividades básicas.

Preparación del contexto

Oportunidad: Antes de la primera lectura

Presente el cuento diciéndoles a los estudiantes que se trata de un niño que tiene miedo de muchas cosas. Pida a los estudiantes que se imaginen la situación siguiente: tú solo debes hacer un viaje largo por avión, tren, o autobús. La noche anterior al viaje, cuando tú estás reclinado en su lecho, empiezas a preocuparte por lo que podría ocurrirte. Pregúnte a los estudiantes qué cosas les preocuparían o qué temen que podría resultar mal. Permítales incluir un miedo real (como perder el pasaje) y otro exagerado (como la persona sentada al lado suyo se convierte en lobo). Anote las respuestas de los estudiantes en un ejemplar de El monstruo de Lo-que-podría-pasar (vea la página de actividades). En algún momento después de la primera lectura, muestre a los estudiantes el monstruo que crearon entre todos. Dirija una discusión breve sobre los motivos que tenemos al imaginarnos que las cosas van a salir mal, aunque muchos de ellos no tengan sentido.

Vocabulario

Oportunidad: En cualquier momento después de la primera lectura

Interpretación de las palabras (vea la página de actividades). Los estudiantes consideran los significados de *parecer, aspecto,* y *aparentar* en el contexto del cuento, y responden a las preguntas sobre las frases en las que aparecen estas palabras.

Mis tiras cómicas (vea el apéndice B, pág. 417). Haga que los estudiantes usen tres de las palabras siguientes, o derivados de los mismos, para crear una tira cómica: *aclamar, asombro, cobarde, desafiar, dignidad, lamentos, modestia, plaga, protección, sensato,* y *superar.* Anímelos para que usen la imaginación.

Observación literaria

Oportunidad: En cualquier momento después de la segunda lectura

Análisis del personaje (vea la página de actividades). Los estudiantes trazan un círculo alrededor de las palabras que, según ellos, describen a Miobi y anotan sus propios adjetivos. Luego, los estudiantes seleccionan el adjetivo que, en sus opiniones, describe a Miobi de la mejor forma, y buscan en el cuento la evidencia que lo respalde.

SUPPLEMENTAL ACTIVITIES

These activities deepen students' understanding and enjoyment of the story and develop vocabulary, writing, and critical-thinking skills. The needs and interests of your group will help you determine which activities to add to the schedule of core activities.

Building Context

Timing: Before the first reading

Introduce the story by telling students that it is about a boy who fears many things. Have students imagine the following situation: You have to take a long airplane, train, or bus trip by yourself. The night before, as you're lying in bed, you begin to worry about what might happen. Ask students, *What sorts of things would you worry about, or be afraid could go wrong?* Allow students to include both realistic fears (you lose your ticket) and exaggerated fears (the person sitting next to you turns into a werewolf). Write down students' responses on a copy of the What-Might-Happen Monster (see activity page). Sometime after the first reading, show students the monster they created together. Lead a brief discussion of the reasons we imagine that things will go wrong, even though most of them don't happen.

Vocabulary

Timing: Anytime after the first reading

Interpreting Words (see activity page). Students consider the meanings of *parecer, aspecto,* and *aparentar* in the context of the story, answering questions about sentences in which these words appear.

My Comic Strip (see appendix B, p. 417). Have students select up to three of the following words, or forms of the words, to create a comic strip: *aclamar, asombro, cobarde, desafiar, dignidad, lamentos, modestia, plaga, protección, sensato,* and *superar.* Encourage them to use their imaginations.

Looking at Literature

Timing: Anytime after the second reading

Analyzing Character (see activity page). Students circle words that they think describe Miobi and also write down their own adjectives. Students then choose the adjective they think describes Miobi best and find evidence in the story to support it.

Actividades creativas

Oportunidad: En cualquier momento después de la primera lectura

- Haga que los estudiantes representen una de sus escenas favoritas del cuento. Las escenas que prometan más incluyen la conversación con la liebre, los encuentros con los cocodrilos y las serpientes, la confrontación del monstruo, y el regreso de Miobi a la aldea con el monstruo domado.

- Haga que los estudiantes dibujen su interpretación del monstruo como se lo describe el jefe a Miobi o la interpretación del monstruo como aparece cuando Miobi lo ve en la cueva (vea el prototipo de arte en el apéndice B, pág. 425).

- Haga que los estudiantes creen sus propios monstruos, terribles o amistosos, con arcilla para modelar o papel maché.

Escritura

Oportunidad: Después de la Discusión colectiva

Ensayo personal (vea la página de actividades). Los estudiantes escriben un ensayo acerca del momento en que hicieron algo que no estaban seguros de poder hacer.

Escritura creativa (vea la página de actividades). Los estudiantes imaginan que tienen un monstruo que han domesticado como una mascota.

Para explorar mas...

Arte

- Haga que los estudiantes investiguen la perspectiva. *¿Qué hace que un objeto lejano parezca más pequeño de lo que es, y que un objeto cercano parezca más grande? ¿En qué forma hace la perspectiva que un dibujo bidimensional parezca tridimensional?*

Ciencias

- Haga que los estudiantes investiguen las serpientes de los climas tropicales. *¿Qué serpientes grandes viven en tales climas? ¿Qué hace que algunas de ellas sean peligrosas para los humanos o para otros animales?*

- Haga que los estudiantes investiguen los cocodrilos y caimanes. *¿En qué difieren? ¿Dónde viven? ¿Qué comen?*

Estudios sociales

- Haga que los estudiantes investiguen la forma de vida de un grupo tribal. *¿Cómo organiza este grupo la vida comunitaria? ¿Qué tareas desempeñan los de mayor edad? ¿Qué tareas desempeñan los niños?*

Literatura

- Maurice Sendak, *Where the Wild Things Are* (Nueva York: Harper & Row, 1963). Relato clásico, ganador de la Medalla Caldecott, de un niño que se convierte en el rey de todos los monstruos. Se consigue en español bajo el título *Donde viven los monstruos*, trad. de Agustín Gerváso (Madrid: Altea, Taurus, Alfaguara, S.A., 1986).

Creative Endeavors

Timing: Anytime after the first reading

- Have students act out one of their favorite scenes from the story. Promising scenes include Miobi's conversation with the Hare, his encounters with the crocodiles and snakes, his confrontation of the Monster, and his return to the village with the tamed Monster.

- Have students draw their interpretation of the Monster as the Headman describes it to Miobi, or their interpretation of the Monster as it looks when Miobi sees it in the cave (see the art master in appendix B, p. 425).

- Have students create their own monsters, scary or friendly, using modeling clay or papier-mâché.

Writing

Timing: After Shared Inquiry Discussion

Personal Essay (see activity page). Students write about a time when they did something they weren't sure they could do.

Creative Writing (see activity page). Students imagine that they have a monster they have tamed as a pet.

For Further Exploration

Art

- Have students research perspective. *What makes an object that is far away seem smaller than it really is, and an object that is very close seem larger than it really is? How does the use of perspective make a two-dimensional drawing appear three-dimensional?*

Science

- Have students research snakes that live in tropical climates. *What large snakes live in such climates? What makes some of them dangerous to humans or other animals?*

- Have students research crocodiles and alligators. *How do they differ? Where do they live? What do they eat?*

Social Studies

- Have students research a tribal group's way of life. *How does this group organize community life? What tasks do elders perform? What tasks do children perform?*

Literature

- Maurice Sendak, *Where the Wild Things Are* (New York: Harper & Row, 1963). Classic, Caldecott Medal-winning tale of a boy who becomes king of all wild things. Available in Spanish as *Donde viven los monstruos,* trans. Agustín Gerváso (Madrid: Altea, Taurus, Alfaguara, S.A., 1986).

El monstruo de Lo-que-podría-pasar

Interpretación de las palabras

EL MONSTRUO QUE SE
VOLVIÓ PEQUEÑO

Nombre: _____

En este cuento, las cosas no son como parecen ser. Las frases
siguientes, tomadas del cuento, describen las cosas cómo
parecen ser, cómo lucen, o cómo aparentan. Lee las
frases o escúchalas cuando las lean en voz alta.
Luego, vuelve al cuento y anota tus respuestas
a las preguntas sobre cada frase.

1. "El lugar que le **parecía** siempre más peligroso estaba en el sendero
   que llevaba a la aldea, y cada vez que tenía que ir por él lo hacía
   corriendo" (pág. 40).

   ¿Por qué le parece peligroso este sitio a Miobi?

   _____

   _____

   ¿Es peligroso el sitio? ¿Por qué? ¿Por qué no?

   _____

   _____

2. "¿Qué **aspecto** tiene el monstruo? —preguntó Miobi" (pág. 49).

   ¿Cómo describe el jefe al monstruo al hablar con Miobi?

   _____

© 2002 por The Great Books Foundation.

107

¿Qué hace que los aldeanos piensen que el monstruo luce así?

_____

_____

3. "Pero en cambio **aparentaba** ser definitivamente bastante más pequeño, sólo un poco más grande que una barca real en lugar de tres" (pág. 50).

¿Es el monstruo más pequeño?

_____

_____

¿Por qué le parece a Miobi que el monstruo es más pequeño?

_____

_____

Nombre: _____

¿Qué clase de persona es Miobi? Traza un círculo alrededor de las palabras que, según tú, lo describen y agrega las tuyas en las líneas en blanco. Luego, piensa en cuál de las cualidades de Miobi lo describe mejor.

Creo que Miobi es . . .

cobarde _____ modesto
(tu propia palabra)

tonto   osado _____
(tu propia palabra)

sensato _____ astuto   amable
(tu propia palabra)

Si yo tuviera que seleccionar una palabra que describa a Miobi,

sería _____.

Según mi parecer, esta palabra significa _____

_____.

Miobi demuestra que es así en la página _____ del cuento, cuando

_____.

Nombre: _____

Miobi se sorprendió al ser más valiente de lo que creía. Escribe un ensayo sobre alguna vez en que te sorprendiste al hacer algo que tú creías que no podrías hacer.

¿Qué fue lo que no sabías que podrías hacer?

_____

_____

_____

_____

_____

_____

¿Qué fue horrible o difícil al hacer esto?

_____

_____

_____

_____

_____

_____

¿Qué te motivó
finalmente a
intentarlo?

_____

_____

_____

_____

_____

_____

_____

¿En qué forma
cambió esta
experiencia lo que
piensas de ti
mismo?

_____

_____

_____

_____

_____

Nombre: _____

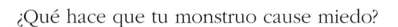

Primera parte

Imagínate que tú, al igual que Miobi, tienes un
monstruo que has domesticado como una mascota.

El monstruo de Miobi es parte cocodrilo y parte
serpiente, los dos animales que lo atemorizan.

¿Cómo es tu monstruo?

_____

_____

_____

¿Qué hace que tu monstruo cause miedo?

_____

_____

_____

¿Cómo se llama tu monstruo?

_____

_____

Segunda parte

Miobi piensa que el aliento abrasador de su monstruo sería útil para encender el fuego con que cocina. Escribe un párrafo en el que explicas las cosas especiales que tu monstruo puede hacer.

Mi monstruo mascota

_____

_____

_____

_____

_____

_____

_____

_____

Escuchó una voz que gritaba en las sombras.

El monstruo que se volvió pequeño

Joan Grant

Traducción de Osvaldo Blanco

Muy lejos, hacia el sur, más allá de la tercera
catarata, había una aldea donde vivía un niño
con su tío. El tío era conocido como el Bravo,
porque era cazador y mataba muchos animales
grandes, y trataba de manera horrible a su
sobrino porque lo consideraba un cobarde.
Se complacía en asustarlo contándole historias
de los monstruos espantosos que poblaban
el bosque, y el muchacho le creía todo. ¿Acaso
a su tío no lo llamaban el Bravo, el Poderoso
Cazador?

39

THE MONSTER WHO GREW SMALL

Joan Grant

Far to the South, beyond the
Third Cataract, there was a
small village where a certain
boy lived with his uncle. The
uncle was known as the Brave
One because he was a hunter
and killed such a lot of large
animals, and he was very horrid
to his nephew because he
thought the boy was a coward.
He tried to frighten him by
telling stories of the terrible
monsters that he said lived in
the forest, and the boy believed
what he was told, for was not
his uncle called the Brave One,
the Mighty Hunter?

Whenever the boy had to go down to the river he thought that crocodiles would eat him, and when he went into the forest he thought that the shadows concealed snakes and that hairy spiders waited under the leaves to pounce on him. The place that always felt specially dangerous was on the path down to the village, and whenever he had to go along it he used to run.

One day, when he came to the most frightening part of this path, he heard a voice crying out from the shadows of the darkest trees. He put his fingers in his ears and ran even faster, but he could still hear the voice. His fear was very loud, but even so he could hear his heart, and it said to him:

"Perhaps the owner of that voice is much more frightened than you are. You know what it feels like to be frightened. Don't you think you ought to help?"

So he took his fingers out of his ears, and clenched his fists to make himself feel braver, and plunged into the deep shade, thrusting his way between thorn trees in the direction of the cries.

...

Siempre que el muchacho debía ir al río pensaba que iban a comérselo los cocodrilos, y cuando penetraba en el bosque creía que las sombras ocultaban serpientes y que había arañas peludas esperando bajo las hojas para saltar sobre él. El lugar que le parecía siempre más peligroso estaba en el sendero que llevaba a la aldea, y cada vez que tenía que ir por él lo hacía corriendo.

Un día, al llegar a la parte más aterradora del sendero, escuchó una voz que gritaba en las sombras de los árboles más oscuros. Se tapó los oídos con los dedos y corrió todavía más rápido, pero no dejaba de oír aquella voz. Su miedo era muy grande, pero aun así podía oír a su corazón, que le decía:

—Tal vez el dueño de esa voz esté mucho más asustado que tú. Ya sabes lo que es sentirse asustado. ¿No crees que deberías ayudar?

Entonces se quitó los dedos de los oídos, cerró los puños para darse valor, y se metió en las sombras más densas, abriéndose paso entre los espinos en dirección a los gritos.

Encontró una liebre con una pata enredada en un matorral de plantas trepadoras, y la liebre le dijo:

—Estaba terriblemente asustada, pero ahora que has venido tú ya no tengo más miedo. Debes ser muy valiente para meterte solo en el bosque.

El muchacho liberó a la liebre y la tranquilizó entre sus manos, diciendo:

—No tengo nada de valiente. En mi aldea me llaman Miobi, el Asustado. Nunca me habría atrevido a venir aquí, pero oí tus gritos.

—¿Por qué te asustas? ¿De qué tienes miedo?

—Me dan miedo los cocodrilos que viven en el río, y las serpientes y las arañas que me acechan siempre que salgo. Pero lo que más

41

He found a Hare caught by the leg in a tangle of creepers, and the Hare said to him, "I was so very frightened, but now you have come I am not afraid anymore. You must be very brave to come alone into the forest."

The boy released the Hare and quieted it between his hands, saying, "I am not at all brave. In my village they call me Miobi, the Frightened One. I should never have dared to come here, only I heard you calling."

The Hare said to him, "Why are you frightened? What are you frightened of?"

"I am frightened of the crocodiles who live in the river, and of the snakes and the spiders that lie in wait for me whenever I go out. But most of all

I am frightened of the Things which rustle in the palm thatch over my bed place—my uncle says they are only rats and lizards, but I know they are far worse than that."

"What you want," said the Hare, "is a house with walls three cubits thick, where you could shut yourself away from all the things you fear."

"I don't think that would do any good," said Miobi. "For if there were no windows I should be afraid of not being able to breathe, and if there *were* windows I should always be watching them, waiting for Things to creep in to devour me."

The Hare seemed to have stopped being frightened, and Miobi said to it,

miedo me da son las cosas que susurran en el techo de palmas por encima de mi cama… Mi tío dice que sólo son ratas y lagartijas, pero yo sé que son cosas mucho peores.

—Lo que tú necesitas —dijo la liebre—, es una casa con paredes de tres codos de espesor, en la que puedas encerrarte, a cubierto de todas las cosas que temes.

—No creo que me sirviera de nada —dijo Miobi—. Porque si no hubiera ventanas, tendría miedo de no poder respirar, y si las *hubiera,* pasaría todo el tiempo vigilándolas, en espera de cosas que podrían entrar para devorarme.

La liebre parecía haber dejado de tener miedo, y Miobi le dijo:

42

—Ahora que sabes que no soy nada valiente, supongo que no te pareceré muy buena protección. Pero si crees que yo sería mejor que nada, te llevaré a tu casa si me dices donde vives.

Para asombro de Miobi, la liebre respondió:

—Yo vivo en la luna, por tanto no puedes venir a mi casa conmigo, todavía. Pero me gustaría darte algo para demostrar cuán agradecida estoy por tu bondad. ¿Qué es lo que más te gustaría tener de todo el mundo?

—Me gustaría tener valor… pero supongo que eso es algo que no se puede dar.

—Yo no puedo *dártelo,* pero puedo decirte dónde hallarlo. El camino que lleva al valor tendrás que seguirlo solo. Pero cuando sientas los temores más grandes, mira a la luna y yo te diré cómo superarlos.

Entonces la liebre le indicó a Miobi el camino que debía seguir, y a la mañana siguiente, antes de que su tío se despertara, el muchacho emprendió el viaje. Su única arma era una daga que la liebre le había dado. Era larga y filosa, pálida como la luz de la luna.

Pronto el camino llegó a un río ancho. Entonces Miobi sintió gran temor, porque en el río flotaban

43

"Now that you know that I am not at all brave, I don't suppose I'll seem much of a protection. But if you feel I'd be better than nothing I'll carry you home, if you'll tell me where you live."

To Miobi's astonishment, the Hare replied, "I live in the Moon, so you can't come home with me, yet. But I should like to give you something to show how grateful I am for your kindness. What would you like to have best in the world?"

"I should like to have Courage . . . but I suppose that's one of the things which can't be given."

"I can't *give* it to you, but I can tell you where to find it. The road which leads there you will have to follow alone. But when your fears are strongest, look up to the Moon and I will tell you how to overcome them."

Then the Hare told Miobi about the road he must follow, and the next morning, before his uncle was awake, the boy set out on his journey. His only weapon was a dagger that the Hare had given him. It was long and keen, pale as moonlight.

Soon the road came to a wide river. Then Miobi was very frightened, for in it there floated many crocodiles, who watched him with their evil little eyes. But he remembered what the Hare had told him, and after looking up to the Moon, he shouted at them:

"If you want to be killed come and attack me!"

Then he plunged into the river, his dagger clutched in his hand, and began to swim to the far bank.

Much to the crocodiles' surprise, they found themselves afraid of him. To try to keep up their dignity, they said to each other, "He is too thin to be worth the trouble of eating!"

···

muchos cocodrilos, que lo observaban con sus pequeños ojos diabólicos. Pero recordó lo que le había dicho la liebre y, después de mirar a la luna, les gritó a los cocodrilos:

—¡Si quieren que los mate, vengan y atáquenme!

Seguidamente, con la daga bien agarrada en la mano, se zambulló en el río y comenzó a nadar hacia la otra orilla.

Para gran sorpresa de ellos mismos, los cocodrilos le tomaron miedo a él. Tratando de mantener su dignidad, se decían unos a otros:

—¡Es demasiado flaco para que valga la pena comérselo!

44

Y cerraron los ojos, fingiendo no haberlo visto. Entonces Miobi cruzó con tranquilidad el río y continuó su camino.

Pocos días después vio dos serpientes tan grandes que cualquiera de ellas sería capaz de tragarse un buey sin el menor problema. Hablando las dos al mismo tiempo, le dijeron a voz en grito:

—Si te acercas un paso más, te comeremos inmediatamente.

Miobi tuvo mucho miedo, porque las serpientes eran una de las cosas que más temía. Estaba a punto de echar a correr cuando miró a la luna, y enseguida supo lo que la liebre deseaba que hiciera.

And they shut their eyes and pretended not to notice him. So Miobi crossed the river safely and went on his way.

After a few more days he saw two snakes, each so large that it could have swallowed an ox without getting a pain. Both speaking at the same time, they said loudly, "If you come one step further we shall immediately eat you."

Miobi was very frightened, for snakes were one of the things he minded most. He was on the point of running away when he looked up to the Moon, and immediately he knew what the Hare wanted him to do.

"O Large and Intelligent Serpents," he said politely, "a boy so small as myself could do no more than give *one* of you a satisfactory meal. Half of me would not be worth the trouble of digesting. Hadn't you better decide between yourselves by whom I am to have the honor of being eaten?"

"Sensible, very. I will eat you myself," said the first serpent.

"No you won't, he's mine," said the second.

"Nonsense, you had that rich merchant. He was so busy looking after his gold that he never noticed you until you got him by the legs."

"Well, what about the woman who was admiring her face in a mirror? You said she was the tenderest meal you'd had for months."

"The merchant was *since* that," said the first serpent firmly.

"He wasn't."

"He was."

"Wasn't!"

"Was!!"

—Oh, grandes e inteligentes serpientes —dijo con cortesía—, un niño tan pequeño como yo podría servir de buena comida a solamente *una* de ustedes. La mitad de mí no valdría el trabajo de la digestión. ¿No sería mejor que decidieran entre ustedes por quién tendré yo el honor de ser comido?

—Muy sensato —dijo la primera serpiente—. Te comeré yo.

—No, no lo harás —dijo la segunda—, el niño es mío.

—Tonterías, tú ya te comiste a ese comerciante rico. El hombre estaba tan ocupado contando su oro que ni se dio cuenta de ti hasta que te lo tragabas por las piernas.

—Bueno, pero ¿qué tal la mujer que estaba admirando su cara en un espejo? Dijiste que fue lo más tierno que habías comido en varios meses.

—El comerciante fue *después* de eso —dijo la primera serpiente con firmeza.

—No, él no fue.

—Él fue.

—¡No, no fue!

—¡Sí fue!

Mientras las serpientes discutían entre ellas acerca de a quién le correspondía comerse a Miobi, el muchacho se escabulló sin que lo vieran y rápidamente desapareció de allí. Por lo tanto, esa mañana ninguna de las serpientes tuvo siquiera un ligero desayuno.

Miobi se sentía tan alegre que empezó a silbar. Por primera vez, se encontró disfrutando de las formas de los árboles y los colores de las flores, en vez de preguntarse qué peligros estarían ocultando.

Pronto apareció más adelante una aldea y, aun a la distancia, llegó a oír un rumor de lamentos. Mientras avanzaba por la única calle, nadie notó su presencia porque la gente no hacía más que llorar y gemir. Los fogones para cocinar estaban apagados, y las cabras balaban porque nadie se había acordado de ordeñarlas. Los bebés estaban llorando porque tenían hambre, y una niñita gritaba porque se había caído y lastimado una rodilla y su madre ni siquiera demostraba interés. Miobi se dirigió a la casa del jefe, a quien halló sentado con las piernas cruzadas, la cabeza cubierta de cenizas, los ojos cerrados, y los dedos en los oídos.

47

While the serpents were busy arguing which of them should eat Miobi, he had slipped past without their noticing and was already out of sight. So that morning neither of the serpents had even a small breakfast.

Miobi felt so cheerful that he began to whistle. For the first time, he found himself enjoying the shapes of trees and the colors of flowers instead of wondering what dangers they might be concealing.

Soon he came in sight of a village, and even in the distance he could hear a sound of lamentation. As he walked down the single street no one took any notice of him, for the people were too busy moaning and wailing. The cooking fires were unlit, and goats were bleating because no one had remembered to milk them. Babies were crying because they were hungry, and a small girl was yelling because she had fallen down and cut her knee and her mother wasn't even interested. Miobi went to the house of the Headman, whom he found sitting cross-legged, with ashes on his head, his eyes shut, and his fingers in his ears.

Miobi had to shout very loud to make him hear. Then the old man opened one ear and one eye and growled, "What do you want?"

"Nothing," said Miobi politely. "I wanted to ask what *you* wanted. Why is your village so unhappy?"

"You'd be unhappy," said the Headman crossly, "if you were going to be eaten by a Monster."

"Who is going to be eaten? You?"

"Me and everyone else, even the goats. Can't you hear them bleating?"

Miobi was too polite to suggest that the goats were only bleating because no one had milked them. So he asked the Headman, "There seem to be quite a lot of people in your village. Couldn't you kill the Monster if you all helped?"

"Impossible!" said the Headman. "Too big, too fierce, too terrible. We are *all* agreed on that."

Miobi tuvo que gritar muy fuerte para que lo oyera. Entonces el anciano abrió un ojo y un oído, y gruñó:

—¿Qué deseas?

—Nada —dijo Miobi cortésmente—. ¿Quería preguntarle qué deseaba *usted*? ¿Por qué hay tanta desdicha en su aldea?

—Tú también te sentirías desdichado —dijo el jefe— si fueras a ser comido por un monstruo.

—¿Quién va a ser comido? ¿Usted?

—Yo y todos los demás, hasta las cabras. ¿No oyes cómo balan?

Miobi era demasiado bien educado para sugerir que las cabras estaban balando porque nadie las había ordeñado. De modo que le preguntó al jefe:

—Parece haber mucha gente en su aldea. ¿No podrían ustedes matar al monstruo si todos ayudaran?

—¡Imposible! —replicó el jefe—. Demasiado grande, demasiado feroz, demasiado terrible. *Todos* nosotros estamos de acuerdo en eso.

48

—¿Qué aspecto tiene el monstruo? —preguntó Miobi.

—Dicen que tiene cabeza de cocodrilo y cuerpo de hipopótamo, y una cola como de una serpiente grande, pero seguramente ha de ser aún peor. ¡No hablemos de eso!

Se cubrió la cara con las manos y comenzó a balancearse hacia atrás y adelante, gimiendo para sí mismo.

—Si me dices donde vive el monstruo, trataré de matarlo por ustedes —dijo Miobi, para su gran sorpresa.

—Tal vez tú seas sabio —dijo el jefe—, porque serías el primero en ser comido y no tendrías que preocuparte por mucho tiempo. El monstruo vive en una cueva que hay en la cima de aquella montaña. Ese humo que puedes ver es del aliento ardiente del monstruo, así que te cocerá antes de comerte.

Miobi miró a la luna y supo lo que la liebre quería que dijera, de modo que dijo:

—Subiré la montaña y desafiaré al monstruo.

Escalar la montaña le llevó un tiempo largo, pero cuando estuvo a mitad de camino de la

49

"What does the Monster look like?" asked Miobi.

"They say it has the head of a crocodile and the body of a hippopotamus and a tail like a very fat snake, but it's sure to be even worse. Don't talk about it!" He put his hands over his face and rocked backwards and forwards, moaning to himself.

"If you will tell me where the Monster lives, I will try to kill it for you," said Miobi, much to his own surprise.

"Perhaps you are wise," said the Headman, "for then you will be eaten first and won't have so long to think about it. The Monster lives in the cave on the top of that mountain. The smoke you can see comes from his fiery breath, so you'll be cooked before you are eaten."

Miobi looked up to the Moon and he knew what the Hare wanted him to say, so he said it:

"I will go up to the mountain and challenge the Monster."

Climbing the mountain took him a long time, but when he was halfway up he could see the Monster quite clearly. Basking at the mouth of its cave, its fiery breath wooshing out of its nostrils, it looked about three times as big as the Royal Barge—which is very big, even for a monster.

Miobi said to himself, "I won't look at it again until I have climbed all the distance between me and the cave. Otherwise I might feel too much like running away to be able to go on climbing."

When next he looked at the Monster he expected it to be much larger than it had seemed from farther away. But instead it looked quite definitely smaller, only a little bigger than one Royal Barge instead of three. The Monster saw him. It snorted angrily, and the snort flared down the mountainside and scorched Miobi. He ran back rather a long way before he could make himself stop. Now the Monster seemed to have grown larger again. It was *quite* three times as large as the Royal Barge—perhaps four.

Miobi said to himself, "This is very curious indeed. The farther I run away from the Monster,

• • •

cima, pudo ver muy claramente al monstruo. Por los orificios de la nariz le salía rugiendo su aliento abrasador mientras tomaba el sol a la entrada de la cueva, y parecía tener como tres veces el tamaño de la barca real, la cual es muy grande, aun para un monstruo.

—No voy a mirarlo otra vez —se dijo Miobi— hasta que haya subido toda la distancia que me separa de la cueva. De lo contrario, podría sentirme demasiado tentado de huir y no tendría ánimo para seguir subiendo.

Cuando volvió a mirar al monstruo, esperaba que fuera mucho más grande de lo que parecía desde más lejos. Pero en cambio aparentaba ser definitivamente bastante más pequeño, sólo un poco más grande que una barca real en lugar de tres. El monstruo lo vio. Resopló furiosamente, y el bufido abrasador bajó por la ladera de la montaña y chamuscó a Miobi. El muchacho descendió corriendo bastante lejos antes de que pudiera forzarse a parar. Ahora el monstruo parecía haberse agrandado nuevamente. Era *por lo menos* tres veces tan grande como la barca real… quizá cuatro.

—Esto es muy raro, en verdad —dijo Miobi para sí—. Cuanto más me alejo del monstruo,

50

más grande parece, y cuanto más me acerco a él, más pequeño se le ve. Tal vez, si yo estuviera *muy* cerca, el monstruo tendría un tamaño razonable para poder matarlo con mi daga.

Para que no lo cegara el aliento abrasador, cerró los ojos. Y a fin de no dejar caer su daga, la agarró fuertemente. Y de modo que no tuviera tiempo de empezar a sentir miedo, corrió lo más rápido que pudo montaña arriba hasta la cueva.

Cuando abrió los ojos no pudo ver nada que necesitara matar. La cueva parecía estar vacía, y comenzó a pensar que debía haberse equivocado de camino. Entonces sintió que algo caliente le tocaba el pie derecho. Miró hacia abajo, y allí estaba el monstruo… ¡y era pequeño como una rana! Lo recogió y le rascó el lomo. No lo sentía más que agradablemente caliente en su mano, y dejaba escapar un ligero sonido amistoso, entre un ronroneo y el hervor de una olla al fuego.

Miobi pensó: ¡Pobre monstruito! ¡Debe sentirse tan solo en esta cueva enorme! Y entonces se le ocurrió: Podría servirme como animalito de

51

the larger it seems, and the nearer I am to it, the smaller it seems. Perhaps if I was *very* close it might be a reasonable size for me to kill with my dagger."

So that he would not be blinded by the fiery breath, he shut his eyes. And so that he would not drop his dagger, he clasped it very tightly. And so that he would not have time to start being frightened, he ran as fast as he could up the mountain to the cave.

When he opened his eyes he couldn't see anything which needed killing. The cave seemed empty, and he began to think that he must have run in the wrong direction. Then he felt something hot touch his right foot. He looked down, and there was the Monster—and it was as small as a frog! He picked it up in his hand and scratched its back. It was no more than comfortably warm to hold, and it made a small, friendly sound, halfway between a purr and the simmer of a cooking pot.

Miobi thought, "Poor little Monster! It will feel so lonely in this enormous cave." Then he thought, "It might make a nice pet, and its fiery breath would come in useful for lighting my cooking fire." So he carried it carefully down the mountain, and it curled up in his hand and went to sleep.

When the villagers saw Miobi, at first they thought they must be dreaming, for they had been so sure the Monster would kill him. Then they acclaimed him as a hero, saying, "Honor to the mighty hunter! He, the bravest of all! He, who has slain the Monster!"

Miobi felt very embarrassed, and as soon as he could make himself heard above the cheering, he said, "But I didn't kill it. I brought it home as a pet."

They thought that was only the modesty becoming to a hero, and before they would believe him he had to explain how the Monster had only seemed big so long as he was running away, and that the nearer he got to it the smaller it grew, until at last, when he was standing beside it, he could pick it up in his hand.

The people crowded round to see the Monster. It woke up, yawned

compañía, y su aliento abrasador me resultaría útil para encender el fuego para cocinar.

Así que se lo llevó cuidadosamente montaña abajo, y el monstruito se acurrucó en su mano y se durmió.

Cuando los aldeanos vieron a Miobi, primero pensaron que debían estar soñando, porque estaban seguros de que el monstruo lo mataría. Luego lo aclamaron como a un héroe, diciendo:

—¡Viva el poderoso cazador! ¡El más valiente de todos! ¡El que ha matado al monstruo!

Miobi se sintió muy incómodo, y tan pronto como pudo hacerse oír por encima de las ovaciones, dijo:

—Pero yo no lo maté. Lo traje a casa como mascota.

Todos pensaron que hablaba con la modestia propia de un héroe, y antes de que le creyeran tuvo que explicar cómo el monstruo sólo había parecido grande mientras estuviera escapando de él, pero que cuanto más se le acercara, más pequeño se volvía; hasta que al fin, cuando estuvo de pie junto a él, pudo tomarlo en su mano.

La gente se aglomeró a su alrededor para ver al monstruo. Éste se despertó, bostezó

52

···

con una pequeña bocanada de humo, y comenzó a ronronear. Una niña le preguntó a Miobi:

—¿Cómo se llama?

—No sé —dijo Miobi—, no le he preguntado.

El monstruo mismo fue quien contestó la pregunta de la niña. Dejó de ronronear, miró en torno suyo para asegurarse de que todos estaban escuchando, y dijo:

—Yo tengo muchos nombres. Algunos me llaman Hambruna, y otros, Plaga, aunque los seres humanos más dignos de compasión me dan sus propios nombres. Pero la mayoría de la gente me llama: Lo que Podría Pasar.

a small puff of smoke, and began to purr. A little girl said to Miobi, "What is its name?"

"I don't know," said Miobi, "I never asked it."

It was the Monster himself who answered her question. He stopped purring, looked round to make sure everyone was listening, and then said:

"I have many names. Some call me Famine, and some Pestilence, but the most pitiable of humans give me their own names." It yawned again, and then added, "But most people call me What-Might-Happen."

EL NIÑO DE CABEZA

Juan Felipe Herrera

EL NIÑO DE CABEZA

Juan Felipe Herrera

Extensión del cuento: 15 páginas

Duración de la lectura en voz alta: Aproximadamente 15 minutos

Juanito, un niño de ocho años que vive en el campo, se va a vivir en la ciudad, donde asiste a la escuela por primera vez. Todo en la nueva vida del niño le parece extraño y distinto: la ciudad, la escuela, y, sobre todo, aprender inglés. Juanito se siente confundido al tratar de aprender inglés y adaptarse a la escuela.

Apuntes del cuento

El autor, Juan Felipe Herrera, presenta el cuento así:

> Cuando era niño, mi familia pasó años trabajando en el campo como campesinos. Un día, mi mamá le dijo a mi papi: "Ya es hora de asentarnos. Es hora que Juanito vaya a la escuela". Aquel año vivíamos en las montañas de Lago Wolfer, un mundo como vidrio color celeste.

> La vieja troca del *army* de Papi nos bajó por los caminos montañosos, hasta la casa de doña Andasola, color de rosa en la calle Juniper. Yo tenía ocho años y era la primera vez que iba a vivir en una gran ciudad.

Se dará cuenta que las palabras del cuento aparecen en líneas parecidas a la poesía. El cuento fue publicado originalmente de esta manera, y hemos mantenido este formato para reflejar la intención del autor.

Acerca del autor

Juan Felipe Herrera nació en 1948. Herrera, uno de los más destacados poetas méxicoamericanos de la actualidad, es el autor de varias colecciones poéticas, una colección de poemas y cuentos titulada *Night Train to Tuxtla,* y un libro para niños llamado *Calling the Doves/El canto de las palomas.* Herrera es profesor de estudios chicanos y latinoamericanos en la Universidad Estatal de California, en Fresno. Además de enseñar, Herrera disfruta de la actuación y toca la guitarra y la armónica.

THE UPSIDE-DOWN BOY

Juan Felipe Herrera

Story length: 15 pages

Read-aloud time: About 15 minutes

An eight-year-old boy, Juanito, moves from the country to the city, where he begins school for the first time. Everything about his new life seems strange and new—the city, his school, and especially learning English. Juanito feels upside down as he tries to learn English and to adapt to school.

Story Notes

Author Juan Felipe Herrera introduces this story with the following passage:

> When I was little, my family spent years working in the fields as campesinos. One day, my mama said to my papi, "Let's settle down. It's time that Juanito goes to school." That year we were living in the mountains by Lake Wolfer, a glassy world full of sky colors.

> Papi's old army truck brought us down the steep mountain roads, all the way to Mrs. Andasola's pink house on Juniper Street. I was eight years old and about to live in a big city for the first time.

You will notice that the words of this story appear in lines similar to poetry. The story was originally published this way, and we have kept this format to reflect the author's intention.

About the Author

Juan Felipe Herrera was born in 1948. One of the foremost Mexican American poets writing today, Herrera is the author of numerous poetry collections, a collection of poems and stories entitled *Night Train to Tuxtla,* and a children's book entitled *Calling the Doves/El canto de las palomas.* Herrera is a professor of Chicano and Latin American studies at California State University, Fresno. In addition to teaching, Herrera enjoys acting and playing the guitar and harmonica.

Para obtener información más detallada sobre cómo hacer estas actividades y adaptarlas a las necesidades de los estudiantes de diferentes niveles, refiérase a los Elementos del director, a partir de la pág. 337.

Primera lectura (alrededor de 15 minutos) seguida de Preguntas para compartir (20–30 minutos)

Recuérdeles a los estudiantes que, a medida que escuchen el cuento, deben pensar en las preguntas que les gustaría hacer después de la lectura. Léales el cuento en voz alta y luego, pídales que compartan sus preguntas. Cuando ellos hagan preguntas, escríbalas en el tablero o en papel gráfico, el que puede colgar en clase para que puedan consultarlas mientras trabajan en el cuento. Con la ayuda de los estudiantes, conteste las preguntas urgentes sobre vocabulario o hechos específicos. Si el tiempo lo permite, haga que la clase considere brevemente las respuestas posibles a algunas de las otras preguntas. Explique que guardarán las preguntas sobre el significado del cuento para la Discusión colectiva.

Segunda lectura con Toma de apuntes (30–45 minutos)

Para ayudar a los estudiantes a considerar el texto más atentamente, indíqueles que tomen apuntes durante la segunda lectura. Decida si los estudiantes (1) anotarán en el margen las reacciones que el cuento les cause, (2) señalarán las partes que sugieran respuestas a alguna de las preguntas hechas durante la sección Preguntas para compartir, o (3) marcarán el texto utilizando uno de las sugerencias para tomar apuntes, que aparecen a continuación, o alguno que usted haya creado:

- Señala con una **P** las partes donde Juanito se siente **de pie,** y con una **C** las partes en las que se siente **de cabeza.**

- Señala con una **A** las partes donde alguien **ayuda** a Juanito, y con **NA** las partes del relato donde **nadie le ayuda.**

Antes de empezar la segunda lectura, explique cómo le gustaría que los estudiantes tomaran apuntes. Luego, lea el cuento en voz alta o haga que los estudiantes lo lean independientemente o en parejas, tomando apuntes durante la lectura. Una vez que los estudiantes hayan tomado apuntes, déles la oportunidad de compartir los apuntes sobre varios pasajes o páginas del cuento y explicarlos.

Discusión colectiva (30–45 minutos)

Antes de la discusión, decida cuales son las preguntas que quiere tratar con la clase (vea la página siguiente). Siempre que sea posible, siente a los estudiantes en forma tal que todos puedan verse y escucharse con facilidad. Recuérdeles que necesitarán sus libros y útiles de escritura. Distribuya ejemplares de Elaborar tu respuesta (vea el apéndice B, pág. 411) y déles a los estudiantes la oportunidad de meditar sobre la pregunta de enfoque y anotar respuestas antes de empezar la discusión. Durante la discusión, utilice preguntas relacionadas con partes específicas del cuento para ayudarles a los estudiantes a pensar en la evidencia del texto que respalde sus opiniones. En nuestras preguntas sugeridas, las preguntas de enfoque aparecen en negrillas y las preguntas relacionadas están bajo la pregunta de enfoque a que aluden.

For more detailed information about conducting these activities and adapting them to meet the needs of students working at different levels, see the Leader's Toolbox, beginning on p. 363.

First Reading (about 15 minutes) followed by Sharing Questions (20–30 minutes)

Remind students that as they listen to the story they should think of any questions they would like to ask after the reading. Read the story aloud, and then have them share their questions. As students pose questions, you may want to write them on the board or on chart paper that can be left up during the class's work on the story. With students' help, answer pressing vocabulary or factual questions. If time permits, have the class briefly consider possible answers to a few of the other questions. Explain that you will save questions about the story's meaning for Shared Inquiry Discussion.

Second Reading with Note Taking (30–45 minutes)

To help students look at the text more closely and thoughtfully, have them take notes during the second reading. Decide whether students will (1) make their own marks about their reactions to the story in the margins, (2) mark places that suggest answers to one of the questions asked during Sharing Questions, or (3) mark the text using one of the following note-taking prompts or one that you have created:

- Mark places where Juanito feels **right-side up** with **R,** and places where he feels **upside down** with **U.**

- Mark places where someone is **helpful** to Juanito with **H,** and places where someone is **not helpful** with **NH.**

Explain how you would like students to take notes before they begin the second reading. Then read the story aloud or have students read independently or in pairs, making notes throughout. After students have made notes, give them an opportunity to share and explain their notes from several passages or pages of the story.

Shared Inquiry Discussion (30–45 minutes)

Before discussion, decide which questions you want to explore with your class (see the facing page). Whenever possible, seat students so that everyone can see and hear one another easily. Remind students that they will need their books and something to write with. Distribute copies of the Building Your Answer page (see appendix B, p. 411), and give students an opportunity to reflect on the focus question and write down their answers before discussion begins. Throughout discussion, use related questions about specific parts of the story to help students think about evidence in the text that supports their opinions. In our suggested questions, focus questions appear in bold type and related questions appear under the focus question they support.

PREGUNTAS SUGERIDAS PARA LA DISCUSIÓN

Le recomendamos que establezca su propia lista de preguntas para la Discusión colectiva (vea el prototipo Red de preguntas en el apéndice B, pág. 407). Necesitará una pregunta de enfoque, que será la pregunta que usted haga al inicio de la discusión, y preguntas relacionadas para ayudar a los estudiantes a reflexionar aún más sobre la pregunta de enfoque. Usted puede derivar la pregunta de enfoque, y las preguntas relacionadas con ésta, de las preguntas de los estudiantes, de sus propios apuntes, o de las preguntas de muestra indicadas a continuación.

¿Por qué se describe Juanito a sí mismo como el niño de cabeza?

- Cuando camina a la escuela, ¿por qué teme Juanito que la lengua se le hará una piedra?

- ¿Por qué dice Juanito que la lengua es una piedra cuando la Sra. Sampson le pregunta que pintó?

- ¿Por qué dice Juanito, "Mis pies flotan por las nubes cuando todo lo que quiero es tocar tierra"?

- ¿Por qué espera Juanito para decirle al papá que, al comienzo, se sentía "raro, de cabeza" en la escuela?

- ¿Por qué puede cantar Juanito ante la clase aunque le parece difícil hablar?

¿Por qué puede Juanito dirigir el coro al final del cuento?

- ¿Por qué lleva Juanito la pintura a casa y se la muestra a la familia luego de que la Sra. Sampson le pregunta, "¿Qué es eso?"

- Cuando la maestra le pide por primera vez a Juanito que cante, ¿por qué se siente congelado, y luego un hondo resuello lo llena?

- Después de que la Sra. Sampson le dice a Juanito que tiene una voz muy *beautiful*, ¿por qué se va el niño a casa y se lo dice a todo el mundo?

- Luego de Juanito recibe una A por el poema, ¿por qué se va a casa y se lo canta a los pollitos?

- ¿Por qué le da el padre de Juanito la armónica al niño?

SUGGESTED QUESTIONS FOR DISCUSSION

We recommend that you create your own set of questions for Shared Inquiry Discussion (see the Question Web master in appendix B, p. 407). You will need a focus question, which will be the question you ask at the beginning of discussion, and related questions that help students think further about the focus question. Your focus question and related questions can be drawn from your students' questions, your own notes, or the sample questions that follow.

Why does Juanito describe himself as the upside-down boy?

- As he walks to school, why is Juanito afraid that his tongue will turn into a rock?

- Why does Juanito's tongue feel like a rock when Mrs. Sampson asks him what his painting is?

- Why does Juanito say that his "feet float through the clouds when all I want is to touch the earth"?

- Why does Juanito wait to tell his father that at first he felt "funny, upside down" at school?

- Why is Juanito able to sing in front of the class, even though he finds it difficult to talk?

Why is Juanito able to direct the choir at the end of the story?

- Why does Juanito take his painting home to show his family after Mrs. Sampson asks, "What is that?"

- When Juanito is first asked to sing, why does he feel frozen, then feel a deep breath fill him?

- After Mrs. Sampson tells Juanito that he has a beautiful voice, why does he go home and tell everyone?

- After Juanito gets an A on his poem, why does he go home and sing it to the baby chicks?

- Why does Juanito's father give him the harmonica?

ACTIVIDADES ADICIONALES

Estas actividades hacen que los estudiantes comprendan mejor el cuento y lo disfruten más y que desarrollen destrezas del vocabulario, la escritura, y el razonamiento crítico. Las necesidades y los intereses de su grupo le ayudarán a determinar cuáles actividades debe incluir en el programa de actividades básicas.

Preparación del contexto

Oportunidad: Antes de la primera lectura

Presente el cuento diciéndoles a los estudiantes que se trata de un niño que empieza a ir a la escuela y a aprender inglés. Pregúnteles, *¿Qué sería lo más asustador al salirse de esta escuela e ir a estudiar a una nueva? ¿Qué sería lo más emocionante?* Haga que los compañeros elijan una situación asustadora o una emocionante y representen un ejemplo.

Vocabulario

Oportunidad: En cualquier momento después de la primera lectura

El desafío del abecé (vea el apéndice B, pág. 419). Haga que los estudiantes piensen en palabras que describan las emociones de Juanito en el cuento.

Observación literaria

Oportunidad: En cualquier momento después de la primera lectura

¡Sé poeta! (vea la página de actividades). Siguiendo el estilo del autor, haga que los estudiantes combinen sustantivos y verbos que normalmente no se usan juntos para escribir metáforas. Explíqueles que las metáforas comparan dos cosas sin valerse de la palabra *como;* por ejemplo, "Ella es una joya."

Actividades creativas

Oportunidad: En cualquier momento después de la primera lectura

- Haga que los estudiantes ilustren sus nombres con frutas y verduras, tal y como Juanito escribió su nombre con siete chiles.

- Haga que los estudiantes pinten un dibujo, basándose en una de las frases siguientes tomadas del cuento, y que escriban la frase bajo el dibujo:

  - "flamantes coches que se derriten"

  - "Las olas se tropiezan sobre la página.
    Las eles se enroscan al fondo.
    Las efes ladean los sombreros de sus cabezas.
    Las emes son olas del mar. Estallan sobre mi mesabanco."

  - "llegará mi voz al techo, se tejerá ahí como las hojas de las uvas"

SUPPLEMENTAL ACTIVITIES

These activities deepen students' understanding and enjoyment of the story and develop vocabulary, writing, and critical-thinking skills. The needs and interests of your group will help you determine which activities to add to the schedule of core activities.

Building Context

Timing: Before the first reading

Introduce the story by telling students it is about a child who is starting school and beginning to learn English. Ask students, *What would be most scary about leaving this school and starting a new one? What would be the most exciting?* Have partners choose either a scary or exciting situation and act out an example.

Vocabulary

Timing: Anytime after the first reading

ABC Challenge (see appendix B, p. 419). Have students think of words that describe Juanito's emotions throughout the story.

Looking at Literature

Timing: Anytime after the second reading

Be a Poet! (see activity page). In the style of the author, students write metaphors by combining nouns and verbs that normally aren't used together. Explain to students that metaphors compare two things without using the words *like* or *as*, for example, "She is a jewel."

Creative Endeavors

Timing: Anytime after the first reading

- Have students illustrate their own names with fruits and vegetables, just as Juanito wrote his name with seven chili peppers.

- Have students draw a picture based on one of the following phrases from the story and write the phrase below their picture:

  - "fancy melting cars"

  - "The waves tumble onto the page.
    L's curl at the bottom.
    F's tip their hats from their heads.
    M's are sea waves. They crash over my table."

  - "Will my voice reach the ceiling, weave through it like grapevines?"

Escritura

Oportunidad: Después de la Discusión colectiva

Ensayo personal (vea la página de actividades). Haga que los estudiantes escriban un ensayo sobre el primer día de clase que tuvieron en una nueva escuela.

Escritura de una entrevista (vea la página de actividades). Haga que los estudiantes entrevisten a alguien recién llegado a este país.

Escritura poética (vea la página de actividades). Los estudiantes analizan el poema de Juanito acerca de su familia, y escriben un poema que describe a los miembros de su familia.

Para explorar más...

Literatura

* Alma Flor Ada, *My Name Is María Isabel* (Nueva York: Atheneum, 1993). Una niña tiene dificultades para ajustarse a una escuela que no conoce y para acostumbrarse al nombre Mary, que le ha asignado su nueva maestra. Se consigue en español bajo el título *Me llamo María Isabel* (1994).

* Francisco X. Alarcón, "Bilingüe" y "Las llaves del universo", en *From the Bellybutton of the Moon and Other Summer Poems/Del ombligo de la luna y otros poemas de verano* (San Francisco: Children's Book Press, 1998).

* Ellen Levine, *I Hate English!* (Nueva York: Scholastic, 1989). Una niña de Hong Kong se va a vivir a Nueva York y enfrenta los problemas que significa aprender un nuevo idioma y familiarizarse con una cultura diferente.

Música

* Organice un coro en la clase y aprenda algunas canciones infantiles tradicionales de los Estados Unidos o de Latinoamérica.

* Amy Appleby y Peter Pickow, *Library of Children's Song Classics* (Nueva York: Amsco Publications, 1993). Colección completa de canciones clásicas para ocasiones diferentes. Versos y música.

* Los Countdown Kids, *One Hundred Songs for Kids* (Time Life, 2001). Canciones clásicas, inglesas y americanas, en esta colección de cuatro discos compactos.

* José-Luis Orozco, *De Colores and Other Latin-American Folk Songs for Children* (Nueva York: Dutton, 1994). Versos bilingües con música que forman una colección de canciones folklóricas muy conocidas.

Writing

Timing: After Shared Inquiry Discussion

Personal Essay (see activity page). Have students write a story about their first day at a new school.

Writing an Interview (see activity page). Have students interview someone new to this country.

Poetry Writing (see activity page). Students analyze Juanito's poem about his family and write a poem describing their family members.

For Further Exploration

Literature

* Alma Flor Ada, *My Name Is María Isabel* (New York: Atheneum, 1993). A young girl has trouble adjusting to an unfamiliar school and to the name Mary, assigned to her by her new teacher. Available in Spanish as *Me llamo María Isabel*.

* Francisco X. Alarcón, "Bilingüe" and "Las llaves del universo," in *From the Bellybutton of the Moon and Other Summer Poems/Del ombligo de la luna y otros poemas de verano* (San Francisco: Children's Book Press, 1998).

* Ellen Levine, *I Hate English!* (New York: Scholastic, 1989). A young girl moves from Hong Kong to New York City and deals with the problems of learning a new language and culture.

Music

* Organize a classroom choir and learn some traditional children's songs from the United States or Latin America.

* Amy Appleby and Peter Pickow, *Library of Children's Song Classics* (New York: Amsco Publications, 1993). Comprehensive collection of classic songs for many occasions. Words and music.

* The Countdown Kids, *One Hundred Songs for Kids* (Time Life, 2001). Classic English/American songs on this set of four compact discs.

* José-Luis Orozco, *De Colores and Other Latin-American Folk Songs for Children* (New York: Dutton, 1994). Bilingual words and music for a collection of well-known, traditional folk songs.

Nombre:

En el cuento, los coches se derriten, el reloj apunta sus extrañas flechas, la alta campana ruge, y las letras se derraman de la punta luminosa del lápiz de Juanito. Los poetas tienen un talento especial para expresar de diferentes maneras lo que ven y lo que sienten.

Selecciona uno de los sustantivos que aparecen en la columna de la izquierda y emparéjalo con uno de los verbos de la columna de la derecha para expresar algo de manera nueva y diferente. Por ejemplo:

El brillante <u>aviso de neón</u> rojo de la Taquería de María <u>grita</u> para que la gente venga y coma.

ascensor	brinca
aspiradora	se ríe
televisión	llora
agua	grita
bandera	susurra
cabello	pinta
viento	flota
sacapuntas	bosteza
puerta	se queja
tren	abraza
árbol	baila
aviso de neón	come

Nombre: _____

La mayoría de la gente recuerda muy bien el primer día de escuela; es un momento de sentimientos intensos y experiencias nuevas. Escribe un ensayo sobre tu primer día de escuela.

¿En qué pensabas al ir a la escuela?

_____

_____

_____

_____

_____

¿Qué te hizo sentirte cómodo y bienvenido?

_____

_____

_____

_____

¿Qué te hizo sentirte incómodo?

_____

_____

_____

_____

_____

_____

_____

_____

_____

¿Cómo han cambiado tus sentimientos del primer día?

_____

_____

_____

_____

_____

_____

Nombre: _____

Una entrevista con _____

¿Cuándo llegó a este país?

_____

_____

_____

¿De quién fue la idea de cambiarse de casa y qué motivos tuvieron
para cambiarse?

_____

_____

_____

¿Cómo se sintió al llegar aquí por primera vez?

_____

_____

_____

¿Qué fue lo más difícil al venirse para acá?

_____

_____

_____

¿Qué fue lo más emocionante?

_____

_____

_____

¿Qué le ayudó a sentirse mejor aquí?

_____

_____

_____

Nombre: _____

Lee el poema de Juanito acerca de su familia y fíjate cómo está escrito.

Poema de Juanito

Papi Felipe con un bigote de palabras.
Mamá Lucha con fresas en el cabello.
¡Salsa mágica en mi casa y por dondequiera que veo!

Tú puedes escribir un poema siguiendo el mismo estilo al pensar primero en las personas especiales en tu vida y en lo que te gusta de ellas.

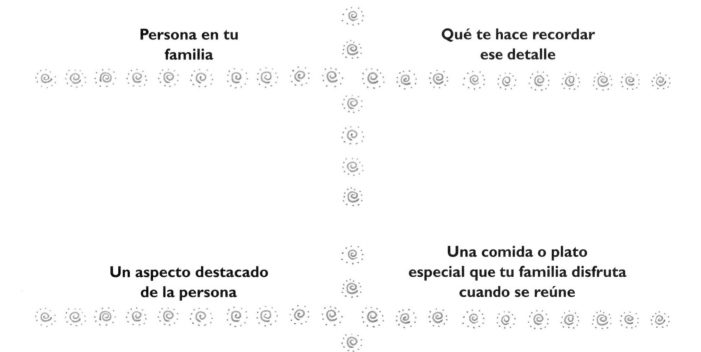

Persona en tu familia

Qué te hace recordar ese detalle

Un aspecto destacado de la persona

Una comida o plato especial que tu familia disfruta cuando se reúne

Ahora que ya tienes algunas ideas, escribe un poema que describa a tu familia y tu hogar.

Poema de _____

_____

_____

_____

_____

_____

_____

—*Es hora que empieces la escuela* —*Mamá me dice.*

EL NIÑO DE CABEZA

Juan Felipe Herrera

Mamá, a quien le encantan las palabras,
    canturrea el nombre
del letrero de la calle: *Juniper.* —¡Juu-ni-purr!
    ¡Juu-ni-purr!

Papi estaciona nuestra vieja troca del *army* en la
    calle *Juniper*
en frente de la casita color de rosa de doña
    Andasola.
—Al fin la encontramos —grita Papi—, ¡Juu-ni-purr!

—Es hora que empieces la escuela —Mamá me
    dice con su voz musical.
—¡Mi calle Juu-ni-purr! —yo les grito a las gallinas
    en el patio.

55

Mama, who loves words,
    sings out the name on the
street sign—Juniper.
"Who-nee-purr! Who-nee
    purr!"

Papi parks our old army
    truck on Juniper Street
in front of Mrs. Andasola's
    tiny pink house.
"We found it at last," Papi
    shouts, "Who-nee-purr!"

"Time to start school," Mama
    tells me with music in her
    voice.
"My Who-nee-purr Street!" I
    yell to the chickens in the
    yard.

"Don't worry, *chico*,"
Papi says as he walks me to
    school.
"Everything changes. A new
    place has new leaves
on the trees and blows fresh air
    into your body."

I pinch my ear. Am I really here?
Maybe the street lamp is
    really a golden cornstalk
with a dusty gray coat.

People speed by alone in their
    fancy melting cars.
In the valleys, campesinos
    sang "*Buenos días,* Juanito."

I make a clown face, half funny,
half scared. "I don't speak
    English," I say to Papi.
"Will my tongue turn into a
    rock?"

...

—No te apures, chico
—me dice Papi mientras me encamina a la
    escuela—.
Todo cambia. En un lugar nuevo los árboles
    tienen nuevas hojas
y el viento se siente fresco en el cuerpo.

Me pellizco la oreja, ¿de veras estoy aquí?
Quizás el poste del alumbrado realmente es una
    espiga
dorada de maíz con un saco gris polvoriento.

La gente va veloz y sola en sus flamantes coches
    que se derriten.
En los valles, los campesinos cantaban —Buenos
    días, Juanito.

Hago una mueca de payaso, medio chistosa,
medio asustada. —No sé hablar inglés —le digo
    a Papi—.
¿Se me hará la lengua una piedra?

•••

Camino lento a la escuela.

Mi burrito de papas en una bolsa de papel café.

El patio del recreo está vacío,

las cercas cerradas. Una sola nube muy arriba.

Nadie

en los pasillos. Abro una puerta con un número
    azul 27.

—¿Dónde estoy?

Mi pregunta en español se deshace

cuando oigo la gruesa puerta cerrarse detrás de mí.

La Sra. Sampson, la maestra, me lleva a mi
    mesabanco.

Los niños se ríen cuando meto la nariz
    en la bolsa

con mi almuerzo.

El duro reloj redondo sobre
    mi cabeza

marca el tiempo y
    apunta sus extrañas
    flechas hacia mí.

57

I slow step into school.
My *burrito de papas,* my
    potato burrito, in a
    brown bag.
Empty playground,
fences locked. One cloud up
    high.

No one
in the halls. Open a door
    with a blue number 27.
"¿Dónde estoy?" Where am I?
My question in Spanish fades
as the thick door slams
    behind me.

Mrs. Sampson, the teacher,
    shows me my desk.
Kids laugh when I poke my
    nose into my lunch bag.

The hard round clock above my
    head
clicks and aims its strange
arrows at me.

On the chalkboard, I see a row
of alphabet letters and addition
    numbers. If I learn them
will they grow like seeds?

If I learn the English words
will my voice reach the
    ceiling, weave through it
    like grapevines?

We are finger-painting.
I make wild suns with my
    open hands.
Crazy tomato cars and
    cucumber sombreros—
I write my name with seven
    chiles.

"What is that?" Mrs. Sampson
    asks.
My tongue is a rock.

En el pizarrón, veo una fila
de letras del abecedario y números para sumar.
    ¿Si los aprendo
crecerán como semillas?

¿Si aprendo las palabras en inglés
llegará mi voz al techo, se tejerá ahí
como las hojas de las uvas?

Estamos pintando con los dedos.
Dibujo soles broncos con mis manos abiertas.
Coches locos hechos de tomates y sombreros de
    pepinos…
escribo mi nombre con siete chiles.

—¿Qué es eso? —me pregunta la Sra. Sampson.
Mi lengua es una piedra.

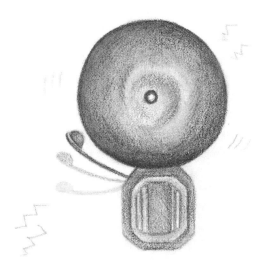

58

Suena la campana de la escuela
y me asusto.

Corro y agarro la bolsa de mi almuerzo
y me siento en la banca verde de acero.
En unos cuantos minutos me acabo mi burrito
   de papas.
Pero todos están jugando,
y yo estoy solo.

—Nomás es el *recess*
—mi amiguita, Amanda, me dice en español.
En español, pronuncio *recess* despacito.
—Suena como *reses,* como la palabra para
   vacas,
¿verdad? —le digo.

—¿Qué es *recess*? —le pregunto a Amanda.

59

The school bell rings
and shakes me.

I run and grab my lunch bag
   and sit on the green steel
   bench.
In a few fast minutes, I finish
   my potato burrito.
But everyone plays,
and I am alone.

"It is only recess,"
my classmate Amanda says in
   Spanish.
In Spanish, I pronounce
   "recess" slowly.
"Sounds like *reses*—like the
   word for cattle,
huh?" I say.

"What is recess?" I ask Amanda.

The high bell
roars again.

This time everyone eats their
   sandwiches
while I play in the breezy
   baseball diamond
by myself.

"Is this recess?" I ask again.

When I jump up,
everyone sits.
When I sit,
all the kids swing through the air.

My feet float through the
   clouds
when all I want is to touch
   the earth.
I am the upside-down boy.

La alta campana
ruge otra vez.

Esta vez todos comen sus sandwiches
mientras yo juego solo
en la cancha de béisbol con brisa.

—¿Esto es *recess*? —otra vez pregunto.

Cuando salto y me levanto,
todos se sientan.
Cuando me siento,
todos los niños se columpian en el aire.

Mis pies flotan por las nubes
cuando todo lo que quiero es tocar tierra.
Soy el niño de cabeza.

Papi llega a la casa color de rosa de doña
    Andasola.
Le enseño mi pintura que hice con mis dedos.
—¡Qué sol tan picante! —él canta—.
Me recuerda de los días de verano del Valle de
    San Joaquín —,
dice, acomodándose el pelo negro con las manos.

—¡Mira, Mamá!
¿Ves mi pintura?

—Ésos son jitomates voladores
listos para la salsa —dice Mamá.
Ella le enseña mi pintura a doña Andasola,
quien se la muestra a Gabino, su canario.

—Gabino, Gabino, ¿la ves? —grita doña
    Andasola—.
¿Qué te parece?
Gabino sacude su cabecita de un lado al otro.
—¡Pío, pío, piiiii!

Papi comes home to Mrs.
    Andasola's pink house.
I show him my finger
    painting.
"What a spicy sun," he
    sings out.
"It reminds me of hot
    summer days in the San
    Joaquin Valley,"
he says, brushing his dark
    hair with his hands.

"Look, Mama!
See my painting?"

"Those are flying tomatoes
ready for salsa," Mama sings.
She shows my painting to
    Mrs. Andasola,
who shows it to Gabino, her
    canary.

"Gabino, Gabino, see?" Mrs.
    Andasola yells.
"What do you think?"
Gabino nods his head back
    and forth.
"Pío, pío, piiiii!"

61

Mrs. Sampson invites me
to the front of the class. "Sing,
    Juanito,
sing a song we have been
    practicing."

I pop up shaking. I am alone
    facing the class.

"Ready to sing?" Mrs. Sampson
    asks me.
I am frozen, then a deep
    breath fills me,
"Three blind mice, three
    blind mice," I sing.

My eyes open as big as the
    ceiling and
my hands spread out as if
    catching
raindrops from the sky.

"You have a very beautiful voice,
    Juanito," Mrs. Sampson says.
"What is beautiful?" I ask
    Amanda after school.

La Sra. Sampson me invita
al frente de la clase. —Canta,
    Juanito,
canta una de las canciones
    que hemos ensayado.

Salto para arriba temblando.
    Estoy solo frente al salón.

—¿Listo para cantar? —me
    pregunta la Sra. Sampson.
Estoy congelado, pero luego un
    hondo resuello me llena,
—*Three blind mice, three blind
    mice* —canto yo.

Mis ojos se abren tan grandes
    como el techo
y mis manos se extienden como para
    alcanzar
gotas de lluvia del cielo.

—Tienes una voz muy *beautiful,* Juanito —me
    dice la Sra. Sampson.
—¿Qué es *beautiful*? —le pregunto a Amanda al
    salir de la escuela.

62

En casa, le ayudo a Mamá y a doña Andasola
a hacer buñuelos, tortillas dulces fritas con canela.

—Piiiiicho, ven acaaaaá —le digo cantando
a mi perro mientras yo estiro una bolita de masa.

—Escuuuuúchame —le canto a Picho con sus
    orejas
hechas triángulos de pelusa—. ¡Tengo una
    voz hermoooosa!

—Qué está cantando? —le pregunta doña
    Andasola a mi mamá
mientras acuesta un buñuelo gentilmente en el
    sartén.

—Mi maestra dice que tengo una voz
    hermoooosa —canto,
bailando con una bolita de masa pegada a mi
    nariz.

—Sí, sí —se ríe Mamá—.
A ver si tus buñuelos salen hermosos también.

63

At home, I help Mama and
    Mrs. Andasola
make buñuelos—fried sweet
    cinnamon tortilla chips.

"Piiiiicho, come heeeere,"
    I sing out,
calling my dog as I stretch a
    dough ball.

"Listen to meeeee," I sing to
    Picho with his ears
curled up into fuzzy triangles.
    "My voice is beauuuuutiful!"

"What is he singing?" Mrs.
    Andasola asks my mom
as she gently lays a buñuelo into
    the frying pan.

"My teacher says my voice is
    beauuuuutiful," I sing,
dancing with a tiny dough ball
    stuck on my nose.

"Sí, sí," Mama laughs.
"Let's see if your buñuelos
    come out beautiful too."

"I only made it to the third
  grade, Juanito,"
Mama tells me as I get ready
  for bed.

"When we lived in El Paso,
  Texas,
my mother needed help at
  home. We were very poor
and she was tired from
  cleaning people's houses."

"That year your mama won a
  spelling medal,"
Papi says as he shaves in the
  bathroom.

"Your Papi learned English
  without a school," Mama says.
"When he worked the
  railroads, he would pay
his buddies a penny for each
  word they taught him."

Papi says softly, "Each word,
each language has its own
  magic."

—Nomás alcancé a llegar a tercer año, Juanito
—me dice Mamá mientras me preparo para
  acostarme.

—Cuando vivíamos en El Paso, Texas,
mi madre necesitaba ayuda en la casa. Éramos
  muy pobres
y ella estaba cansada de limpiar casas de otra
  gente.

—Ese año tu mamá se ganó una medalla por
  deletrear bien
—dice Papi rasurándose en el baño.

—Tu papi aprendió el inglés sin escuela —dice
  Mamá—.
Cuando trabajaba en el traque, él les pagaba
a sus amigos un centavo por cada palabra que le
  enseñaban.

Murmura Papi: —Cada palabra,
cada idioma tiene su propia magia.

64

···

Después de una semana de leernos en voz alta
un poema nuevo cada día,
la Sra. Sampson nos dice: —Escriban un poema
—mientras toca música sinfónica en el viejo
tocadiscos rojo.

Pienso en Mamá, aprieto mi lápiz,
derramo letras de la punta luminosa como un río
    flaquito.

Las olas se tropiezan sobre la página.
Las eles se enroscan al fondo.
Las efes ladean los sombreros
    de sus cabezas.
Las emes son olas del mar.
    Estallan sobre mi
    mesabanco.

After a week of reading a new
    poem aloud to us every day
Mrs. Sampson says, "Write a
    poem,"
as she plays symphony music on
    the old red phonograph.

I think of Mama, squeeze my
    pencil,
pour letters from the shiny tip
    like a skinny river.

The waves tumble onto the
    page
L's curl at the bottom.
F's tip their hats from their
    heads.
M's are sea waves. They crash
    over my table.

65

Juanito's Poem

Papi Felipe with
a mustache of words.
Mama Lucha with
strawberries in her hair.
I see magic salsa in my house
and everywhere!

POEMA DE JUANITO

Papi Felipe con un bigote de palabras.
Mamá Lucha con fresas en el cabello.
¡Salsa mágica en mi casa y por
dondequiera que veo!

66

···

—Recibí una A por mi poema! —les grito a todos
frente al patio donde Mamá le corta el pelo a
  Papi.

Le enseño mi poema a Gabino,
corriendo por la cocina hacia atrás de la casa.

—Escuchen —les canto a los pollitos,
con mis manos levantadas como si fuera un
  director
de música famoso.

Les doy maicitos y les canto mi poema.
A cada pollito de peluche le toca un nombre:
—¡Beethoven! ¡Tú, con la cabeza como matorral!
¡Mozart! ¡Tú, brincador salpicado de negro!
¡Johann Sebastián! ¡Gallito colorado, baila, baila!

"I got an A on my poem!" I yell
  to everyone
in the front yard where Mama
  gives Papi a haircut.

I show Gabino my paper
as I fly through the kitchen to
  the backyard.

"Listen," I sing to the baby
  chicks,
with my hands up as if I am a
  famous music conductor.

I sprinkle corn kernels and sing
  out my poem.
Each fuzzy chick gets a name:
"Beethoven! You are the one
  with the bushy head!
Mozart! You jumpy black-
  spotted hen!
Johann Sebastian! Tiny red
  rooster, dance, dance!"

67

In the morning, as we walk to
   school
Papi turns and says, "You do
   have a nice voice, Juanito.
I never heard you sing until
   yesterday
when you fed the chickens.
At first, when we moved
   here,
you looked sad and I didn't
   know what to do."

"I felt funny, upside down," I say
   to him.
"The city streets aren't soft
   with flowers.
Buildings don't have faces.
   You know, Papi,
in the *campo* I knew all the
   names, even of those bugs
with little wild eyes and shiny
   noses!"

"Here," he says. "Here's my
   harmonica.
It has many voices, many
   beautiful songs
just like you. Sing them!"

En la mañana, caminando a la escuela,
Papi me mira y dice: —Tú sí tienes una voz
      bonita, Juanito.
Nunca te había escuchado cantar hasta ayer
cuando les dabas de comer a los pollos.
Al principio, cuando llegamos aquí
te veías triste y no sabía que hacer.

—Me sentía raro, de cabeza —yo le digo—.
Las calles de la ciudad no son suaves para las
      flores.
Los edificios no tienen caras. Sabes, Papi,
en el campo me sabía todos los nombres,
¡hasta los de los bichos
con sus ojitos bravos y narices relumbrantes!

—Ten —me dice—. Te doy mi armónica.
Tiene muchas voces, muchas canciones hermosas
como tú. ¡Cántalas!

68

En el Día de la Comunidad,
Mamá y Papi se sientan en la primera fila.
Doña Andasola admira nuestros dibujos en las
    paredes,
Gabino en su hombro.

—Nuestras pinturas se parecen a los campos
    floreados
del Valle —le digo a Amanda.

—Tengo una sorpresa —le susurro a Mamá—.
Soy "El Maestro Juanito", ¡el director del coro!
—La Sra. Sampson se sonríe con su sombrero de
    chiles
y comienza la música.

Toco una C con mi armónica. —¡La la la laaaaah!
¿Listos para cantar sus poemas? —le pregunto a
    mi coro—.
Uno… dos… *¡and three!*

69

On Open House Day,
Mama and Papi sit in the
    front row.
Mrs. Andasola admires our
    drawings on the walls,
Gabino on her shoulder.

"Our paintings look like the
    flowery fields back
in the Valley," I tell Amanda.

"I have a surprise," I whisper to
    Mama.
"I am *El Maestro* Juanito, the
    choir conductor!"
Mrs. Sampson smiles wearing
    a chile sombrero
and puts on the music.

I blow a C with my harmonica—
    "La la la laaaaah!
Ready to sing out your
    poems?" I ask my choir.
"*Uno…dos…*and three!"

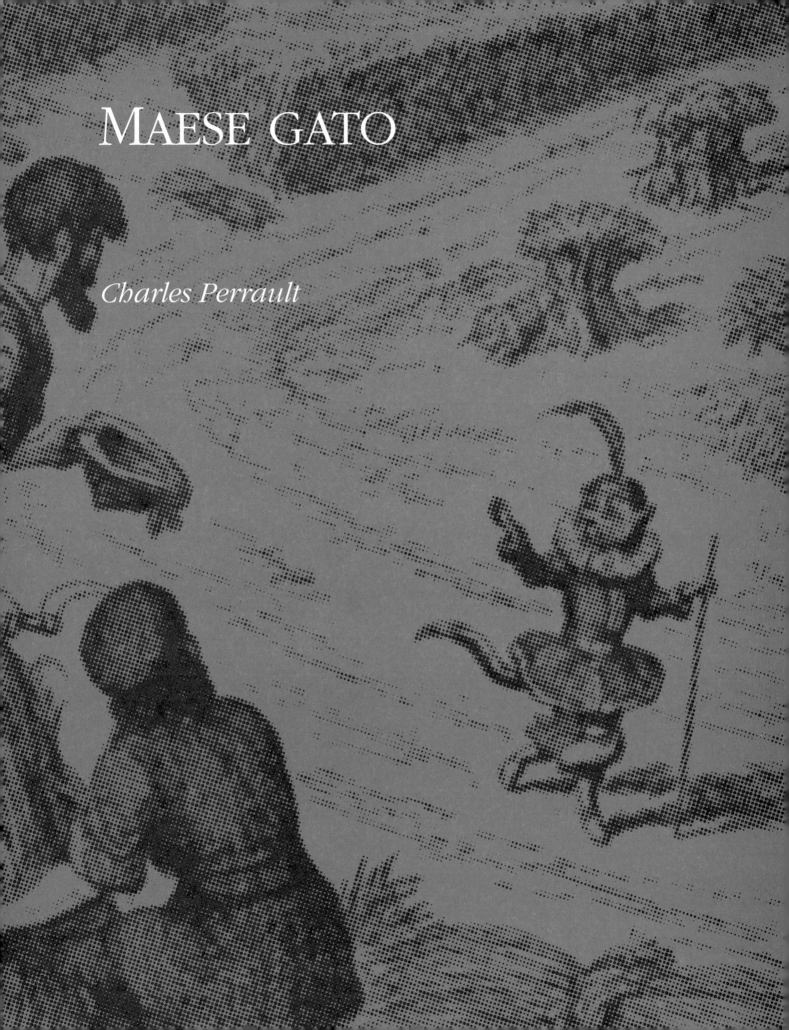

MAESE GATO

Charles Perrault

MAESE GATO

Charles Perrault

Traducción de Joëlle Eyheramonno y Emilio Pascual

Extensión del cuento: 11 páginas

Duración de la lectura en voz alta: Aproximadamente 15 minutos

En este cuento de hadas, el hijo menor de un molinero hereda sólo un gato cuando muere su padre y cree que está destinado a morirse de hambre. El gato, muy seguro de sí mismo, le dice al amo que no se preocupe y se propone demostrarle que él no es cualquier gato, al valerse de sus habilidades e inteligencia superior para conseguirle al amo tierras, un castillo, y la mano de una hermosa princesa.

Apuntes del cuento

En este cuento se usa la forma vosotros y la palabra arcaica *maese,* lo que refleja el formulismo y el ámbito histórico de la época. Los estudiantes tienen la oportunidad de investigar el significado de la palabra *maese* en la actividad Interpretación de las palabras de esta unidad.

Acerca del autor

Charles Perrault nació en París en 1628. Además de ser abogado, se dedicó a la carrera literaria y a promover el estudio de la literatura y las artes. Es muy conocido por la colección de narraciones tradicionales *Cuentos de la madre Oca,* publicada en 1697, en la que figuran "La Cenicienta", "Caperucita roja", "El gato con botas"—conocido también como "Maese gato"—y "La bella durmiente del bosque". Perrault murió en 1703.

THE MASTER CAT

Charles Perrault

Story length: 11 pages

Read-aloud time: About 15 minutes

In this fairy tale, the youngest son of a miller inherits only a cat when his father dies and believes he is destined to starve. The confident cat tells his master not to worry and sets out to show that he is not just any cat, using his superior intelligence and abilities to obtain land, a castle, and the hand of a beautiful princess for his master.

Story Notes

This story uses the *vosotros* form and the archaic word *maese,* which reflect the formality and historical distance of the story's world. Students have the opportunity to explore the meaning of the word *maese* in this unit's Interpreting Words vocabulary activity.

About the Author

Charles Perrault was born in Paris in 1628. Trained as a lawyer, Perrault made his mark pursuing a literary career and promoting the study of literature and the arts. He is best known for his collection of fairy tales published in 1697, *Tales of Mother Goose,* which includes "Cinderella," "Little Red Riding Hood," "Puss in Boots" (also known as "The Master Cat"), and "The Sleeping Beauty." Perrault died in 1703.

ACTIVIDADES INTERPRETATIVAS BÁSICAS

Para obtener información más detallada sobre cómo hacer estas actividades y adaptarlas a las necesidades de los estudiantes de diferentes niveles, refiérase a los Elementos del director, a partir de la pág. 337.

Primera lectura (alrededor de 15 minutos) seguida de Preguntas para compartir (20–30 minutos)

Recuérdeles a los estudiantes que, a medida que escuchen el cuento, deben pensar en las preguntas que les gustaría hacer después de la lectura. Léales el cuento en voz alta y luego, pídales que compartan sus preguntas. Cuando ellos hagan preguntas, escríbalas en el tablero o en papel gráfico, el que puede colgar en clase para que puedan consultarlas mientras trabajan en el cuento. Con la ayuda de los estudiantes, conteste las preguntas urgentes sobre vocabulario o hechos específicos. Si el tiempo lo permite, haga que la clase considere brevemente las respuestas posibles a algunas de las otras preguntas. Explique que guardarán las preguntas sobre el significado del cuento para la Discusión colectiva.

Segunda lectura con Toma de apuntes (30–45 minutos)

Para ayudar a los estudiantes a considerar el texto más atentamente, indíqueles que tomen apuntes durante la segunda lectura. Decida si los estudiantes (1) anotarán en el margen las reacciones que el cuento les cause, (2) señalarán las partes que sugieran respuestas a alguna de las preguntas hechas durante la sección Preguntas para compartir, o (3) marcarán el texto utilizando uno de las sugerencias para tomar apuntes, que aparecen a continuación, o alguno que usted haya creado:

- Señala con una **A** las partes donde usted cree que el gato es **astuto,** y con una **S** las partes en las que el gato hace algo **sorprendente.**
- Señala con una **G** las partes donde el **gato** se comporta como tal, y con una **P** las partes en las que se comporta como una **persona.**

Antes de empezar la segunda lectura, explique cómo le gustaría que los estudiantes tomaran apuntes. Luego, lea el cuento en voz alta o haga que los estudiantes lo lean independientemente o en parejas, tomando apuntes durante la lectura. Una vez que los estudiantes hayan tomado apuntes, déles la oportunidad de compartir los apuntes sobre varios pasajes o páginas del cuento y explicarlos.

Discusión colectiva (30–45 minutos)

Antes de la discusión, decida cuales son las preguntas que quiere tratar con la clase (vea la página siguiente). Siempre que sea posible, siente a los estudiantes en forma tal que todos puedan verse y escucharse con facilidad. Recuérdeles que necesitarán sus libros y útiles de escritura. Distribuya ejemplares de Elaborar tu respuesta (vea el apéndice B, pág. 411) y déles a los estudiantes la oportunidad de meditar sobre la pregunta de enfoque y anotar respuestas antes de empezar la discusión. Durante la discusión, utilice preguntas relacionadas con partes específicas del cuento para ayudarles a los estudiantes a pensar en la evidencia del texto que respalde sus opiniones. En nuestras preguntas sugeridas, las preguntas de enfoque aparecen en negrillas y las preguntas relacionadas están bajo la pregunta de enfoque a que aluden.

CORE INTERPRETIVE ACTIVITIES

For more detailed information about conducting these activities and adapting them to meet the needs of students working at different levels, see the Leader's Toolbox, beginning on p. 363.

First Reading (about 15 minutes) followed by Sharing Questions (20–30 minutes)

Remind students that as they listen to the story they should think of any questions they would like to ask after the reading. Read the story aloud, and then have them share their questions. As students pose questions, you may want to write them on the board or on chart paper that can be left up during the class's work on the story. With students' help, answer pressing vocabulary or factual questions. If time permits, have the class briefly consider possible answers to a few of the other questions. Explain that you will save questions about the story's meaning for Shared Inquiry Discussion.

Second Reading with Note Taking (30–45 minutes)

To help students look at the text more closely and thoughtfully, have them take notes during the second reading. Decide whether students will (1) make their own marks about their reactions to the story in the margins, (2) mark places that suggest answers to one of the questions asked during Sharing Questions, or (3) mark the text using one of the following note-taking prompts or one that you have created:

- Mark places where you think the Cat is being **clever** with **C,** and places where you think he does something **surprising** with **S.**
- Mark places where the Cat acts like a real **cat** with **C,** and places where he acts like a **person** with **P.**

Explain how you would like students to take notes before they begin the second reading. Then read the story aloud or have students read independently or in pairs, making notes throughout. After students have made notes, give them an opportunity to share and explain their notes from several passages or pages of the story.

Shared Inquiry Discussion (30–45 minutes)

Before discussion, decide which questions you want to explore with your class (see the facing page). Whenever possible, seat students so that everyone can see and hear one another easily. Remind students that they will need their books and something to write with. Distribute copies of the Building Your Answer page (see appendix B, p. 411), and give students an opportunity to reflect on the focus question and write down their answers before discussion begins. Throughout discussion, use related questions about specific parts of the story to help students think about evidence in the text that supports their opinions. In our suggested questions, focus questions appear in bold type and related questions appear under the focus question they support.

Le recomendamos que establezca su propia lista de preguntas para la Discusión colectiva (vea el prototipo Red de preguntas en el apéndice B, pág. 407). Necesitará una pregunta de enfoque, que será la pregunta que usted haga al inicio de la discusión, y preguntas relacionadas para ayudar a los estudiantes a reflexionar aún más sobre la pregunta de enfoque. Usted puede derivar la pregunta de enfoque, y las preguntas relacionadas con ésta, de las preguntas de los estudiantes, de sus propios apuntes, o de las preguntas de muestra indicadas a continuación.

¿Por qué puede el gato ser más listo que los demás?

- ¿Por qué obedece el hijo del molinero las órdenes del gato sin saber qué pasará?

- ¿Por qué cree el rey en todo lo que el gato le dice?

- ¿Por qué aterrorizan las amenazas del gato a los campesinos?

- ¿Por qué se asusta tanto el gato cuando el ogro se convierte en león?

- ¿Por qué corre riesgo el ogro al convertirse en ratón delante del gato?

¿Por qué debe el gato valerse de sus lados animal y humano para salir adelante?

- ¿Por qué quiere botas el gato?

- ¿Por qué usa el gato un saco para cazar, en vez de confiar en su habilidad natural?

- ¿Por qué confía el gato tanto en que podrá engañar al rico y poderoso ogro?

- Después de convertirse en un gran señor, ¿por qué sigue el gato cazando ratones "para divertirse"?

- ¿Por qué pone el autor a un gato a cargo de seres humanos?

We recommend that you create your own set of questions for Shared Inquiry Discussion (see the Question Web master in appendix B, p. 407). You will need a focus question, which will be the question you ask at the beginning of discussion, and related questions that help students think further about the focus question. Your focus question and related questions can be drawn from your students' questions, your own notes, or the sample questions that follow.

Why is the Cat able to outsmart everyone else?

- Why does the miller's son obey each of the Cat's commands without knowing what will come of it?

- Why does the King believe everything the Cat says?

- Why do the Cat's threats terrify the peasants?

- Why is the Cat so surprised when the ogre turns himself into a lion?

- Why does the ogre risk becoming a mouse in the presence of a cat?

Why must the Cat use both his human and animal sides to get ahead?

- Why does the Cat want boots?

- Why does the Cat use a sack to hunt and catch game, rather than rely on his natural abilities?

- Why is the Cat so confident that he will be able to trick the rich and powerful ogre?

- Why does the Cat still catch mice "for relaxation" after he becomes a great lord?

- Why does the author put a cat in charge of a human being?

ACTIVIDADES ADICIONALES

Estas actividades hacen que los estudiantes comprendan mejor el cuento y lo disfruten más y que desarrollen destrezas del vocabulario, la escritura, y el razonamiento crítico. Las necesidades y los intereses de su grupo le ayudarán a determinar cuáles actividades debe incluir en el programa de actividades básicas.

Preparación del contexto

Oportunidad: Antes de la primera lectura

Presente el cuento diciéndoles a los estudiantes que se trata de un gato extraordinario bastante diferente de los otros personajes. Léales en voz alta el poema "El más gato de los gatos" (vea la página de actividades) para ayudarles a pensar en esta clase de gato. Pida a los estudiantes que describan las cualidades del gato narrador y motívelos con preguntas como, *¿Qué significa "El más gato de los gatos"? ¿Qué opina de sí mismo el más gato de los gatos?* Luego, los estudiantes pueden escoger los adjetivos favoritos que usarán en las páginas de actividades.

Vocabulario

Oportunidad: En cualquier momento después de la primera lectura

El desafío del abecé (vea el apéndice B, pág. 419). Haga que los estudiantes investiguen el carácter del gato con una lluvia de ideas que lo describan. Anímelos a considerar lo que el gato piensa de sí mismo y lo que los demás piensan del gato. Probablemente, usted hará referencia a la palabra *pícaro,* que aparece en el cuento. En la literatura clásica

española, el *pícaro* es un personaje travieso y astuto, cuyos viajes y aventuras sirven para burlarse de la sociedad.

Interpretación de las palabras (vea la página de actividades). Los estudiantes observan palabras diferentes que significan *maese,* y estudian las definiciones para considerar por qué se le dice "maese gato" al gato.

Actividades creativas

Oportunidad: En cualquier momento después de la primera lectura

- Haga que los estudiantes dibujen lo que consideran el mejor truco del gato y que escriban una frase para acompañar el dibujo (vea el prototipo de arte en el apéndice B, pág. 425).

- Haga que los estudiantes dramaticen los encuentros del gato con los diversos personajes del cuento, enfatizando los diferentes tonos de voz que el gato usa. Unas escenas que prometan más incluyen el momento en que el gato le ofrece el conejo al rey, cuando el gato asusta con amenazas a los guadañeros y a los segadores, y cuando el gato engaña al ogro para que se transforme en un león y después en un ratón.

- Haga que los estudiantes dibujen la forma en que ven al gato como un "gran señor" al final del cuento (vea el prototipo de arte en el apéndice B, pág. 425).

SUPPLEMENTAL ACTIVITIES

These activities deepen students' understanding and enjoyment of the story and develop vocabulary, writing, and critical-thinking skills. The needs and interests of your group will help you determine which activities to add to the schedule of core activities.

Building Context

Timing: Before the first reading

Introduce the story by telling students it is about an extraordinary cat who is quite different from everyone else in the story. Read aloud the poem "El más gato de los gatos," or "The Cat of Cats," (see activity page) to help students start thinking about this kind of cat. Ask students to describe the qualities of the cat-narrator and draw out their thinking by asking such questions as, *What does "Cat of Cats" mean? What opinion does the Cat of Cats have of itself?* Students can then choose their favorite adjectives to write on their activity pages.

Vocabulary

Timing: Anytime after the first reading

ABC Challenge (see appendix B, p. 419). Have students explore the Cat's character by brainstorming words that describe him. Encourage students to consider how the Cat thinks of himself and how others think of him. You may want to discuss the word *pícaro,* which is used in the story. In classic

Spanish literature, the *pícaro* is a roguish character whose travels and adventures are used to poke fun at society.

Interpreting Words (see activity page). Students look at different words meaning *master* and their definitions in order to think about why the Cat is called the Master Cat.

Creative Endeavors

Timing: Anytime after the first reading

- Have students draw what they think is the Cat's smartest trick and write a caption for it (see the art master in appendix B, p. 425).

- Have students dramatize the Cat's encounters with various characters in the story, emphasizing the different tones of voice the Cat uses. Promising scenes include the Cat presenting the rabbit to the King, the Cat threatening the mowers and the harvesters, and the Cat tricking the ogre to change into a lion and then a mouse.

- Have students draw their interpretation of the Cat as a "great lord" at the end of the story (see the art master in appendix B, p. 425).

Escritura

Oportunidad: Después de la Discusión colectiva

Escritura creativa (vea la página de actividades). Los estudiantes escriben un poema titulado "Soy maese gato", en el que maese gato habla de sí mismo. Asegúrese de que entiendan que, en sus poemas, maese gato es el narrador y que habla de sí mismo. Explíqueles que los poemas no tienen que rimar a menos que los estudiantes quieran usar rimas.

Escritura evaluativa (vea la página de actividades). Haga que los estudiantes escriban si querrían o no tener una mascota como maese gato.

Para explorar más...

Estudios sociales

* Haga que los estudiantes investiguen y escriban informes breves acerca de animales que ayudan a la gente, tales como perros guías, perros rastreadores, mascotas de compañía, y animales de carga como caballos y burros. *¿Cuándo empezó la gente a usar este animal como ayuda? ¿Cuáles son las características que hacen que este animal sea útil para los humanos? ¿Es necesario adiestrar o criar en forma especial este animal para que ayude a los humanos?*

Literatura

* Matthew Gollub, *The Twenty-Five Mixtec Cats* (Nueva York: Tambourine Books, 1993). Los aldeanos de una montaña tienen miedo de los veinticinco gatos que vienen a vivir con el curandero de la aldea y sospechan de ellos. Se consigue en español bajo el título *Los vienticinco gatos mixtecos,* trad. de Martín Luis Guzmán (Santa Rosa, CA: Tortuga Press, 1997).

* Lucía M. González, "Señor Cat's Romance", en *Señor Cat's Romance and Other Favorite Stories from Latin America* (Nueva York: Scholastic, 1997). Un viejo cuento español en verso, también muy conocido en Centro y Sudamérica. Se consigue en español bajo el título "El romance de Don Gato", en *El romance de Don Gato y otros cuentos populares de América Latina* (1999).

* Rafael Rivero Oramas, *La piedra del zamuro* (Caracas: Ediciones Ekaré, 1981), y "Cómo fue que Tío Conejo engañó a Tío Tigre", según el relato de Lucía M. González en *El romance de Don Gato y otros cuentos populares de América Latina* (vea arriba). Cuentos acerca del astuto y popular personaje Tío Conejo, quien constantemente les sale adelante a sus rivales más poderosos.

Writing

Timing: After Shared Inquiry Discussion

Creative Writing (see activity page). Students compose a poem titled "Soy maese gato," in which the Master Cat tells about himself. Make sure students understand that, in their poems, the Master Cat is the speaker and he is talking about himself. Explain that the poems do not need to rhyme unless students want them to.

Evaluative Writing (see activity page). Have students write about whether they would or would not like a pet like the Master Cat.

For Further Exploration

Social Studies

* Have students research and write short reports on animals that help people, such as guide dogs, search-and-rescue dogs, companion pets, and work animals like horses and burros. Ask students, *When did people first begin using this animal to help them? What characteristics of this animal make it helpful to humans? Does this animal need to be specially trained or raised to help humans?*

Literature

* Matthew Gollub, *The Twenty-Five Mixtec Cats* (New York: Tambourine Books, 1993). Mountain villagers are fearful and suspicious of the twenty-five cats who come to live with their healer, until the cats help cure the butcher of a curse and save the healer as well. Available in Spanish as *Los vientecinco gatos mixtecos,* trans. Martín Luis Guzmán (Santa Rosa, CA: Tortuga Press, 1997).

* Lucía M. González, "Señor Cat's Romance," in *Señor Cat's Romance and Other Favorite Stories from Latin America* (New York: Scholastic, 1997). An old Spanish story in poem form, also well known in Central and South America. Available in Spanish as "El romance de Don Gato," in *El romance de Don Gato y otros cuentos populares de América Latina* (1999).

* Rafael Rivero Oramas, *La piedra del zamuro* (Caracas: Ediciones Ekaré, 1981), and "Cómo fue que Tío Conejo engañó a Tío Tigre," as told by Lucía M. González in *El romance de Don Gato y otros cuentos populares de América Latina* (see above). These stories feature the clever and popular character Tío Conejo, who consistently outwits more powerful rivals.

Nombre: _____

¿Cuáles palabras usarías para describir al gato de este poema?

El más gato de los gatos

Soy el más gato de los gatos. ¡Soy

El gato inmortal!

Astuto, veterano, y elegante yo soy,

¡El gato inmortal!

Por la noche, alimañas me pongo a cazar…

¡El gato inmortal!

Pues veo mejor en la oscuridad…

¡El gato inmortal!

—William Brighty Rands
(traducción de Osvaldo Blanco)

Creo que el más gato de los gatos es…

_____

_____

_____

Nombre: _____

Si buscas la palabra **amo** en el diccionario, encontrarás varias definiciones diferentes; una de ellas es:

> ### amo
>
> ❧ persona que es dueña de animales o propiedades, o tiene criados

En el cuento, el hijo del molinero es dueño del gato, de modo que el gato lo llama **amo.** El ogro es el **amo** de un hermoso castillo.

Si buscamos la palabra **maese,** veremos que su definición es:

> ### maese
>
> ❧ tratamiento de respeto que significaba "maestro" y se usaba antiguamente para dirigirse a quienes tenían determinados oficios

Pero, ¿por qué el gato del cuento es llamado **maese** si él no tiene ningún oficio? La respuesta la hallaremos entre las definiciones de **maestro:**

> ### maestro
>
> ❧ alguien que dirige a otros
>
> ❧ persona que se destaca como actor o artista
>
> ❧ alguien que es muy bueno en lo que hace, un experto

¿Cuándo demostró maese gato que **podía dirigir a otros**?

1. _____

_____

2. _____

_____

¿Cuándo se destacó maese gato como **actor o artista**?

1. _____

_____

2. _____

_____

¿En qué crees que era maese gato **un experto**?

1. _____

_____

2. _____

_____

Nombre: _____

Escribe un poema en el que maese gato hable de sí mismo. Para ayudarte, hemos incluido el estribillo "¡Soy maese gato!".

Soy maese gato

¡Soy maese gato!

Yo _____

Yo _____

¡Soy maese gato!

_____

_____

_____

_____

_____

_____

Nombre: _____

Maese gato ayuda al hijo del molinero, pero también hace cosas por su cuenta y a su manera. Escribe una composición que conteste a esta pregunta:

¿Te gustaría tener un animal de compañía como maese gato?

Me gustaría   No me gustaría   un animal de compañía como maese gato.

_____

¿Qué te gusta especialmente de maese gato?

_____

_____

_____

_____

¿Hay algo que no te gusta de maese gato?

_____

_____

_____

¿Te gustaría más tener de compañía un animal astuto y mañoso, o uno mimoso y simpático?

_____

_____

_____

_____

_____

_____

_____

_____

_____

¿Te gustaría más tener de compañía un animal que desee estar contigo todo el tiempo, o uno que se escape constantemente?

_____

_____

_____

_____

_____

_____

_____

_____

_____

Maese gato se encontró con unos segadores.

MAESE GATO

Charles Perrault

*Traducción de Joëlle Eyheramonno y
Emilio Pascual*

Un molinero dejó por toda herencia a sus tres hijos un molino, un asno, y un gato. El reparto se hizo en seguida sin llamar al notario ni al abogado: se hubieran comido en seguida todo el pobre patrimonio. Al mayor le tocó el molino, al segundo el asno, y al menor no le tocó más que el gato. Este último no podía consolarse de tener tan pobre lote.

—Mis hermanos —se decía— podrán ganarse bastante bien la vida juntándose los dos; pero yo, en cuanto me haya comido el gato y me haya hecho un manguito con su piel, tendré que morirme de hambre.

71

THE MASTER CAT

Charles Perrault

A miller died, leaving as sole riches to his three sons his mill, his donkey, and his cat. The estate was easily shared out; neither the lawyer nor the notary was called in. They would soon have gobbled up the meager inheritance. The eldest son had the mill, the second the donkey, and the youngest only the cat.

The last was inconsolable at having such a poor share.

"My brothers," he said, "can earn a decent living if they combine together. But when I have eaten my cat and made myself a muff from its skin, I shall just have to starve."

The Cat, who heard these words but pretended not to, said in calm, confident tones:

"Do not worry, master. Just give me a sack and have a pair of boots made so that I can go in the brambles, and you will find that you are not so badly off after all."

Although the Cat's master did not put much faith in this suggestion, he had seen him perform such ingenious tricks to catch rats and mice, such as hanging upside down by his feet, or lying in the flour bin pretending to be dead, that he decided that it might be worth trying.

When the Cat had the things he had asked for, he buckled the boots on smartly, slung the sack over his shoulder and, holding the cords with his forepaws, went off to a warren where there were large numbers of rabbits.

He placed some bran and sow thistles in his sack and, stretching himself out on the ground as though he were dead, waited for some young rabbit, still unused to the wiles of this world, to hop into the sack to get what was in it.

He had hardly lain down when his trick worked. A silly young rabbit jumped

...

El gato, que estaba oyendo aquellas palabras, pero que se hacía el desentendido, le dijo con aire sosegado y serio:

—No os aflijáis, mi amo: no tenéis más que darme un saco y hacerme un par de botas para ir a los matorrales, y veréis cómo vuestra parte no es tan mala como creéis.

Aunque el amo del gato no se hacía muchas ilusiones, lo había visto valerse de tantas estratagemas para cazar ratas y ratones, como cuando se colgaba por las patas o se escondía en la harina para hacerse el muerto, que no perdió la esperanza de que lo socorriera en su miseria.

Cuando el gato tuvo lo que había pedido, se puso las botas bien puestas y, echándose el saco al hombro, cogió los cordones con sus dos patas delanteras, y se fue a un lugar donde había muchos conejos. Echó salvado y hierba en el saco y, tumbándose como si estuviera muerto, esperó que algún conejillo todavía poco experto en las trampas de este mundo viniera a meterse en el saco para comer todo lo que había echado.

Apenas se había tumbado, cuando ya pudo sentirse satisfecho; un conejillo distraído entró

72

···

dentro del saco, y maese gato, tirando en seguida de los cordones, lo cogió y lo mató sin compasión.

Muy orgulloso de su presa, se fue al palacio del Rey y solicitó hablar con él. Lo hicieron subir a los aposentos de Su Majestad, donde nada más entrar hizo una profunda reverencia al Rey y le dijo:

—Majestad, éste es un conejo de campo, que el señor marqués de Carabás —era el nombre que le había parecido bien dar a su amo— me ha encargado ofreceros de su parte.

—Di a tu amo —respondió el Rey— que se lo agradezco y que me agrada mucho.

Otro día fue a esconderse en un trigal, siempre con el saco abierto; y, cuando hubieron entrado en él dos perdices, tiró de los cordones y las cogió a las dos.

into the sack, and the Master Cat quickly pulled the cords and caught and killed him without mercy.

Swelling with pride in this achievement, he went to the palace and asked to speak to the King. He was taken up to His Majesty's apartments and, as he came in, he made a low bow and said:

"Sire, here is a rabbit which My Lord the Marquis of Carabas" (that was the name which he had decided to give his master) "has instructed me to offer you on his behalf."

"Tell your master," said the King, "that We thank him and that he gives Us great pleasure."

Another day he went and hid in a cornfield, again with his open sack, and when two partridges flew in, he pulled the cords and caught them both.

He presented these to the King, as he had done with the rabbit. The King again accepted the gift with pleasure and gave him some drinking money.

The Cat went on in this way for two or three months, taking game to the King every so often "from his master's hunting grounds." One day he heard that the King was to go for a drive along the riverbank with his daughter, the loveliest princess in the world, so he said to his master:

"If you will follow my advice, your fortune is made. All you have to do is to bathe in the river at the spot which I will show you, and leave the rest to me."

The Marquis of Carabas did as his Cat told him, without knowing what would come of it. While he was bathing, the King came by and the Cat began to cry at the top of his voice:

"Help! Help! My Lord the Marquis of Carabas is drowning!"

The King looked out of the carriage window and, recognizing the Cat which had so often brought him game, he ordered his guards to go quickly to the help of My Lord the Marquis of Carabas.

Después fue a ofrecérselas al Rey como había hecho con el conejo de campo. El Rey recibió otra vez con agrado las dos perdices y mandó que le dieran unas monedas.

El gato siguió así dos o tres meses, llevando de cuando en cuando al Rey piezas de caza de parte de su amo.

Un día en que se enteró de que el Rey iba a salir de paseo a orillas del río con su hija, la princesa más hermosa del mundo, dijo a su amo:

—Si queréis seguir mi consejo, vuestra fortuna es cosa hecha: no tenéis más que bañaros en el río en el sitio que yo os indicaré y luego dejarme hacer.

El marqués de Carabás hizo lo que le aconsejaba su gato, sin saber adónde iría a parar la cosa. Mientras se estaba bañando, pasó el Rey, y el gato se puso a gritar con todas sus fuerzas:

—¡Socorro, socorro, que se ahoga el señor marqués de Carabás!

Ante aquellos gritos, el Rey sacó la cabeza por la portezuela y, conociendo al gato que le había llevado caza tantas veces, ordenó a sus guardias que fueran en seguida a socorrer al señor marqués de Carabás.

74

•••

Mientras estaban sacando al pobre marqués del río, el gato se acercó a la carroza y dijo al Rey que, mientras se bañaba su amo, habían venido unos ladrones que se habían llevado su ropa, aunque él había gritado: "¡al ladrón!" con todas sus fuerzas; el muy pícaro las había escondido bajo una gran piedra. El Rey ordenó en seguida a los encargados de su guardarropa que fueran a buscar uno de sus más hermosos trajes para el señor marqués de Carabás.

As the poor Marquis was being pulled out of the river, the Cat went up to the carriage and told the King that, while his master was bathing, some thieves had made off with his clothes, although he had shouted "Stop thief!" at the top of his voice. The rascal had really hidden them under a big stone.

The King immediately ordered the officers of his wardrobe to go and fetch one of his finest suits for My Lord the Marquis of Carabas.

75

The King was kindness itself to him and, since the fine clothes which he had been given set off his good looks—for he was handsome and well built—the King's daughter took an immediate liking to him; and, by the time he had thrown her a few appreciative but most respectful glances, she had fallen madly in love.

The King insisted that he should get into the carriage and accompany them on the drive. Delighted to see that his plan was beginning to succeed, the Cat ran ahead until he came to some peasants who were mowing a meadow.

El Rey le hizo mil demostraciones de amistad y, como los hermosos trajes que acababan de darle realzaban su buen aspecto (pues era guapo y de buena presencia), la hija del Rey lo encontró muy de su gusto, y en cuanto el marqués de Carabás le echó dos o tres miradas muy respetuosas y un poco tiernas, ella se enamoró locamente de él. El Rey quiso que subiera en su carroza y que siguieran juntos el paseo. El gato, encantado de ver que sus planes empezaban a tener éxito, tomó la delantera y, encontrándose con unos campesinos que estaban guadañando un prado, les dijo:

76

—Buenas gentes que guadañáis, si no decís al Rey que el prado que estáis guadañando pertenece al señor marqués de Carabás, os harán picadillo como carne de pastel.

El Rey no dejó de preguntar a los guadañeros de quién era el prado que estaban guadañando.

—Es del señor marqués de Carabás —dijeron todos a la vez, pues la amenaza del gato los había asustado.

—Tenéis aquí una buena heredad —dijo el Rey al marqués de Carabás.

—Ya veis, Majestad —respondió el marqués—, es un prado que no deja de producir en abundancia todos los años.

Maese gato, que siempre iba delante, se encontró con unos segadores y les dijo:

—Buenas gentes que segáis, si no decís que todos estos trigales pertenecen al señor marqués de Carabás, os harán picadillo como carne de pastel.

El Rey, que pasó poco después, quiso saber a quién pertenecían todos aquellos trigales que veía.

—Son del señor marqués de Carabás —respondieron los segadores, y el Rey se alegró una vez más con el marqués.

77

"Dear good mowers," he said, "if you do not tell the King that the meadow you are mowing belongs to My Lord the Marquis of Carabas, I will have you all chopped up into mincemeat."

The King did not fail to ask them whose meadow they were mowing.

"It belongs to My Lord the Marquis of Carabas," they answered in chorus, for the Cat's threat had terrified them.

"You have a fine piece of land there," said the King to the Marquis of Carabas.

"As you see, Sire," answered the Marquis. "It gives a wonderful crop every year."

The Master Cat, still running ahead, came to some harvesters and said to them:

"Dear good harvesters, if you do not say that these cornfields belong to My Lord the Marquis of Carabas, I will have you all chopped up into mincemeat."

The King, coming up a moment later, asked who was the owner of all these cornfields which he saw.

"They belong to My Lord the Marquis of Carabas," cried the harvesters, and the King again congratulated the Marquis.

The Cat, keeping ahead of the carriage, said the same thing to all the people whom he met, and the King was astonished at the vast estates of the Marquis of Carabas.

At last the Cat reached a fine castle whose master was an ogre. He was the richest ogre of them all, for all the land through which the King had passed belonged to him. The Cat, having first found out who this ogre was and what he could do,

El gato, que iba delante de la carroza, seguía diciendo lo mismo a todos aquellos con quienes se encontraba; y el Rey estaba asombrado de las grandes posesiones del señor marqués de Carabás.

Finalmente, maese gato llegó a un hermoso castillo, cuyo dueño era un ogro, el más rico que se pudo ver jamás, pues todas las tierras por donde el Rey había pasado dependían de aquel castillo. El gato, que había tenido cuidado de informarse de quién era aquel ogro y de lo que sabía hacer,

78

solicitó hablar con él, diciendo que no había querido pasar tan cerca de su castillo sin tener el honor de presentarle sus respetos.

El ogro lo recibió tan cortésmente como puede hacerlo un ogro y lo invitó a descansar.

—Me han asegurado —dijo el gato— que tenéis el don de convertiros en toda clase de animales, que podéis transformaros por ejemplo en león o en elefante.

—Es verdad —respondió bruscamente el ogro— y, para demostrároslo, vais a ver cómo me convierto en león.

El gato se asustó tanto de ver un león ante él, que alcanzó en seguida el alero del tejado, no sin esfuerzo y sin peligro, pues sus botas no valían nada para andar por las tejas.

Un momento después el gato, viendo que el ogro había dejado su primera forma, bajó y confesó que había pasado mucho miedo.

—Me han asegurado además —dijo el gato—, pero no puedo creerlo, que tenéis también el

asked to speak to him, saying that he could not pass so near to his castle without having the honor of calling in to pay his respects.

The ogre received him as civilly as an ogre can and told him to take a seat.

"I have heard," said the Cat, "that you have the power of changing yourself into all kinds of animals; for example, that you can turn into a lion, or an elephant."

"That is so," said the ogre gruffly, "and to show you, I will turn into a lion."

The Cat was so scared at seeing a lion before him that he sprang up onto the roof, not without some danger and difficulty, because his boots were not suitable for walking on the tiles.

After some time, the Cat saw that the ogre had gone back to his original shape, so he came down, admitting that he had had quite a fright.

"I have also heard," he went on, "that you have the

power to take on the shape of the smallest animals, for instance to turn into a rat or a mouse. I must admit that I think that is quite impossible."

"Impossible!" roared the ogre. "You shall see!"

And he immediately turned into a mouse, which began to scurry across the floor. As soon as the Cat saw it, he sprang upon it and ate it.

Meanwhile the King came in sight of the ogre's fine castle and said that he would like to go in. The Cat, hearing the sound of the carriage on the drawbridge, ran out and said to the King:

"Welcome, Your Majesty, to the castle of the Marquis of Carabas."

poder de tomar la forma de los animales más pequeños, por ejemplo, de convertiros en una rata o en un ratón; os confieso que lo tengo por imposible.

—¿Imposible? —replicó el ogro—. Vais a verlo.

Y al mismo tiempo se transformó en un ratón que se puso a correr por el suelo. En cuanto lo vio, el gato se arrojó sobre él y se lo comió.

Entre tanto el Rey, que vio al pasar el hermoso castillo del ogro, quiso entrar en él. El gato, que oyó el ruido de la carroza que pasaba por el puente levadizo, corrió a su encuentro y dijo al Rey:

—Sea Vuestra Majestad bienvenido al castillo del señor marqués de Carabás.

80

—¡Cómo, señor marqués! —gritó el Rey—. ¿También es vuestro este castillo? No hay nada más hermoso que este patio y todos estos edificios que lo rodean. Veamos el interior si os place.

El marqués dio la mano a la Princesita y, siguiendo al Rey, que iba el primero, entraron en una gran sala, donde encontraron una magnífica comida, que el ogro había mandado preparar para unos amigos suyos que iban a ir a verlo aquel mismo día, pero que no se atrevieron a entrar al saber que el Rey estaba allí.

El Rey, encantado de las cualidades del señor marqués de Carabás, así como su hija, que estaba loca por él, y, viendo los considerables bienes que poseía, le dijo después de haber bebido un poco de vino de su copa:

—Señor marqués, sólo de vos depende que seáis mi yerno.

El marqués, haciendo grandes reverencias, aceptó el honor que le hacía el Rey; y el mismo día se casó con la Princesa. El gato se convirtió en un gran señor y ya no corrió tras los ratones más que para divertirse.

81

"What, My Lord Marquis," said the King, "this castle is yours, too? Nothing could be finer than this courtyard and these buildings round it. Let Us see inside, please."

The Marquis offered his hand to the young Princess and, following the King, they went up the steps to the great hall. There they found a magnificent feast which the ogre had prepared for some of his friends who had been invited for that same day, but had not dared to come in when they heard that the King was there.

The King was delighted with all the virtues of My Lord the Marquis of Carabas, while as for his daughter, she was in raptures about him. Seeing his vast possessions and having drunk a few draughts of wine, the King said:

"You have only to say the word, My Lord Marquis, and you can become Our son-in-law."

With a low bow the Marquis accepted the honor which the King proposed, and he was married to the Princess on that same day. The Cat became a great lord and from then on only hunted mice as a relaxation.

LOS CAZADORES INVISIBLES

Cuento folklórico nicaragüense
en versión de Harriet Rohmer

LOS CAZADORES INVISIBLES

Cuento folklórico nicaragüense en versión de Harriet Rohmer

Traducción de Rosalma Zubizarreta y Alma Flor Ada

∾

Extensión del cuento: 11 páginas

Duración de la lectura en voz alta: Aproximadamente 15 minutos

Cuando están cazando wari (puerco salvaje), tres hermanos oyen una voz que repite la palabra *Dar*. Al investigar, se dan cuenta de que la voz pertenece a un bejuco. El bejuco Dar les da a los hermanos el poder de volverse invisibles y les pide que, a cambio, prometan que no cazarán con escopetas y que nunca venderán la carne de wari. Pasado un tiempo, unos comerciantes persuaden a los hermanos a incumplir la promesa que han hecho.

Apuntes del cuento

Harriet Rohmer pasó tres años en la investigación y redacción de esta versión de un cuento folklórico de los indios misquitos, y viajó dos veces a Nicaragua con tal fin. Basó este relato en versiones del cuento que le escuchó a Octavio Chow, un anciano diácono católico misquito, y a Morris Vidaure, quien creció en un pueblo misquito. Este cuento tiene como lugar el pueblo indígena misquito de Ulwas, en Nicaragua.

Acerca de la autora

Harriet Rohmer nació en Washington, D.C., en 1938. Fundó la casa editora Children's Book Press en 1975 tras descubrir que en los Estados Unidos había escasez de libros sobre las minorías y los nuevos inmigrantes y las culturas de las que procedían. La mayoría de los cuentos que ella ha escrito son adaptaciones de relatos orales de cuentos folklóricos.

THE INVISIBLE HUNTERS

Nicaraguan folktale as told by Harriet Rohmer

∾

Story length: 11 pages

Read-aloud time: About 15 minutes

While out hunting for wari (wild pig), three brothers hear a voice repeating the word *Dar*. When they investigate, they find that the voice belongs to a vine. The Dar vine gives the brothers the power to become invisible, requiring that, in return, they promise to not use guns when they hunt and to give away the wari meat they gain. After a time, the brothers are persuaded by traders to break their promises.

Story Notes

Harriet Rohmer spent three years researching and writing this version of a Miskito Indian folktale, taking two trips to Nicaragua in the process. She based this telling on versions of the story she heard from Octavio Chow, an elder Miskito Catholic deacon, and Morris Vidaure, who grew up in a Miskito village. This story takes place in the Miskito Indian village of Ulwas, Nicaragua.

About the Author

Harriet Rohmer was born in Washington, D.C., in 1938. She founded the Children's Book Press in 1975 after she discovered that there was a great need for books about minority and new immigrant groups and their cultures. Most of the stories she has written are adaptations of oral tellings of folktales.

Para obtener información más detallada sobre cómo hacer estas actividades y adaptarlas a las necesidades de los estudiantes de diferentes niveles, refiérase a los Elementos del director, a partir de la pág. 337.

Primera lectura (alrededor de 15 minutos) seguida de Preguntas para compartir (20–30 minutos)

Recuérdeles a los estudiantes que, a medida que escuchen el cuento, deben pensar en las preguntas que les gustaría hacer después de la lectura. Léales el cuento en voz alta y luego, pídales que compartan sus preguntas. Cuando ellos hagan preguntas, escríbalas en el tablero o en papel gráfico, el que puede colgar en clase para que puedan consultarlas mientras trabajan en el cuento. Con la ayuda de los estudiantes, conteste las preguntas urgentes sobre vocabulario o hechos específicos. Si el tiempo lo permite, haga que la clase considere brevemente las respuestas posibles a algunas de las otras preguntas. Explique que guardarán las preguntas sobre el significado del cuento para la Discusión colectiva.

Segunda lectura con Toma de apuntes (30–45 minutos)

Para ayudar a los estudiantes a considerar el texto más atentamente, indíqueles que tomen apuntes durante la segunda lectura. Decida si los estudiantes (1) anotarán en el margen las reacciones que el cuento les cause, (2) señalarán las partes que sugieran respuestas a alguna de las preguntas hechas durante la sección Preguntas para compartir, o (3) marcarán el texto utilizando uno de las sugerencias para tomar apuntes, que aparecen a continuación, o alguno que usted haya creado:

- Señala con una **A** las partes donde estás de **acuerdo** con algo que los hermanos dicen o hacen, y con una **D** las partes en las que estás en **desacuerdo** con lo que dicen o hacen.

- Señala con una **C** las partes donde **compadeces** con la gente del pueblo, y con **NC** las partes en las que **no compadeces** con ellos.

Antes de empezar la segunda lectura, explique cómo le gustaría que los estudiantes tomaran apuntes. Luego, lea el cuento en voz alta o haga que los estudiantes lo lean independientemente o en parejas, tomando apuntes durante la lectura. Una vez que los estudiantes hayan tomado apuntes, déles la oportunidad de compartir los apuntes sobre varios pasajes o páginas del cuento y explicarlos.

Discusión colectiva (30–45 minutos)

Antes de la discusión, decida cuales son las preguntas que quiere tratar con la clase (vea la página siguiente). Siempre que sea posible, siente a los estudiantes en forma tal que todos puedan verse y escucharse con facilidad. Recuérdeles que necesitarán sus libros y útiles de escritura. Distribuya ejemplares de Elaborar tu respuesta (vea el apéndice B, pág. 411) y déles a los estudiantes la oportunidad de meditar sobre la pregunta de enfoque y anotar respuestas antes de empezar la discusión. Durante la discusión, utilice preguntas relacionadas con partes específicas del cuento para ayudarles a los estudiantes a pensar en la evidencia del texto que respalde sus opiniones. En nuestras preguntas sugeridas, las preguntas de enfoque aparecen en negrillas y las preguntas relacionadas están bajo la pregunta de enfoque a que aluden.

CORE INTERPRETIVE ACTIVITIES

For more detailed information about conducting these activities and adapting them to meet the needs of students working at different levels, see the Leader's Toolbox, beginning on p. 363.

First Reading (about 15 minutes) followed by Sharing Questions (20–30 minutes)

Remind students that as they listen to the story they should think of any questions they would like to ask after the reading. Read the story aloud, and then have them share their questions. As students pose questions, you may want to write them on the board or on chart paper that can be left up during the class's work on the story. With students' help, answer pressing vocabulary or factual questions. If time permits, have the class briefly consider possible answers to a few of the other questions. Explain that you will save questions about the story's meaning for Shared Inquiry Discussion.

Second Reading with Note Taking (30–45 minutes)

To help students look at the text more closely and thoughtfully, have them take notes during the second reading. Decide whether students will (1) make their own marks about their reactions to the story in the margins, (2) mark places that suggest answers to one of the questions asked during Sharing Questions, or (3) mark the text using one of the following note-taking prompts or one that you have created:

- Mark places where you **agree** with something the brothers say or do with **A,** and places where you **disagree** with something they say or do with **D.**

- Mark places where you **sympathize** with the villagers with **S,** and places where you **do not sympathize** with them with **NS.**

Explain how you would like students to take notes before they begin the second reading. Then read the story aloud or have students read independently or in pairs, making notes throughout. After students have made notes, give them an opportunity to share and explain their notes from several passages or pages of the story.

Shared Inquiry Discussion (30–45 minutes)

Before discussion, decide which questions you want to explore with your class (see the facing page). Whenever possible, seat students so that everyone can see and hear one another easily. Remind students that they will need their books and something to write with. Distribute copies of the Building Your Answer page (see appendix B, p. 411), and give students an opportunity to reflect on the focus question and write down their answers before discussion begins. Throughout discussion, use related questions about specific parts of the story to help students think about evidence in the text that supports their opinions. In our suggested questions, focus questions appear in bold type and related questions appear under the focus question they support.

Le recomendamos que establezca su propia lista de preguntas para la Discusión colectiva (vea el prototipo Red de preguntas en el apéndice B, pág. 407). Necesitará una pregunta de enfoque, que será la pregunta que usted haga al inicio de la discusión, y preguntas relacionadas para ayudar a los estudiantes a reflexionar aún más sobre la pregunta de enfoque. Usted puede derivar la pregunta de enfoque, y las preguntas relacionadas con ésta, de las preguntas de los estudiantes, de sus propios apuntes, o de las preguntas de muestra indicadas a continuación.

¿Por qué hace el Dar permanentemente invisibles a los hermanos como castigo?

- ¿Por qué les habla el Dar a los hermanos por primera vez y les revela el poder que los hace invisibles?

- ¿Por qué hace el Dar que los hermanos prometan que nunca venderán la carne de wari ni lo cazarán con escopetas?

- ¿Por qué acepta el Dar la promesa de los hermanos aun cuando ellos agarran el bejuco sin permiso y juran prometer cualquier cosa?

- ¿Por qué incumplen los hermanos la promesa que le hacen al Dar?

- Cuando los hermanos invisibles le preguntan al Dar qué les ha hecho, ¿por qué el Dar simplemente repite su nombre una y otra vez?

¿Por qué destierran para siempre los ancianos a los hermanos?

- ¿Por qué los hermanos quieren ser hombres muy hábiles como los comerciantes? ¿Por qué creen que los comerciantes son más poderosos que el Dar?

- Después de que los cazadores olvidan la promesa que le hicieron al Dar, ¿por qué sus corazones rechazan a su gente?

- ¿Por qué se ríen los hermanos cuando la gente del pueblo les grita, "¿Ya no son ustedes nuestros hermanos?"

- ¿Por qué no perdonan los ancianos a los hermanos aun cuando éstos ruegan que los perdonen y piden que les den una última oportunidad?

- ¿Por qué preguntan los hermanos "¿Cómo podemos vivir lejos de nuestra gente?" cuando los ancianos los destierran?

We recommend that you create your own set of questions for Shared Inquiry Discussion (see the Question Web master in appendix B, p. 407). You will need a focus question, which will be the question you ask at the beginning of discussion, and related questions that help students think further about the focus question. Your focus question and related questions can be drawn from your students' questions, your own notes, or the sample questions that follow.

Why does the Dar make the brothers permanently invisible as a way of punishing them?

- Why does the Dar first speak to the brothers and reveal its power to make them invisible?

- Why does the Dar make the brothers promise never to sell wari meat or to hunt with guns?

- Why does the Dar accept their promise, even though the brothers grab at the Dar without permission and swear to promise anything?

- Why do the brothers break their promise to the Dar?

- When the invisible brothers ask the Dar what it has done to them, why will the Dar only repeat its name?

Why do the elders banish the brothers forever?

- Why do the brothers want to be clever like the traders? Why do they think the traders are more powerful than the Dar?

- After they forget their promise to the Dar, why do the hunters' hearts turn away from the people?

- Why do the brothers laugh when the villagers shout, "Are you no longer our brothers?"

- Why won't the elders forgive the brothers, even though they beg for forgiveness and ask for another chance?

- Why do the brothers ask "How can we live away from our people?" when the elders banish them?

Estas actividades hacen que los estudiantes comprendan mejor el cuento y lo disfruten más y que desarrollen destrezas del vocabulario, la escritura, y el razonamiento crítico. Las necesidades y los intereses de su grupo le ayudarán a determinar cuáles actividades debe incluir en el programa de actividades básicas.

Preparación del contexto

Oportunidad: Antes de la primera lectura

Presente el cuento diciéndoles a los estudiantes que tiene como escenario a Nicaragua (usted puede señalarles Nicaragua en un mapa o en un globo terráqueo) y que se trata de tres hermanos que tienen que decidir si cumplen una promesa o no. Dirija una discusión breve sobre algunas de las preguntas siguientes: *¿Has incumplido alguna vez una promesa? ¿Por qué? ¿Cómo te sentiste tras incumplirla? ¿Te ha incumplido alguien una promesa? ¿Te enteraste por qué? ¿Qué hiciste cuando lo supiste?*

Vocabulario

Oportunidad: En cualquier momento después de la primera lectura

El desafío del abecé (vea el apéndice B, pág. 419). Explíqueles a los estudiantes que los adverbios modifican el verbo, como en la palabra *nerviosamente* en la línea tomada del cuento: "Los hermanos se miraron nerviosamente." Haga que los estudiantes formen un adverbio empezando con o incluyendo diferentes letras del alfabeto.

Interpretación de las palabras (vea la página de actividades). Los estudiantes piensan en las palabras usadas para describir cómo se sienten los hermanos.

Mis tiras cómicas (vea el apéndice B, pág. 417). Haga que los estudiantes usen tres de las palabras siguientes, o derivados de las mismas, para crear una tira cómica: *alarmados, apoderarse, cataratas, convertirse, darse cuenta, deambular, desaparecer, extraño, incrédulos, invisible, monte, procesión,* y *último.* Anímelos para que usen la imaginación.

Actividades creativas

Oportunidad: En cualquier momento después de la primera lectura

- Haga que los estudiantes dibujen al Dar, según lo conciben, ya sea en el prototipo de arte (vea el apéndice B, pág. 425) o en una hoja de papel cortada y pegada para hacer una tira larga que represente un bejuco. Antes de que los estudiantes empiecen a dibujar, usted puede animarlos a que tengan una lluvia de ideas del carácter del Dar con palabras descriptivas (por ejemplo, *poderoso, travieso, sabio, espantoso,* o *amable*). Si los estudiantes dibujan en tiras largas de papel, pídales que sugieran formas de exhibir los bejucos, tal vez como un bejuco largo, como un marco de un tablón de anuncios, o como un marco para la puerta del salón de clase.

- Haga que los estudiantes dibujen a los ancianos alejándose de los hermanos (vea el prototipo de arte en el apéndice B, pág. 425). *¿Cómo se sienten los ancianos al desterrar a los hermanos?*

SUPPLEMENTAL ACTIVITIES

These activities deepen students' understanding and enjoyment of the story and develop vocabulary, writing, and critical-thinking skills. The needs and interests of your group will help you determine which activities to add to the schedule of core activities.

Building Context

Timing: Before the first reading

Introduce the story by telling students that it takes place in Nicaragua (you may wish to help students find Nicaragua on a map or globe) and is about three brothers who have to decide whether to keep a promise. Lead a brief discussion of some of the following questions: *Have you ever broken a promise? Why? How did you feel afterward? Has anyone ever broken a promise to you? Did you know or find out why? What did you do?*

Vocabulary

Timing: Anytime after the first reading

ABC Challenge (see appendix B, p. 419). Explain to students that adverbs are used to modify a verb, as the word *nervously* in the line from the story, "The brothers looked at each other nervously." Have students come up with an adverb starting with each letter of the alphabet.

Interpreting Words (see activity page). Students consider the words used to describe how the brothers feel.

My Comic Strip (see appendix B, p. 417). Have students select three of the following words, or forms of the words, to create a comic strip: *alarmados, apoderarse, cataratas, convertirse, darse cuenta, deambular, desaparecer, extraño, incrédulos, invisible, monte, procesión,* and *último.* Encourage them to use their imaginations.

Creative Endeavors

Timing: Anytime after the first reading

- Have students draw their interpretations of the Dar, either on the art master (see appendix B, p. 425) or on a piece of paper cut and taped to make a long strip that represents a vine. Before students begin drawing, you may want to have them brainstorm words that describe the Dar's character (for example, *poderoso, travieso, sabio, espantoso,* or *amable*). If students draw on long strips of paper, ask them to suggest ways to display the vines, perhaps as one long vine, a bulletin board border, or a frame for the classroom door.

- Have students draw the elders walking away from the brothers (see the art master in appendix B, p. 425). *How do the elders feel about banishing the brothers?*

- Haga que los estudiantes representen unas escenas favoritas del cuento y que hablen de ellas. Las escenas que prometen más incluyen a los hermanos al hacerle la promesa al Dar, la confrontación entre los hermanos y la gente del pueblo, y la escena final entre los hermanos y los ancianos. Dirija una discusión breve acerca de cómo se sintieron los personajes en cada escena.

- Haga que los estudiantes imiten el grito de "Dar, Dar, Dar" de los hermanos. *¿Se les oye como si estuvieran tristes? ¿Furiosos? ¿Ruidosos? ¿Calmados?*

Escritura

Oportunidad: Después de la Discusión colectiva

Escritura creativa (vea la página de actividades). Los estudiantes se imaginan una planta u otro objeto con poderes especiales y describen cómo lo usarían.

Escritura evaluativa (vea la página de actividades). Los estudiantes escriben una proclama, haciendo el papel de uno de los ancianos del pueblo, en la que indican su acuerdo o desacuerdo con la decisión de desterrar para siempre a los hermanos. Cuando los estudiantes hayan terminado, usted puede hacerles leer en voz alta las proclamas que escribieron o estimularlos a debatir la decisión de los ancianos.

Escritura poética (vea la página de actividades). Los estudiantes se imaginan y componen la canción o canto que los cazadores podrían haber cantado antes y después de recibir el Dar. Esta actividad puede realizarse como una clase.

Para explorar más...

Ciencias

- Haga que los estudiantes busquen información sobre un animal en vías de extinción o sobre un animal que vive en la selva tropical. *¿Cuál es el hábitat de este animal? ¿Qué clase de depredadores tiene? ¿Qué apariencia tiene este animal?*

Estudios sociales

- Haga que los estudiantes busquen información acerca de los primeros contactos de los indios con los extranjeros. *¿Cuándo ocurrió el contacto con los extranjeros? ¿Cuáles fueron las principales diferencias y semejanzas entre los dos grupos? ¿En qué forma cambiaron las vidas de los indios y los extranjeros?*

- Discuta el concepto de responsabilidad comunitaria con los estudiantes. *¿Hay algo que la gente deba hacer para ayudarle a la comunidad aun cuando no haya leyes indicándole que lo haga?* Haga que los estudiantes escriban declaraciones personales de tres promesas que le cumplirán a la comunidad.

Literatura

- Harriet Rohmer, *Atariba and Niguayona,* trad. de Rosalma Zubizarreta (San Francisco: Children's Book Press, 1988). Cuento folklórico puertorriqueño acerca de un niño, Niguayona, que hace grandes esfuerzos para salvar la vida de su amiga Atariba. Publicado en edición bilingüe.

- Have students act out and discuss one or more of their favorite scenes from the story. Promising scenes include the brothers making their promise to the Dar, the angry encounter between the brothers and the villagers, and the final scene between the brothers and the elders. Lead a brief discussion of how the characters felt in each scene.

- Have students imitate the brothers' cry of "Dar. Dar. Dar." *Do they sound sad? Angry? Loud? Quiet?*

Writing

Timing: After Shared Inquiry Discussion

Creative Writing (see activity page). Students imagine a plant or other object with special powers and describe how they would use it.

Evaluative Writing (see activity page). Students write a proclamation as an elder of the village, agreeing or disagreeing with the decision to banish the brothers forever. You may want students to read their proclamations aloud to the class or engage in a debate about the elders' decision.

Poetry Writing (see activity page). Students imagine and write the song or chant that the hunters might have used before and after receiving the Dar. This activity may be done as a class.

For Further Exploration

Science

- Have students research an endangered animal or an animal that lives in the rain forest or tropical forest. *What is the animal's habitat? What predators does it have? What does it look like?*

Social Studies

- Have students research an indigenous people's first contact with outsiders. *When did the contact with outsiders occur? What were the major differences and similarities between the two groups? How did things change for the indigenous people and the outsiders?*

- Discuss the concept of community responsibility with students. *Are there things people should do to help their community even if there is no law telling them to?* Have students write personal declarations of three promises they will keep to their community.

Literature

- Harriet Rohmer, *Atariba and Niguayona,* trans. Rosalma Zubizarreta (San Francisco: Children's Book Press, 1988). Puerto Rican folktale about a boy, Niguayona, who goes to great lengths to save the life of his friend Atariba. Published as a bilingual edition.

Nombre: _____

En este cuento, los tres cazadores cambian después de que empiezan a prestar atención a los comerciantes. Piensa en las palabras siguientes del cuento que describen cómo se sienten los hermanos y que indican las decisiones que toman tras prestar atención a los comerciantes.

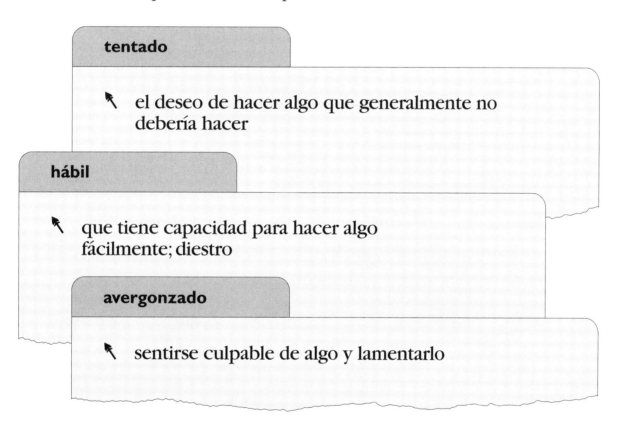

tentado

↖ el deseo de hacer algo que generalmente no debería hacer

hábil

↖ que tiene capacidad para hacer algo fácilmente; diestro

avergonzado

↖ sentirse culpable de algo y lamentarlo

Cuando los comerciantes pidieron a los hermanos que les vendieran carne de wari, los hermanos se sintieron **tentados.**
¿Por qué pudieron los comerciantes hacer que los hermanos vendieran la carne de wari cuando el Dar les había dicho que no deberían hacerlo?

_____

_____

Cuando dos de los hermanos se preguntan lo que pasaría si cazan con escopeta, el tercero dice: "Nos convertiremos en hombres **hábiles** como los comerciantes."
¿Por qué creen los hermanos que los comerciantes son muy hábiles y diestros?

_____

_____

_____

Al final del cuento, cuando los hermanos corren hasta el árbol, se sienten muy **avergonzados.**
Cuando el Dar se niega a contestarles ¿por qué se sienten los hermanos culpables y lamentan lo que han hecho? ¿Cómo se dan cuenta al final de las cosas terribles que han hecho?

_____

_____

_____

_____

Nombre: _____

Imagínate lo que harías si tuvieras una planta u otro objeto con poderes especiales.

Un/Una _____ **mágico/a**

¿Cómo es tu objeto mágico? ¿Cómo lo encontraste?

_____

_____

_____

_____

_____

_____

¿Qué poderes especiales tiene?

_____

_____

_____

_____

¿Qué te permiten hacer estos poderes especiales?

_____

_____

_____

_____

_____

_____

¿Qué normas establecerías sobre el uso de estos poderes y por qué?

_____

_____

_____

_____

_____

_____

Nombre: _____

Imagínate que eres uno de los ancianos del pueblo. Escribe una proclama al pueblo en la que indicas que estás de acuerdo o en desacuerdo con la decisión de desterrar a los hermanos para siempre.

Proclama

Como anciano del pueblo, yo, _____, quiero

expresar que **estoy de acuerdo**   **no estoy de acuerdo**   con la

(señala tu elección con un círculo)

decisión de desterrar a los hermanos. Considero que el pueblo

debería _____

_____

_____

porque _____

_____

_____

Les pido a todos que apoyen mi recomendación. Gracias.

_____

(firma)

Nombre: _____

Un canto de caza

En muchas culturas, los cazadores cantan canciones o cantos antes de la caza. Ponte en el lugar de los hermanos y escribe un canto de caza que ellos podrían haber cantado antes de encontrar al Dar.

Somos _____.

Buscamos _____ para _____.

¡Cazaremos _____!

¡Cazaremos _____!

¡Cazaremos _____!

Ahora, imagínate el canto que
los tres hermanos cantarían
después de recibir del Dar
el poder de hacerse invisibles.

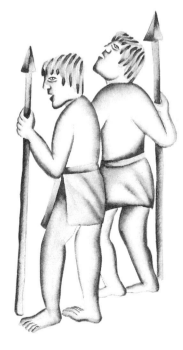

La voz salía de un bejuco.

LOS CAZADORES INVISIBLES

*Cuento folklórico nicaragüense
en versión de Harriet Rohmer*

Traducción de Rosalma Zubizarreta y Alma Flor Ada

Un sábado por la tarde, tres hermanos salieron del pueblo de Ulwas, junto al Río Coco. Iban a cazar wari, el puerco salvaje de carne muy sabrosa.

Después de caminar una hora por el monte, oyeron una voz.

—Dar. Dar. Dar —decía la voz.

Los hermanos se detuvieron. Miraron a su alrededor pero no vieron a nadie. Entonces oyeron de nuevo la voz.

83

Late one Saturday afternoon, three brothers left the village of Ulwas on the Coco River in Nicaragua. They were going to hunt wari, the wild pig that is so delicious to eat.

After walking an hour through the bush, they heard a voice.

"Dar. Dar. Dar," said the voice.

The brothers stopped. They looked around, but there was nobody there. Then they heard the voice again.

"Dar. Dar. Dar."

The voice came from a vine that was swinging from a tree in front of them.

The first brother grabbed the vine. Instantly, he disappeared. Then the second brother grabbed the vine and he disappeared.

The third brother cried out in fear, "What have you done with my brothers?"

I have not harmed your brothers," answered the voice. "When they let go of me, you will see them. "

—Dar. Dar. Dar.

La voz salía de un bejuco que colgaba de un árbol frente a ellos.

El primer hermano agarró el bejuco. E instantáneamente desapareció. Entonces el segundo hermano agarró el bejuco. Y él también desapareció.

El tercer hermano, lleno de miedo, gritó:

—¿Qué les has hecho a mis hermanos?

—No les he hecho nada a tus hermanos —contestó la voz—. Cuando ellos me suelten, los verás.

84

...

Los dos primeros hermanos soltaron el bejuco. E instantáneamente se volvieron visibles.

—¿Quién eres? —preguntaron los hermanos, sorprendidos.

—Soy el Dar —dijo la voz—. Si alguien me agarra, se vuelve invisible y ni los seres humanos ni los animales lo pueden ver.

Los hermanos se dieron cuenta inmediatamente de que el Dar les podía ser muy útil.

—Podríamos acercarnos a los waris sin que nos vieran.

—Luego podríamos matarlos fácilmente con nuestros palos.

Cada uno de los hermanos quería un pedazo del Dar. Se lanzaron a coger el bejuco, pero el Dar se alejó y desapareció.

—Antes de apoderarse de mi poder, tienen que prometer que lo usarán bien —dijo el Dar.

—Te prometeremos cualquier cosa —dijeron los hermanos.

—Primero tienen que prometerme que nunca venderán la carne de wari. Solamente la regalarán. Luego, tienen que prometerme que nunca cazarán con escopetas. Tienen que cazar solamente con palos.

85

The first two brothers let go of the vine. Instantly, they became visible again.

"Who are you?" demanded the brothers in amazement.

"I am the Dar," said the voice. "When you hold me, neither human nor animal can see you."

The brothers quickly understood how the Dar could help them.

"We could sneak up on the wari and they wouldn't see us."

"Then we could kill them easily with our sticks."

Each of the brothers wanted a piece of the Dar. They grabbed for it, but the vine swung away from them and disappeared.

"Before you take my power, you must promise to use it well," said the Dar.

"We will promise anything," said the brothers.

"First, you must promise never to sell the wari meat. You must give it away. Then, you must promise never to hunt with guns. You must hunt only with sticks."

The brothers had never sold wari meat. They had always given it to the people. They had never hunted with guns. They had always hunted with sticks. They knew no other way.

"We promise," they said. So the Dar allowed each one of them to take away a small piece of the magic vine.

That day, the brothers had great success in the hunt. After killing many wari, they hung their pieces of the Dar on the tree and started for home.

The people of Ulwas welcomed the brothers with much rejoicing. They cleaned the animals and hung them above the fire. Soon, the delicious smell of smoking meat reached every house

Los hermanos nunca habían vendido la carne de wari. Siempre se la habían dado a la gente. Nunca habían cazado con escopetas. Siempre habían cazado con palos. No lo sabían hacer de otra manera.

—Lo prometemos —dijeron. Y el Dar permitió que cada uno se llevara un pedazo pequeño del bejuco mágico.

Ese día los hermanos cazaron muchísimo. Después de matar muchos waris colgaron sus pedazos del Dar en el árbol y regresaron a casa.

La gente de Ulwas recibió a los hermanos con mucho regocijo. Limpiaron los animales y los colgaron sobre el fuego. Pronto el delicioso aroma de la carne asada llegó a todas las casas

86

de la aldea. Cuando la carne estuvo lista, los hermanos la cortaron en pedazos y la compartieron con todos. Nunca había comido tan bien la gente de Ulwas.

Más tarde, esa noche, los ancianos de la aldea les preguntaron a los hermanos cómo habían conseguido tantos waris. Los hermanos les contaron las promesas que habían hecho al Dar.

—¡Qué buena suerte han tenido! —dijeron los ancianos—. Hemos oído hablar de ese bejuco. Es muy viejo y muy poderoso. Mientras cumplan sus promesas, nuestra aldea prosperará y nuestra gente los honrará.

Con la ayuda del Dar, los hermanos se convirtieron en cazadores famosos. Se contaban cuentos sobre ellos en todas las aldeas a lo largo del Río Coco y hasta más allá.

Un día, llegó a Ulwas un barco con dos extranjeros. Los extranjeros saludaron a los hermanos y les dieron regalos: telas de muchos colores y barriles de vino.

—Hemos viajado por muchos días para conocer a estos cazadores famosos —dijeron.

87

in the village. When the meat was ready, the brothers cut it in pieces and shared it with everyone. Never had the people of Ulwas eaten so well.

Later that night, the elders of the village asked the brothers how they had killed so many wari. The brothers told them about their promises to the Dar.

"This is truly good fortune," said the elders. "We have heard of this vine. It is very old and powerful. As long as you keep your promises, our village will prosper and our people will honor you."

With the help of the Dar, the brothers became famous hunters. Stories about them spread to all the villages along the Coco River and even beyond.

One day, a boat carrying two strangers arrived at Ulwas. The strangers greeted the brothers and gave them presents—bright-colored cloth and barrels of wine.

"We have traveled many days to meet such great hunters," they said.

The brothers invited the men to eat with them. After they had eaten, the strangers told the brothers that they were traders. They had come to buy wari meat.

"We cannot sell the wari," said the brothers, remembering their promise to the Dar. "That is what our people eat."

The traders laughed. "We never expected that such great hunters would be so foolish. Of course your people have to eat. We only want to buy what they don't eat."

The brothers were tempted. "Maybe we could sell just a little meat," said the first brother.

"But the Dar will know," said the second brother.

The brothers looked at each other nervously. Then the third brother said, "We have seen that the traders are clever men. Their power must be greater than the power of the Dar."

The brothers nodded. It would not be wise to displease the traders.

So the brothers began to sell the wari.

Los hermanos los invitaron a comer con ellos. Después de la comida, los extranjeros les contaron a los hermanos que eran comerciantes. Habían venido a comprar carne de wari.

—No podemos vender el wari —dijeron los hermanos, acordándose de su promesa al Dar—. Eso es lo que come nuestra gente.

Los comerciantes se rieron. —Nunca pensamos que cazadores tan famosos fueran tan tontos. Claro que la gente tiene que comer. Solamente queremos comprar lo que sobra.

Los hermanos se sintieron tentados. Hablaron entre sí. —Quizás pudiéramos vender nada más un poco de carne —dijo el primer hermano.

—Pero el Dar lo sabrá —dijo el segundo hermano.

Los hermanos se miraron nerviosamente. Entonces el tercer hermano dijo:

—Hemos visto que los comerciantes son hombres muy hábiles. Su poder tiene que ser mayor que el poder del Dar.

Los otros hermanos asintieron. No valdría la pena disgustar a los comerciantes.

Así que los hermanos comenzaron a vender la carne de wari.

88

Los comerciantes regresaron varias veces al pueblo de Ulwas. Cada vez traían más dinero para los cazadores. Cada vez se llevaban más wari. Pronto los hermanos empezaron a preocuparse al ver que no había suficiente wari para el pueblo.

Los comerciantes se rieron de sus preocupaciones. —Es culpa de ustedes por cazar solamente con palos —dijeron.

—Pero siempre hemos cazado con palos.

—Ésa es la razón por la que no pueden alimentar a su pueblo. Tienen que cazar los waris más rápidamente. Necesitan escopetas.

Los hermanos conversaron entre sí.

—Si compráramos escopetas, podríamos cazar más waris —dijo el primer hermano—. Podríamos vender a los comerciantes y alimentar al pueblo también.

—Pero, ¿qué nos pasará? —preguntó el segundo hermano.

89

The traders returned many times to the village of Ulwas. Each time they brought more money for the hunters. Each time they took away more wari. Soon the brothers were worried that there was not enough wari for the people.

The traders laughed at their worries. "It is your own fault for hunting with sticks," they said.

"But we have always hunted with sticks."

"That is why you cannot feed your people. You need to kill the wari faster. You need guns."

The brothers talked things over. "If we bought guns, we could kill more wari," said the first brother. "We could sell to the traders and feed the people too."

"But what will happen to us?" asked the second brother.

The third brother laughed before he answered.

"We will become clever men—like the traders."

So the brothers began to hunt with guns. They had completely forgotten their promise to the Dar.

Little by little, their hearts turned away from the people. The more meat they brought home, the more they sold to the traders. They were becoming accustomed to the things that money could buy.

The elders of the village spoke sternly to the brothers. "You must feed the people. They are hungry."

The brothers answered angrily, "If they want meat, they can pay us for it like the traders do!"

But the people had no money. They began to wait for the hunters outside the village. When the hunters returned loaded down with wari, the people demanded meat.

"Clever men do not give away what they can sell," said the hunters to each other. So they gave the people spoiled meat, which they could not sell.

El tercer hermano se rió antes de contestar.

—Nos convertiremos en hombres hábiles como los comerciantes.

Así que los hermanos comenzaron a cazar con escopetas. Se olvidaron por completo de su promesa al Dar.

Poco a poco, sus corazones se alejaron de su gente. Mientras más carne cazaban, más vendían a los comerciantes. Se estaban acostumbrando a las cosas que podían comprar con el dinero que ganaban.

Los ancianos del pueblo hablaron seriamente a los hermanos.

—Necesitan darle de comer a la gente. Tienen hambre.

Los hermanos respondieron, enojados:

—¡Si quieren comer carne, nos pueden pagar por ella como hacen los comerciantes!

Pero la gente no tenía dinero. Comenzaron a esperar a los cazadores en las afueras del pueblo. Cuando los cazadores regresaban cargados de wari, la gente les pedía carne.

—Los hombres listos no regalan lo que pueden vender —se dijeron los cazadores. Así que les daban a la gente la carne malograda que no se podía vender.

90

La gente se enojó. —¿Ya no son ustedes nuestros hermanos? —les gritaron.

Los cazadores se reían y seguían su camino. Hasta hicieron a un lado a los ancianos que trataban de razonar con ellos.

Así pasaron muchos meses. Un día, cuando los hermanos regresaron al pueblo, la gente no se reunió a su alrededor como

de costumbre. Algunos se cubrieron los ojos y gritaron. Otros miraron incrédulos a la extraña procesión de waris muertos que se movía lentamente por el aire. Sólo los ancianos entendieron qué era lo que pasaba.

—El Dar ha vuelto invisibles a los cazadores —dijeron.

91

The people were angry. "Are you no longer our brothers?" they shouted.

The hunters laughed and went on their way. They even pushed aside the elders who tried to reason with them.

Many months passed. One day when the brothers returned to the village, the people did not crowd around them as usual. Instead, they backed away. Some covered their eyes and screamed. Others stared in disbelief at the strange procession of dead wari moving slowly through the air. Only the elders understood what had happened.

"The Dar has made the hunters invisible," they said.

It was true. The brothers were invisible. They had left their pieces of Dar at the tree as they always did, but they were still invisible. Something had gone wrong.

They dropped the animals they were carrying and raced through the bush to the tree.

"What have you done?" they asked the Dar in terror.

But the Dar did not answer them.

The brothers fell to their knees and begged for help.

But the Dar only repeated its name over and over.

"Dar. Dar. Dar."

Then the brothers realized what terrible things they had done, and they were ashamed. Tearfully, they made their way home.

Outside the village the elders were waiting. The brothers pleaded for forgiveness, but the elders did not forgive them.

"From this moment on, you are banished from Ulwas," they said. "Never again will you live with us."

The brothers begged the elders for one more chance. "How can we live away from our people?" they cried.

But the elders turned their backs on them and walked away.

Era verdad. Los hermanos eran invisibles. Habían dejado sus pedazos de Dar en el árbol como de costumbre, pero habían permanecido invisibles. Algo no iba bien.

Soltaron los animales que llevaban y corrieron hasta el árbol.

—¿Qué nos has hecho? —le preguntaron alarmados al Dar.

Pero el Dar no les contestó.

Los hermanos cayeron de rodillas y le rogaron al Dar que les ayudara.

Pero el Dar sólo repitió su nombre una y otra vez.

—Dar. Dar. Dar.

Entonces los hermanos se dieron cuenta de las cosas terribles que habían hecho y se sintieron muy avergonzados. Llorando, regresaron a su casa.

En las afueras del pueblo los esperaban los ancianos. Los hermanos les rogaron que los perdonaran, pero los ancianos no los perdonaron.

—Desde este momento, tienen que irse de Ulwas —dijeron—. Nunca más vivirán con nosotros.

Los hermanos les rogaron a los ancianos que les dieran una última oportunidad. —¿Cómo podemos vivir lejos de nuestra gente? —dijeron llorando.

Pero los ancianos les dieron la espalda y se fueron.

92

Así que los cazadores invisibles dejaron su pueblo para siempre. Deambularon por las márgenes del Río Coco y llegaron hasta las cataratas de Carizal. Mientras vagaban, llamaban al Dar, rogándole que los volviera visibles de nuevo.

Algunos de los miskitos del Río Coco dicen que los cazadores todavía vagan después de todos estos años. Algunos hasta dicen que los cazadores invisibles han pasado junto a ellos en el monte. Saben que es así, dicen, porque han oído voces que llaman:

—Dar. Dar. Dar.

So the invisible hunters left their village forever. They wandered up the Coco River as far as the falls at Carizal. As they wandered, they called out to the Dar, begging to become visible again.

Some of the Miskito people from the Coco River say that the hunters are still wandering after all these years. A few even say that the invisible hunters have passed them in the bush. They know it is true, they say, because they have heard voices calling, "Dar. Dar. Dar."

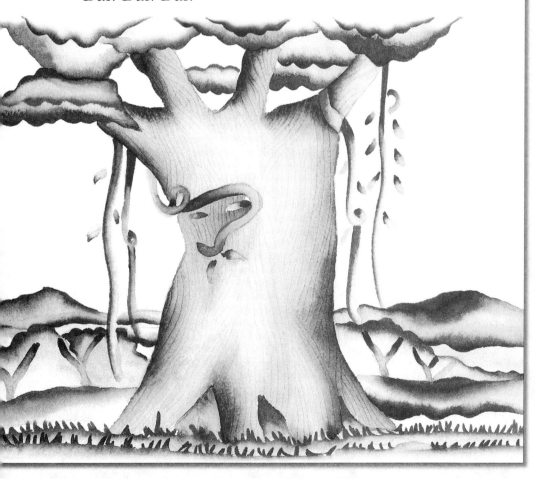

EL LEÓN DE ELENA

Crockett Johnson

EL LEÓN DE ELENA

Crockett Johnson

Traducción de Dolores M. Koch

Extensión del cuento: 12 páginas

Duración de la lectura en voz alta: Aproximadamente 15 minutos

Elena, una niña pequeña, sostiene varias conversaciones con su león de peluche. Interactúa con él como si fuera un amigo real, y depende del juguete para que le ayude a superar el miedo y se enfurece con él cuando no hace lo que ella quiere.

Apuntes del cuento

En este cuento, cambiamos a *Ellen* por *Elena* pues el relato es contemporáneo y el nombre no es esencial para el significado del cuento. También sustituimos la canción "Old King Cole", que Elena y el león cantan en la versión en inglés del cuento, con el equivalente en español, "Cielito lindo". Los estudiantes deben entender que el león guarda silencio no porque desconozca la canción, sino porque él y Elena no pueden cantar al mismo tiempo.

Acerca del autor

Crockett Johnson fue el seudónimo de David Johnson Leisk, autor nacido en la ciudad de Nueva York en 1906, quien escribió e ilustró muchos libros para niños; probablemente, los más conocidos son *Harold y el lápiz color morado* y *Harold en el Polo Norte,* junto con los cuentos acerca de Elena y su león. Los siguientes cuentos se publicaron en dos volúmenes; el primero fue *Ellen's Lion: Twelve Stories (El león de Elena: doce cuentos),* y el segundo, *The Lion's Own Story: Eight New Stories About Ellen's Lion (El cuento del león por sí mismo: ocho cuentos nuevos sobre el león de Elena).* Crockett Johnson también dibujó tiras cómicas, entre ellas "Barnaby" y "Barkis". Murió en 1975.

ELLEN'S LION

Crockett Johnson

Story length: 12 pages

Read-aloud time: About 15 minutes

A young girl, Elena, has a number of conversations with her stuffed lion. She interacts with him as she would with a human friend, relying on him to help her overcome her fears and getting angry with him when he won't do what she wants.

Story Notes

We altered *Ellen* to *Elena* in this story since the tale is contemporary and the name is not intrinsic to the meaning of the story. We also substituted a Spanish equivalent, "Cielito Lindo," for the song, "Old King Cole," which Elena and the lion sing in the English version of the story. Students need to understand that the lion is silent not because he is unfamiliar with the song, but because he and Elena cannot sing at the same time.

About the Author

Crockett Johnson was the pen name of David Johnson Leisk, who was born in New York City in 1906. He wrote and illustrated many books for children, the best known of which are probably *Harold and the Purple Crayon* and *Harold at the North Pole,* along with the stories about Ellen and her lion. These stories were published in two volumes, *Ellen's Lion: Twelve Stories* and *The Lion's Own Story: Eight New Stories About Ellen's Lion.* Crockett Johnson also drew comic strips, including "Barnaby" and "Barkis." He died in 1975.

ACTIVIDADES INTERPRETATIVAS BÁSICAS

Para obtener información más detallada sobre cómo hacer estas actividades y adaptarlas a las necesidades de los estudiantes de diferentes niveles, refiérase a los Elementos del director, a partir de la pág. 337.

Primera lectura (alrededor de 15 minutos) seguida de Preguntas para compartir (20–30 minutos)

Recuérdeles a los estudiantes que, a medida que escuchen el cuento, deben pensar en las preguntas que les gustaría hacer después de la lectura. Léales el cuento en voz alta y luego, pídales que compartan sus preguntas. Cuando ellos hagan preguntas, escríbalas en el tablero o en papel gráfico, el que puede colgar en clase para que puedan consultarlas mientras trabajan en el cuento. Con la ayuda de los estudiantes, conteste las preguntas urgentes sobre vocabulario o hechos específicos. Si el tiempo lo permite, haga que la clase considere brevemente las respuestas posibles a algunas de las otras preguntas. Explique que guardarán las preguntas sobre el significado del cuento para la Discusión colectiva.

Segunda lectura con Toma de apuntes (30–45 minutos)

Para ayudar a los estudiantes a considerar el texto más atentamente, indíqueles que tomen apuntes durante la segunda lectura. Decida si los estudiantes (1) anotarán en el margen las reacciones que el cuento les cause, (2) señalarán las partes que sugieran respuestas a alguna de las preguntas hechas durante la sección Preguntas para compartir, o (3) marcarán el texto utilizando uno de las sugerencias para tomar apuntes, que aparecen a continuación, o alguno que usted haya creado:

- Señala con una **A** las partes donde consideres que Elena actúa **arrogantemente** con el león, y con una **I** las partes en las que ella actúa **igual** que él.
- Señala con una **D** las partes donde te sentirías **descontento** con Elena si usted fuera el león, y con una **C** las partes del relato donde te sentirías **contento** con ella.

Antes de empezar la segunda lectura, explique cómo le gustaría que los estudiantes tomaran apuntes. Luego, lea el cuento en voz alta o haga que los estudiantes lo lean independientemente o en parejas, tomando apuntes durante la lectura. Una vez que los estudiantes hayan tomado apuntes, déles la oportunidad de compartir los apuntes sobre varios pasajes o páginas del cuento y explicarlos.

Discusión colectiva (30–45 minutos)

Antes de la discusión, decida cuales son las preguntas que quiere tratar con la clase (vea la página siguiente). Siempre que sea posible, siente a los estudiantes en forma tal que todos puedan verse y escucharse con facilidad. Recuérdeles que necesitarán sus libros y útiles de escritura. Distribuya ejemplares de Elaborar tu respuesta (vea el apéndice B, pág. 411) y déles a los estudiantes la oportunidad de meditar sobre la pregunta de enfoque y anotar respuestas antes de empezar la discusión. Durante la discusión, utilice preguntas relacionadas con partes específicas del cuento para ayudarles a los estudiantes a pensar en la evidencia del texto que respalde sus opiniones. En nuestras preguntas sugeridas, las preguntas de enfoque aparecen en negrillas y las preguntas relacionadas están bajo la pregunta de enfoque a que aluden.

CORE INTERPRETIVE ACTIVITIES

For more detailed information about conducting these activities and adapting them to meet the needs of students working at different levels, see the Leader's Toolbox, beginning on p. 363.

First Reading (about 15 minutes) followed by Sharing Questions (20–30 minutes)

Remind students that as they listen to the story they should think of any questions they would like to ask after the reading. Read the story aloud, and then have them share their questions. As students pose questions, you may want to write them on the board or on chart paper that can be left up during the class's work on the story. With students' help, answer pressing vocabulary or factual questions. If time permits, have the class briefly consider possible answers to a few of the other questions. Explain that you will save questions about the story's meaning for Shared Inquiry Discussion.

Second Reading with Note Taking (30–45 minutes)

To help students look at the text more closely and thoughtfully, have them take notes during the second reading. Decide whether students will (1) make their own marks about their reactions to the story in the margins, (2) mark places that suggest answers to one of the questions asked during Sharing Questions, or (3) mark the text using one of the following note-taking prompts or one that you have created:

- Mark places where you think Elena acts **superior** to the lion with **S**, and places where she acts like his **equal** with **E**.
- Mark places where you would be **unhappy** with Elena if you were the lion with **U**, and places where you would be **happy** with Elena with **H**.

Explain how you would like students to take notes before they begin the second reading. Then read the story aloud or have students read independently or in pairs, making notes throughout. After students have made notes, give them an opportunity to share and explain their notes from several passages or pages of the story.

Shared Inquiry Discussion (30–45 minutes)

Before discussion, decide which questions you want to explore with your class (see the facing page). Whenever possible, seat students so that everyone can see and hear one another easily. Remind students that they will need their books and something to write with. Distribute copies of the Building Your Answer page (see appendix B, p. 411), and give students an opportunity to reflect on the focus question and write down their answers before discussion begins. Throughout discussion, use related questions about specific parts of the story to help students think about evidence in the text that supports their opinions. In our suggested questions, focus questions appear in bold type and related questions appear under the focus question they support.

Le recomendamos que establezca su propia lista de preguntas para la Discusión colectiva (vea el prototipo Red de preguntas en el apéndice B, pág. 407). Necesitará una pregunta de enfoque, que será la pregunta que usted haga al inicio de la discusión, y preguntas relacionadas para ayudar a los estudiantes a reflexionar aún más sobre la pregunta de enfoque. Usted puede derivar la pregunta de enfoque, y las preguntas relacionadas con ésta, de las preguntas de los estudiantes, de sus propios apuntes, o de las preguntas de muestra indicadas a continuación.

¿Por qué aparenta Elena que su león es un amigo con quien ella puede hablar?

- ¿Por qué no está de acuerdo Elena con el león cuando éste dice que la voz de él suena como la de ella?

- ¿Por qué está el león algunas veces de acuerdo y otras en desacuerdo con Elena?

- ¿Por qué insiste el león en convencer a Elena de que no les tenga miedo a las cosas que se imagina?

- ¿Por qué lleva Elena al león consigo cuando va a tomar agua, incluso después de que él le recuerda a ella que no puede ver?

¿Por qué pelea Elena con su león?

- ¿Por qué insiste Elena en no estar de acuerdo con el león cuando éste le dice que las cosas horribles que ella tiene en la cabeza no pueden hacerle daño?

- Después de que el león se queda en silencio cuando Elena finge leer, ¿por qué le dice ella que está "lleno de rabia" y que "revientas de rabia"?

- ¿Por qué cree Elena que el león podría morderla o comérsela?

- ¿Por qué le dice Elena al león que él podría comérsela algún día y luego le hace admitir que se arrepentiría si lo hiciera?

We recommend that you create your own set of questions for Shared Inquiry Discussion (see the Question Web master in appendix B, p. 407). You will need a focus question, which will be the question you ask at the beginning of discussion, and related questions that help students think further about the focus question. Your focus question and related questions can be drawn from your students' questions, your own notes, or the sample questions that follow.

Why does Elena pretend her lion is a friend she can talk with?

- Why does Elena disagree with the lion when he says his voice sounds like hers?

- Why does the lion sometimes agree with Elena, and sometimes disagree with her?

- Why does the lion keep trying to convince Elena not to be afraid of the things she imagines?

- Why does Elena take the lion with her to get water, even after he reminds her that he cannot see?

Why does Elena fight with her lion?

- Why does Elena keep disagreeing with the lion when he tells her that the scary things in her head can't hurt her?

- After the lion remains silent while Elena pretends to read, why does Elena say that he is "seething with anger" and "speechless with rage"?

- Why does Elena think that the lion might bite her or eat her up?

- Why does Elena tell the lion that he might eat her someday, and then make him admit that he'd be sorry if he did?

Estas actividades hacen que los estudiantes comprendan mejor el cuento y lo disfruten más y que desarrollen destrezas del vocabulario, la escritura, y el razonamiento crítico. Las necesidades y los intereses de su grupo le ayudarán a determinar cuáles actividades debe incluir en el programa de actividades básicas.

Preparación del contexto

Oportunidad: Antes de la primera lectura

Presente el cuento diciéndoles a los estudiantes que se trata de una niña pequeña que sostiene conversaciones imaginarias con un animal de peluche (vea la página de actividades). Pida a los estudiantes que recuerden o se imaginen tener un animal de peluche favorito cuando eran pequeños y, luego, considere lo que dirían. Una vez que los estudiantes hayan anotado sus ideas, intercambiado hojas, e imaginado respuestas a las frases de sus compañeros de clase, pídales que discutan brevemente por qué los niños imaginan conversaciones con animales de peluche o con otros juguetes.

Vocabulario

Oportunidad: En cualquier momento después de la primera lectura

Interpretación de las palabras (vea la página de actividades). Los estudiantes consideran *mortificar* y los motivos que tuvo Elena para acusar al león de intentar atormentarla o mortificarla.

Mis tiras cómicas (vea el apéndice B, pág. 417). Haga que los estudiantes seleccionen tres de las palabras siguientes, o derivados de las mismas, para crear una tira cómica: *acariciar, alboroto, arrepentirse, artificial, bambolear, horripilantes, mortificar, mueca, pensativo, rabia,* y *vistazo.* Anímelos para que usen la imaginación.

Observación literaria

Oportunidad: En cualquier momento después de la segunda lectura

Tono (vea la página de actividades). Los estudiantes leen en voz alta algunas de las cosas que Elena le dice a su león, teniendo en cuenta el tono de voz que ella usaría en cada caso y cómo se sentiría al usar cada tono. Antes de que los estudiantes empiecen, lea en voz alta la primera frase, "No tienes que exagerar tanto", como si Elena tuviera rabia y estuviera sorprendida. Anime a los estudiantes a experimentar con la lectura de las otras frases en diferentes tonos de voz y asegúrese de que entiendan que pueden tener respuestas diversas según el tono que Elena usaría. Tal vez usted quiera repasar las elecciones que aparecen arriba en la página antes de que los estudiantes empiecen a trabajar para asegurarse de que comprenden el significado de las palabras.

These activities deepen students' understanding and enjoyment of the story and develop vocabulary, writing, and critical-thinking skills. The needs and interests of your group will help you determine which activities to add to the schedule of core activities.

Building Context

Timing: Before the first reading

Introduce the story by telling students that it is about a little girl who has imaginary conversations with a stuffed animal (see activity page). Ask students to remember or imagine having a favorite stuffed animal or doll when they were younger and then think about what they might say to it. After students have written down their ideas, traded papers, and imagined responses to their classmates' statements, consider having them briefly discuss why children enjoy imagining conversations with stuffed animals or other toys.

Vocabulary

Timing: Anytime after the first reading

Interpreting Words (see activity page). Students consider *mortificar* and the reasons why Elena accuses her lion of trying to torment or annoy her.

My Comic Strip (see appendix B, p. 417). Have students select three of the following words, or forms of the words, to create a comic strip: *acariciar, alboroto, arrepentirse, artificial, bambolear, horripilantes, mortificar, mueca, pensativo, rabia, valiente,* and *vistazo.* Encourage them to use their imaginations.

Looking at Literature

Timing: Anytime after the second reading

Tone (see activity page). Students read aloud some of the things Elena says to her lion, considering the tone of voice she would use for each and how Elena would feel when she used each tone. Before students begin, read aloud the first statement, "You don't have to exaggerate like that," as if Elena were angry and surprised. Encourage students to experiment with reading the other statements in different tones of voice, and be sure that students understand they may have different answers about what tone Elena would use. You may want to go over the choices at the top of the page before students begin working, to make sure they understand the meanings of the words.

Actividades creativas

Oportunidad: En cualquier momento después de la primera lectura

- Haga que los estudiantes dibujen sus interpretaciones de algunas de las cosas horribles que Elena imagina que ve por la noche (vea el prototipo de arte en el apéndice B, pág. 425).

- Indique a los estudiantes que hagan una lectura dramática de la conversación que Elena tiene con su león en la sección titulada "Dos pares de ojos" (págs. 97–101). Pida a la mitad de la clase que lea las líneas de Elena y a la otra mitad que lea las del león. Luego, conduzca una discusión breve sobre la reacción de los estudiantes a la conversación.

Escritura

Oportunidad: Después de la Discusión colectiva

Escritura creativa (vea la página de actividades). Los estudiantes escriben una carta que el león dirige a Elena explicándole cómo se siente al jugar con ella.

Escritura evaluativa (vea la página de actividades). Los estudiantes escriben un ensayo en el que explican por qué creen que Elena sería o no sería una buena amiga, basándose en la forma en que ella se comporta en el cuento.

Para explorar más...

Ciencias

- Haga que los estudiantes investiguen las reacciones físicas al miedo. *¿Qué tipo de reacciones involuntarias experimenta la gente cuando tiene miedo? ¿Qué finalidad tienen estas reacciones?*

Literatura

- Crockett Johnson, *Harold and the Purple Crayon* (Nueva York: HarperCollins Children's Books, 1977). Se consigue en español bajo el título *Harold y el lápiz color morado,* trad. de Teresa Mlawer (Nueva York: Harper Arco Iris, 1995). Al caer la tarde, Harold sale a caminar llevando consigo solamente un enorme lápiz color morado. Publicado por primera vez en 1955.

- A. A. Milne, *The Complete Tales of Winnie-the-Pooh* (Nueva York: Dutton Children's Books, 1994). Se consigue en español bajo el título *Winny de Puh,* trad. de Isabel Gortázar (1999). Cuentos clásicos sobre Christopher Robin y su colección de animales de peluche, quienes se embarcan juntos en muchas aventuras. Publicado por primera vez en 1926.

- Margery Williams, *The Velveteen Rabbit* (Nueva York: Doubleday, 1958). Se consigue en español bajo el título *El conejo de terciopelo,* trad. de Juan González Álvaro (León, España: Everest de Ediciones y distribución, 1993). El cuento de un niño cuyo conejo de peluche cobra vida como resultado del cariño del pequeño por el juguete. Publicado por primera vez en 1922.

Creative Endeavors

Timing: Anytime after the first reading

- Have students draw their interpretations of some of the scary things that Elena imagines she sees at night (see the art master in appendix B, p. 425).

- Have students do a dramatic reading of the conversation Elena has with her lion in the section entitled "Dos pares de ojos" (pp. 97–101). Ask half the class to read Elena's lines, and the other half to read the lion's. Afterward, lead a brief discussion of students' reactions to the conversation.

Writing

Timing: After Shared Inquiry Discussion

Creative Writing (see activity page). Students write a letter from the lion to Elena, explaining how he feels about playing with her.

Evaluative Writing (see activity page). Students write an essay explaining why they think Elena would or would not make a good friend, based on the way she acts in the story.

For Further Exploration

Science

- Have students research physical reactions to fear. *What involuntary reactions do people experience when they are afraid? What purpose do these reactions serve?*

Literature

- Crockett Johnson, *Harold and the Purple Crayon* (New York: HarperCollins, 1977). Available in Spanish as *Harold y el lápiz color morado,* trans. Teresa Mlawer (New York: Harper Arco Iris, 1995). Harold goes for a walk one evening, taking only a huge purple crayon. First published in 1955.

- A. A. Milne, *The Complete Tales of Winnie-the-Pooh* (New York: Dutton Children's Books, 1994). Available in Spanish as *Winny de Puh,* trans. Isabel Gortázar (1999). Classic stories about Christopher Robin and his collection of stuffed animals, who embark on many adventures together. First published in 1926.

- Margery Williams, *The Velveteen Rabbit* (New York: Doubleday, 1958). Available in Spanish as *El conejo de terciopelo,* trans. Juan González Álvaro. (León, Spain: Everest de Ediciones y distribución, 1993). The tale of a young boy whose stuffed rabbit comes to life as a result of his love for it. First published in 1922.

Nombre:

Muchos niños de seis años, como Elena, hablan con sus animales de peluche, con sus muñecas, o con otros juguetes. Basándote en tus recuerdos de infancia o en lo que ves hacer a los niños de tal edad, escribe abajo las respuestas a las preguntas que siguen:

¿Qué clase de cosas le decías a un animal de peluche o a otro juguete cuando eras pequeño, o qué clase de cosas te imaginas que un niño de seis años pueda decir? Trata de escribir dos.

1. _____

2. _____

Ahora, intercambia hojas con un compañero de clase.

Compañero de clase: ¿Qué clase de cosas te imaginas que un animal de peluche u otro juguete podría responder a las frases de arriba?

1. _____

2. _____

Nombre: _____

"—Lo haces para **mortificarme** —", dice Elena después de que
el león sigue en silencio para que ella pueda leer el libro.

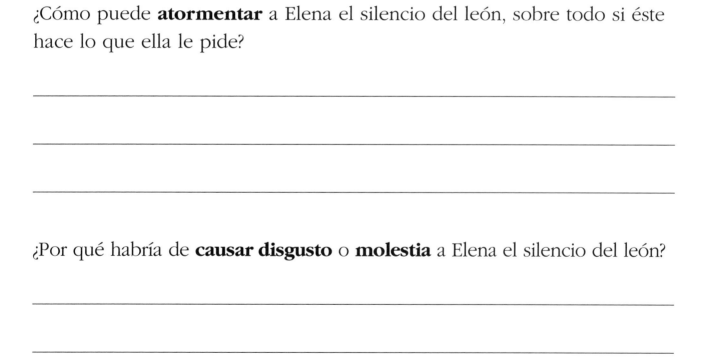

mortificar

🦁   atormentar o causar disgusto, dolor, o molestia

¿Cómo puede **atormentar** a Elena el silencio del león, sobre todo si éste
hace lo que ella le pide?

_____

_____

_____

¿Por qué habría de **causar disgusto** o **molestia** a Elena el silencio del león?

_____

_____

_____

¿Por qué dice Elena que no le preocupa que el león trate de **mortificarla**?

_____

_____

_____

Contesta a la pregunta sobre el comportamiento de Elena:
Si el león mortifica tanto a Elena, ¿por qué sigue ella hablándole?

_____

_____

_____

_____

_____

Nombre: _____

Abajo aparecen algunas de las palabras que Elena le dice al león en la sección "Algo así como un silencio". ¿Qué tono de voz usa ella en cada caso? Para cada una de las frases, escribe tu propia idea o selecciona una de las palabras de abajo que consideres que describe mejor la voz de Elena:

juguetona   **delicada**   **mandona**

divertida   **criticona**

rabiosa   **servicial**   **cansada**

frustrada   **arrogante**

horrorizada   **estirada**   **mortificada**

1. "—No tienes que exagerar tanto". _____

2. "—Ahora dime, de veras, ¿no te _____
   da vergüenza?"

3. "—No te voy a hacer el más mínimo _____
   caso."

4. "—Has estado sentado ahí lleno de _____
   rabia todo el tiempo".

5. "—Y has visto que tienes que aprender _____
   a controlar tu mal humor, ¿no es verdad?"

6. "—¿Ves? Hiciste tanto alboroto para nada." _____

Según tus respuestas, ¿cómo describirías la forma en que Elena trata a su león?

_____

_____

_____

_____

_____

_____

Nombre: _____

Imagínate que tú eres el león que le escribe a Elena para explicarle cómo te sientes al jugar con ella.

Estimada Elena,

La mayor parte del tiempo me siento _____

_____ al jugar contigo porque

_____

_____

_____.

Algunas veces me siento _____, porque

tú _____

_____.

Me gustaría pedirte que _____

_____

_____.

Tu amigo,

El león

Nombre: _____

Elena juega de diferentes maneras con su león: le habla,
lo busca para que le dé apoyo y consejo, y hasta
pelea con él. ¿Cómo crees que Elena se
comportaría si fuera tu amiga?

Escribe un ensayo para contestar
esta pregunta:
**¿Crees que Elena sería una
buena amiga?**

Menciona tres partes del cuento que te ayuden a explicar tu opinión.

Creo que Elena **sería**   **no sería**   una buena amiga porque en el

cuento ella _____

_____

_____

_____

_____

_____

_____

_____

_____

_____

_____

_____

_____

_____

_____

_____

_____

_____

_____

ELLEN'S LION

Crockett Johnson

CONVERSATION AND SONG

Ellen sat on the footstool and looked down thoughtfully at the lion. He lay on his stomach on the floor at her feet.

"Whenever you and I have a conversation I do all the talking, don't I?" she said.

The lion remained silent.

"I never let you say a single word," Ellen said.

The lion did not say a word.

"The trouble with me is I talk too much," Ellen continued. "I haven't been very polite, I guess. I apologize."

El león de Elena

Crockett Johnson

Traducción de Dolores M. Koch

CONVERSAR Y CANTAR

Elena se sentó en la banqueta y miró pensativa al león, que estaba echado a sus pies.

—Cada vez que tú y yo conversamos, yo soy la que hablo todo el tiempo, ¿no es cierto? —dijo ella.

El león no respondió.

—Nunca te dejo decir ni una palabra —dijo Elena.

El león no dijo ni palabra.

—Mi problema es que yo hablo demasiado —continuó Elena—. Creo que no he sido muy amable contigo, y te pido disculpas.

94

—No te preocupes, Elena —dijo el león.

Elena se puso de pie de un salto y comenzó a brincar de alegría.

—¡Por fin hablaste! —exclamó ella—. ¡Dijiste algo!

—No es para tanto —dijo el león—. Más vale que mires adonde saltas.

—Es como dijiste —dijo Elena, y se sentó de nuevo—. ¡Tienes un vozarrón!

—Yo creo que mi voz se parece muchísimo a la tuya —dijo el león.

—No, suena muy diferente —Elena respondió, haciendo una mueca y apretando la barbilla contra el pecho hasta hacer su voz más profunda—. Mira, así es como tú hablas.

—Yo no hago muecas como tú —dijo el león.

—No te hace falta. Tu cara luce así siempre —Elena dijo—. Será por eso que tienes esa clase de voz.

El león no respondió.

—No lo dije para ofenderte —dijo Elena.

—Yo sólo soy un animal de peluche. Yo no tengo sentimientos —dijo el león, y con un resoplido volvió a quedarse en silencio.

—A mí me gusta la cara que tú tienes —dijo Elena, tratando de encontrar el modo de

95

"Oh, that's all right, Ellen," the lion said.

Ellen sprang to her feet and jumped up and down in delight.

"You talked!" she cried. "You said something!"

"It wasn't anything that important," said the lion. "And watch where you're jumping."

"It was the way you said it," said Ellen, sitting down again. "You have such a funny deep voice!"

"I think my voice sounds remarkably like yours," the lion said.

"No, it sounds very different," Ellen told him, speaking with her mouth pulled down at the corners and her chin pressed against her chest to lower her voice. "This is how you talk."

"I don't make a face like that," said the lion.

"You don't have to. Your face is always like that," Ellen said. "It's probably why you have the kind of voice you have."

The lion did not reply.

"I didn't mean to hurt your feelings," said Ellen.

"I'm nothing but a stuffed animal. I have no feelings," the lion said and, with a sniff, he became silent.

"I like your face the way it is," Ellen said, trying to think of a way to cheer him up. "And you have got a lovely deep voice. Let's sing a song."

"What song?" said the lion.

Ellen thought of a cheerful song.

"Let's sing 'Old King Cole.'"

The lion immediately began to sing.

"Old King Cole was a merry old soul—"

"Wait," Ellen said. "Let's sing it together."

"All right," said the lion.

"Old King Cole was a merry old soul—" Ellen sang, and then she stopped. "You're not singing."

"And a merry old soul was he—" sang the lion.

"—was he," sang Ellen, trying to catch up. *"He called for his pipe and he called for his bowl—"*

She realized the lion was not singing with her and she stopped again.

"And he called for his fiddlers three—" sang the lion.

"Can't we both sing at the same time?" Ellen said.

The lion considered the question.

"I don't think we can," he said. "Do you?"

animarlo—. Y tienes una voz muy fuerte y muy linda. Vamos a cantar una canción.

—¿Qué canción? —dijo el león.

Elena pensó en una canción alegre.

—Vamos a cantar "Cielito lindo".

El león enseguida comenzó a cantar.

—*Ay, ay, ay, ay, canta y no llores…*

—Espera —dijo Elena—. Vamos a cantar juntos.

—Está bien —dijo el león.

—*Ay, ay, ay, ay, canta y no llores* —cantó Elena, y después se detuvo—. Tú no estás cantando.

—*Porque cantando se alegran* —cantó el león.

—*Se alegran, cielito lindo* —cantó Elena, tratando de emparejarse.

Ella se dio cuenta de que el león no estaba cantando con ella y se detuvo de nuevo.

—*…los corazones* —cantó el león.

—¿No pudiéramos cantar a la misma vez? —preguntó Elena.

El león se quedó pensando un rato.

—Me parece que no. ¿Qué crees tú?

—Vamos a conversar —dijo Elena—. Es más fácil.

—Está bien —dijo el león.

—¿De qué vamos a hablar? Piensa tú —dijo Elena.

—Está bien —dijo el león.

Elena esperó. Después de unos minutos miró al león. Estaba en el suelo, sin moverse.

—Pobrecito, lo pensó tanto que se quedó dormido —dijo en voz baja mientras salía del cuarto en puntillas.

DOS PARES DE OJOS

—Quisiera tomar un poco de agua —dijo Elena a medianoche.

—Bueno, ve a buscarla —dijo el león desde el otro extremo de la almohada.

—Tengo miedo —dijo Elena.

—¿A qué? —dijo el león.

—A cosas —dijo Elena.

—¿A qué cosas? —dijo el león.

—A cosas que me dan miedo —dijo Elena—. Cosas que no puedo ver bien en la oscuridad. Me parece que siempre me siguen.

97

"Let's talk," Ellen said. "It's easier."

"All right," said the lion.

"Think of something to talk about," Ellen said.

"All right," said the lion.

Ellen waited. After a minute or two she looked at the lion. He lay motionless on the floor.

"He thought so hard he fell asleep," she whispered as she left the playroom on tiptoe.

TWO PAIRS OF EYES

"I wish I had a drink of water," said Ellen in the middle of the night.

"Well, get one," said the lion, from the other end of the pillow.

"I'm afraid," Ellen said.

"Of what?" said the lion.

"Of things," said Ellen.

"What kind of things?" said the lion.

"Frightening things," Ellen said. "Things I can't see in the dark. They always follow along behind me."

"How do you know?" said the lion. "If you can't see them—"

"I can't see them because they're always behind me," said Ellen. "When I turn around they jump behind my back."

"Do you hear them?" asked the lion.

"They never make a sound," Ellen said, shivering. "That's the worst part of it."

The lion thought for a moment.

"Hmm," he said.

"They're awful," Ellen continued.

"Ellen," the lion said, "I don't think there are any such things."

"Oh, no? Then how can they scare me?" said Ellen indignantly. "They're terribly scary things."

"They must be exceedingly scary," said the lion. "If they keep hiding in back of you they can't be very brave."

Ellen frowned at the lion. Then she considered what he had said.

"I guess they're not very brave," she agreed. "They wouldn't dare bother me if I could look both ways at the same time."

"Yes," said the lion. "But who has two pairs of eyes?"

—¿Cómo lo sabes si no las puedes ver? —dijo el león.

—No las puedo ver porque siempre están detrás de mí —dijo Elena—. Si yo doy media vuelta, saltan detrás de mí.

—¿Las puedes oír? —dijo el león.

—Nunca hacen ruido —dijo temblando Elena—. Eso es lo peor de todo.

El león se quedó pensando por un momento.

—Mmm —dijo.

—Son horribles —continuó Elena.

—Elena —dijo el león—, yo creo que esas cosas no existen.

—Ah, ¿no? ¿Cómo entonces pueden darme tanto miedo? —dijo Elena con indignación—. ¡Son tan horripilantes!

—Deben ser muy horripilantes —dijo el león—. Si siempre se esconden detrás de ti, no pueden ser muy valientes.

Elena miró al león con mala cara. Y después pensó en lo que él había dicho.

—Yo creo que no son muy valientes —ella asintió—. No se atreverían a molestarme si yo pudiera mirar a los dos lados al mismo tiempo.

—Claro —dijo el león—. Pero, ¿quién tiene dos pares de ojos?

98

—Dos personas —dijo Elena, mirando para donde estaría el techo si no estuviera tan oscuro—. Yo no tendría miedo de caminar por el pasillo para ir a tomar un poco de agua si yo pudiera ser dos personas.

De pronto, estiró el brazo, arrastró al león hasta ella, y lo miró a los ojos.

—Los míos son botones —dijo—. Están cosidos. Yo no puedo ver muy bien en la oscuridad.

—Nadie puede ver en la oscuridad —murmuró Elena, levantándose de la cama—, pero las cosas no lo saben.

—¿Cómo sabes tú que no lo saben? —dijo el león.

—Yo las conozco muy bien —dijo Elena—. Después de todo, fui yo quien las inventó, ¿no?

99

"Two people have," Ellen said, staring up at where the ceiling was when it wasn't so dark. "I wouldn't be afraid to go down the hall for a drink of water if I was two people."

Suddenly she reached out for the lion, dragged him to her, and looked him in the eyes.

"Mine are buttons," he said. "They're sewn on. I can't see very well in the dark."

"Nobody can," Ellen whispered, as she got out of bed. "But the things don't know that."

"How do you know they don't know?" said the lion.

"I know all about them," said Ellen. "After all, I made them up in my head, didn't I?"

"Ah," said the lion. "I said there were no such things."

"But of course there are," Ellen said. "I just told you I made them up myself."

"Yes," the lion said. "But—"

"So I should know, shouldn't I?" said Ellen, putting the lion up on her shoulder so that he faced behind her. "Stop arguing with me and keep your eyes open."

"They're buttons," said the lion, bouncing on Ellen's shoulder as she walked across the bedroom. "My eyes never close."

"Good," said Ellen, and she opened the door to the hall.

—Ajá —dijo el león—. Yo bien dije que esas cosas no existen.

—Claro que sí existen —dijo Elena—. Te acabo de decir que yo misma las inventé.

—Sí, pero… —dijo el león.

—Así que yo tengo que saberlo bien, ¿no? —dijo Elena, poniéndose el león al hombro, de modo que él podía mirar detrás de ella—. Deja de discutir conmigo, y ten los ojos bien abiertos.

—Son botones —dijo el león, bamboleándose en el hombro de Elena mientras ella caminaba hasta la puerta de su cuarto—. Mis ojos nunca se cierran.

—Bien —dijo Elena, y abrió la puerta que daba al pasillo.

Tenía bien sujeto al león por la cola para que no se cayera, y se fue por el pasillo hasta el cuarto de baño, bebió un vaso de agua, y volvió para la cama. Ella miraba hacia delante todo el tiempo, mientras el león tenía los ojos fijos en la oscuridad detrás de ella, y durante todo el camino nada les molestó a ninguno de los dos.

ALGO ASÍ COMO UN SILENCIO

Elena entró llevando un libro sin dibujos. Cuando ella se sentó, se volvió hacia el león, que estaba en la banqueta, al lado del sillón grande.

—Por favor, quédate en silencio un rato —ella dijo—. Tengo un libro que quiero leer.

El león, que ya estaba en silencio, se quedó más silencioso todavía.

—Cuando uno quiere leer, es muy molesto si alguien está hablando todo el tiempo —explicó Elena, acariciando al león en la cabeza—. Tú puedes entender eso, ¿verdad?

El león no dijo nada.

Elena abrió el libro. Después de un momento lo cerró, pero poniendo el dedo pulgar en la página, y miró al león a su lado. Ni un solo pelo de su peluche artificial se movía.

101

With a firm grip on the lion's tail to hold him in place, she marched down the hall to the bathroom, drank a glass of water, and marched back to bed. She looked straight ahead all the way while the lion stared into the darkness behind her, and during the entire trip not a single thing dared bother either of them.

A KIND OF SILENCE

Ellen came in carrying a book with no pictures in it. As she sat down she turned to the lion on the footstool beside the big chair.

"Please be very silent," she said. "I have a book I want to read."

The lion, who had been silent anyway, became very silent.

"It bothers people who want to read, when somebody is talking all the time," Ellen explained, patting the lion on the head. "You understand that, don't you?"

The lion said nothing.

Ellen opened the book. After a moment she closed it, keeping her thumb in the page, and looked sidewise at the lion. Not a hair of his artificial fur stirred.

"You don't have to exaggerate like that," she said.

The lion continued to sit there silently.

"There are all kinds of ways of being silent," Ellen said. "Why can't you be silent in a nice way?"

The lion kept silent in the same manner, with his button eyes staring straight ahead into space.

"You're sulking," said Ellen. "Just because I want a few minutes of peace and quiet, your feelings are hurt. Tell me now, honestly, aren't you ashamed of yourself?"

The lion told her nothing.

"You're trying to annoy me," Ellen said. "But I don't care. I'm not paying the slightest attention to you."

She opened the book again and settled back in the chair. For a long time she studied the print on the first page and paid no attention to the lion. But as she turned the page she happened to glance down at him.

"My!" she said. "You're in a temper."

She put the open book on the other arm of the chair and twisted herself over the arm beside the lion.

—No tienes que exagerar tanto —dijo ella.

El león siguió sentado en silencio.

—Hay muchas maneras de estar en silencio —dijo Elena—. ¿Por qué no te puedes quedar en silencio con buena cara?

El león siguió en silencio de la misma manera, con sus ojos de botones mirando solamente hacia el frente, al espacio.

—Estás de muy mal humor —dijo Elena—. Sólo porque yo quiero unos minutos de paz, tú te ofendes. Ahora dime, de veras, ¿no te da vergüenza?

El león no le dijo nada.

—Lo haces para mortificarme —Elena dijo—. Pero no me importa. No te voy a hacer el más mínimo caso.

Abrió el libro otra vez y se acomodó en el sillón. Por un buen rato estudió las letras de la primera página y no le hizo caso al león. Pero cuando dio vuelta a la página, no pudo remediar echarle un vistazo al león.

—¡Caramba —le dijo—, de qué mal humor estás!

Ella puso el libro abierto en el otro brazo del sillón y se volteó sobre el brazo al lado del león.

102

Él no se había movido. Estaba sentado muy derechito, mirando al espacio sin pestañear.

—Has estado sentado ahí lleno de rabia todo el tiempo —dijo Elena—.

El león no se movió.

—Estás que revientas de rabia, ¿verdad? —dijo Elena.

El león no dijo ni palabra.

—Tú quisieras ser un león de verdad, para poder morderme y arañarme —dijo Elena—. No me lo niegues.

El león no lo negó.

—¡Bien! —dijo Elena—. Yo no puedo tener un animal de la selva en la casa que quiere morderme y arañarme cada vez que yo le pido que haga algo tan fácil como quedarse en silencio por unos minutos.

Ella movió la cabeza con desaliento.

—La casa va a estar siempre llena de médicos y enfermeras poniéndome vendajes y curitas —dijo ella—. ¿Y sabes tú qué va a ser de ti?

103

He hadn't moved. He sat rigid, staring unblinkingly at nothing.

"You've been sitting there all this time, seething with anger," said Ellen.

The lion sat there.

"You're speechless with rage, aren't you?" said Ellen.

The lion didn't speak.

"You're wishing you were a real lion, so you could bite and scratch me," said Ellen. "Don't deny it."

The lion didn't deny it.

"Well!" said Ellen. "I can't have a wild animal around that wants to bite and scratch me every time I ask him to do a simple thing like keep quiet for a few minutes."

She shook her head in dismay.

"The house will be always full of doctors and nurses, putting bandage stickers on me," she said. "And do you know what will happen to you?"

She pointed her finger at the lion but drew it back quickly before it could be scratched or bitten.

"They'll give you rabies tests, that's what."

A new thought struck her, and her eyes widened in alarm.

"And maybe some day you'll get in such a terrible temper you won't know what you're doing," she said. "And you'll eat me all up!"

Ellen showed no surprise when the lion didn't deny even that possibility. She shook her head hopelessly and looked very sad.

"Afterwards, when you've calmed down, you'll look around for me and I won't be there," she said. "And then you'll be sorry, when it's too late."

She put on her sorriest face for the lion, but nothing would make him change his attitude. Ellen sighed.

"Won't you be sorry?" she said.

But the lion continued to stare silently off into space.

Ella señaló al león con el dedo, pero enseguida lo retiró antes de que el león se lo pudiera arañar o morder.

—A ti te harán análises para saber si tienes rabia, eso es.

Entonces se le ocurrió otra idea, y del susto abrió desmesuradamente los ojos.

—Y un día quizás vas a sentir tanta rabia por adentro que no vas a saber lo que haces —ella dijo—. Y entonces, ¡me vas a comer!

Ella no demostró ninguna sorpresa cuando el león no negó esa posibilidad. Movió la cabeza con desaliento y se puso muy triste.

—Y luego, cuando te calmes, me buscarás y no me encontrarás —dijo ella—. Y entonces te arrepentirás, pero demasiado tarde.

Ella puso una cara muy triste para que el león la viera, pero nada parecía cambiar su actitud. Elena suspiró.

—¿No te arrepentirás? —le dijo.

Pero el león seguía mirando al espacio en silencio.

104

—Tú sabes, lo menos que puedes hacer es mirarme cuando te hablo —dijo Elena.

Ella alargó el brazo, tomó al león, y lo sentó en sus rodillas, de frente a ella. Lo miró a los ojos, los ojos de botones, de él.

—¿No te vas a arrepentir?

—Sí, Elena —dijo el león.

—Menos mal —dijo Elena.

Puso al león otra vez en la banqueta.

—Y has visto que tienes que aprender a controlar tu mal humor, ¿no es verdad? —dijo ella.

—Sí, Elena —dijo el león.

—Me alegro que lo reconozcas —dijo Elena, cerrando el libro en el brazo del sillón—. ¿Qué vamos a hacer ahora? ¿Se te ocurre algún juego que te gustaría jugar?

—Me voy a sentar aquí con buena cara y me voy a quedar en silencio —dijo el león—. Tú vete a leer tu libro.

—Yo no sé leer libros que no tienen dibujos —dijo Elena con una risita—. Yo sólo estaba jugando.

—¡Ah! —dijo el león.

—Sí —dijo Elena—. ¿Ves? Hiciste tanto alboroto para nada.

105

"You know, the least you can do is look at me when I'm talking to you," Ellen said.

She reached down and picked up the lion, and she sat him on her lap facing her. She looked into his button eyes.

"Won't you be sorry?"

"Yes, Ellen," said the lion.

"That's better," said Ellen.

She put the lion back on the footstool.

"And you see that you've really got to learn to control your temper, don't you?" she said.

"Yes, Ellen," said the lion.

"I'm glad you realize it," Ellen said, closing the book on the arm of the chair. "What shall we do now? Can you think of any games you'd like to play?"

"I'll sit here and be silent, in a nice way," the lion said. "You go ahead and read your book."

"I don't know how to read books without pictures in them," said Ellen, giggling. "I was just pretending."

"Oh?" said the lion.

"Yes," Ellen said. "So you see? You made all that fuss over nothing at all."

EL ROBO DE LAS AES

Gonzalo Canal Ramírez
en versión de Germán Ramos

EL ROBO DE LAS AES

Gonzalo Canal Ramírez
en versión de Germán Ramos

Extensión del cuento: 19 páginas

Duración de la lectura en voz alta: Aproximadamente 20 minutos

Un niño está molesto cuando el cura del pueblo comienza a criticar a su padre por apoyar a un candidato presidencial que la iglesia no respalda. El cura hace oír su crítica en los sermones que da cada semana y en el periódico de la parroquia. El niño siente que las palabras del cura perjudican a su padre y que los insultos deben terminar. Entonces, se le ocurre un plan para evitar la publicación del periódico: robar las aes de la imprenta de la parroquia.

Apuntes del cuento

Este cuento utiliza varias palabras típicas de la región andina. Quizás los estudiantes desconozcan las siguientes expresiones: *zamarros* (protectores de piernas), *silbón* (un ave marítima, de tamaño parecido al de una paloma, que tiene un canto estridente), *guarapito de menta* (un jarabe hecho de azúcar de caña y menta).

Además, hay varias referencias bíblicas. Entre otras, la del Arcángel San Gabriel, el ángel mensajero de Dios, que anuncia la muerte y los nacimientos, y los cuatro jinetes del Apocalipsis, que figuran en el libro de la Revelación, los que traerán muerte y destrucción cuando acabe el mundo.

Acerca del autor

Gonzalo Canal Ramírez nació en Colombia en 1916. Fue novelista, ensayista, y columnista de un periódico. Aunque trabajó para el gobierno y tuvo cargos diplomáticos, dedicó la mayor parte del tiempo a las artes gráficas, lo que le permitió encargarse de proyectos en Colombia y otros países. Escribió *Relatos para muchachos,* una colección de cuentos, para celebrar al niño campesino en el Día Internacional del Niño. Canal Ramírez creció en el campo, y se inspiró en las experiencias de su niñez al escribir muchos de sus cuentos. El autor murió en 1994.

THE THEFT OF THE A'S

Gonzalo Canal Ramírez
as told by Germán Ramos

Translation by Margaret Sayers Peden

Story length: 19 pages

Read-aloud time: About 20 minutes

A boy is upset when the town priest begins to criticize his father for supporting a presidential candidate that the church does not endorse. The priest voices his criticism in his weekly sermons and in the parish newspaper. The boy feels that his father is being hurt by the priest's words and that the insults must stop, so he devises a plan to prevent publication of the paper by stealing the a's from the parish printing shop.

Story Notes

This story contains several words specific to the Andean region. Students may be unfamiliar with the following terms: *zamarros* (chaps), *silbón* (a dove-sized, coastal bird that has a loud, shrill call), *guarapito de menta* (a syrup made of sugar cane and mint).

In addition, there are several biblical references, including the archangel Saint Gabriel, an important angel who serves as God's messenger by announcing birth and death, and the Four Horsemen of the Apocalypse from Revelation, the riders who will bring death and destruction when the world ends.

About the Author

Gonzalo Canal Ramírez was born in Colombia in 1916. He was a novelist, essayist, and newspaper columnist. Although he held government offices and diplomatic posts, he devoted a major part of his life to the graphic arts, working on projects in Colombia and other countries. He wrote one of his collections of stories, *Relatos para muchachos,* for International Children's Day. Canal Ramírez grew up in the countryside, and his rural childhood experiences influence and inspire many of his stories. He died in 1994.

Para obtener información más detallada sobre cómo hacer estas actividades y adaptarlas a las necesidades de los estudiantes de diferentes niveles, refiérase a los Elementos del director, a partir de la pág. 337.

Primera lectura (alrededor de 20 minutos) seguida de Preguntas para compartir (20–30 minutos)

Recuérdeles a los estudiantes que, a medida que escuchen el cuento, deben pensar en las preguntas que les gustaría hacer después de la lectura. Léales el cuento en voz alta y luego, pídales que compartan sus preguntas. Cuando ellos hagan preguntas, escríbalas en el tablero o en papel gráfico, el que puede colgar en clase para que puedan consultarlas mientras trabajan en el cuento. Con la ayuda de los estudiantes, conteste las preguntas urgentes sobre vocabulario o hechos específicos. Si el tiempo lo permite, haga que la clase considere brevemente las respuestas posibles a algunas de las otras preguntas. Explique que guardarán las preguntas sobre el significado del cuento para la Discusión colectiva.

Segunda lectura con Toma de apuntes (30–45 minutos)

Para ayudar a los estudiantes a considerar el texto más atentamente, indíqueles que tomen apuntes durante la segunda lectura. Decida si los estudiantes (1) anotarán en el margen las reacciones que el cuento les cause, (2) señalarán las partes que sugieran respuestas a alguna de las preguntas hechas durante la sección Preguntas para compartir, o (3) marcarán el texto utilizando uno de las sugerencias para tomar apuntes, que aparecen a continuación, o alguno que usted haya creado:

- Señala con una **A** las partes donde estás de **acuerdo** con las palabras o las acciones del Padre Demetrio, y con una **D** las partes donde estás en **desacuerdo** con las palabras o acciones del Padre.

- Señala con una **T** las partes donde el niño se siente **temeroso,** y con una **R** las partes donde el niño se siente **relajado.**

Antes de empezar la segunda lectura, explique cómo le gustaría que los estudiantes tomaran apuntes. Luego, lea el cuento en voz alta o haga que los estudiantes lo lean independientemente o en parejas, tomando apuntes durante la lectura. Una vez que los estudiantes hayan tomado apuntes, déles la oportunidad de compartir los apuntes sobre varios pasajes o páginas del cuento y explicarlos.

Discusión colectiva (30–45 minutos)

Antes de la discusión, decida cuales son las preguntas que quiere tratar con la clase (vea la página siguiente). Siempre que sea posible, siente a los estudiantes en forma tal que todos puedan verse y escucharse con facilidad. Recuérdeles que necesitarán sus libros y útiles de escritura. Distribuya ejemplares de Elaborar tu respuesta (vea el apéndice B, pág. 411) y déles a los estudiantes la oportunidad de meditar sobre la pregunta de enfoque y anotar respuestas antes de empezar la discusión. Durante la discusión, utilice preguntas relacionadas con partes específicas del cuento para ayudarles a los estudiantes a pensar en la evidencia del texto que respalde sus opiniones. En nuestras preguntas sugeridas, las preguntas de enfoque aparecen en negrillas y las preguntas relacionadas están bajo la pregunta de enfoque a que aluden.

For more detailed information about conducting these activities and adapting them to meet the needs of students working at different levels, see the Leader's Toolbox, beginning on p. 363.

First Reading (about 20 minutes) followed by Sharing Questions (20–30 minutes)

Remind students that as they listen to the story they should think of any questions they would like to ask after the reading. Read the story aloud, and then have them share their questions. As students pose questions, you may want to write them on the board or on chart paper that can be left up during the class's work on the story. With students' help, answer pressing vocabulary or factual questions. If time permits, have the class briefly consider possible answers to a few of the other questions. Explain that you will save questions about the story's meaning for Shared Inquiry Discussion.

Second Reading with Note Taking (30–45 minutes)

To help students look at the text more closely and thoughtfully, have them take notes during the second reading. Decide whether students will (1) make their own marks about their reactions to the story in the margins, (2) mark places that suggest answers to one of the questions asked during Sharing Questions, or (3) mark the text using one of the following note-taking prompts or one that you have created:

- Mark places where you **agree** with Padre Demetrio's words or actions with **A**, and places where you **disagree** with Padre Demetrio's words or actions with **D**.

- Mark places where the boy feels **fearful** or **frustrated** with **F**, and places where the boy feels **relaxed** or **relieved** with **R**.

Explain how you would like students to take notes before they begin the second reading. Then read the story aloud or have students read independently or in pairs, making notes throughout. After students have made notes, give them an opportunity to share and explain their notes from several passages or pages of the story.

Shared Inquiry Discussion (30–45 minutes)

Before discussion, decide which questions you want to explore with your class (see the facing page). Whenever possible, seat students so that everyone can see and hear one another easily. Remind students that they will need their books and something to write with. Distribute copies of the Building Your Answer page (see appendix B, p. 411), and give students an opportunity to reflect on the focus question and write down their answers before discussion begins. Throughout discussion, use related questions about specific parts of the story to help students think about evidence in the text that supports their opinions. In our suggested questions, focus questions appear in bold type and related questions appear under the focus question they support.

Le recomendamos que establezca su propia lista de preguntas para la Discusión colectiva (vea el prototipo Red de preguntas en el apéndice B, pág. 407). Necesitará una pregunta de enfoque, que será la pregunta que usted haga al inicio de la discusión, y preguntas relacionadas para ayudar a los estudiantes a reflexionar aún más sobre la pregunta de enfoque. Usted puede derivar la pregunta de enfoque, y las preguntas relacionadas con ésta, de las preguntas de los estudiantes, de sus propios apuntes, o de las preguntas de muestra indicadas a continuación.

¿Por qué le dice el Padre Demetrio al niño que está perdonado cuando antes dijo que el ladrón iba a ser excomulgado?

- ¿Por qué dice y escribe el Padre Demetrio cosas hirientes en contra del padre del niño a pesar de que fueron amigos?

- ¿Por qué dice el Padre Demetrio que nadie más debe saber lo que pasó?

- ¿Por qué le da un beso al niño el Padre Demetrio después de volver las aes?

- ¿Por qué le dice el Padre Demetrio al padre del niño que éste debe comenzar a estudiar?

¿Por qué lleva a cabo el niño el plan de poner fin a los insultos contra su padre por su propia cuenta?

- ¿Por qué las críticas del Padre Demetrio le molestan al niño más que a su padre?

- ¿Por qué el plan de robar al Padre Demetrio da vueltas en la cabeza del niño como un trompo?

- ¿Por qué resuelve el niño no contarle su plan a nadie?

- ¿Por qué siente el niño que los demonios y otras criaturas que dan miedo lo persiguen? ¿Por qué desaparecen los demonios apenas el niño ve su casa?

- ¿Por qué el niño comparte el secreto con su padre después de que el Padre Demetrio da el sermón amenazante?

We recommend that you create your own set of questions for Shared Inquiry Discussion (see the Question Web master in appendix B, p. 407). You will need a focus question, which will be the question you ask at the beginning of discussion, and related questions that help students think further about the focus question. Your focus question and related questions can be drawn from your students' questions, your own notes, or the sample questions that follow.

Why does Padre Demetrio tell the boy he's forgiven when earlier he said that the thief would be excommunicated?

- Why does Padre Demetrio say and write hurtful things about the boy's father when they had been friends?

- Why does Padre Demetrio say that no one else should know what happened?

- Why does Padre Demetrio give the boy a kiss after he returns the a's?

- Why does Padre Demetrio tell the boy's father that the boy must begin studying?

Why does the boy carry out his plan to end the insults to his father by himself?

- Why does Padre Demetrio's criticism seem to bother the boy more than his father?

- Why does the plan to rob from Padre Demetrio make the boy's head spin like a top?

- Why does the boy decide not to tell anyone about his plan?

- Why does the boy feel that demons and other scary creatures are after him? Why do the demons disappear as soon as the boy sees his home?

- Why does the boy share his secret with his father after Padre Demetrio's fearful sermon?

ACTIVIDADES ADICIONALES

Estas actividades hacen que los estudiantes comprendan mejor el cuento y lo disfruten más y que desarrollen destrezas del vocabulario, la escritura, y el razonamiento crítico. Las necesidades y los intereses de su grupo le ayudarán a determinar cuáles actividades debe incluir en el programa de actividades básicas.

Preparación del contexto

Oportunidad: Antes de la primera lectura

Presente el cuento diciéndoles a los estudiantes que se trata de un niño que siente que las palabras de alguien hieren a su padre. Con toda la clase lea el poema "Las palabras son pájaros" de Francisco X. Alarcón (vea la página de actividades). Discuta brevemente las preguntas siguientes: *¿Por qué dice el poeta que "las palabras son pájaros"? ¿Por qué dice que "las letras en esta página son la impresión" que las palabras dejan? ¿Pueden herir las palabras a la gente? ¿Pueden curarla?*

Vocabulario

Oportunidad: En cualquier momento después de la primera lectura

Interpretación de palabras (vea la página de actividades). Los estudiantes opinan qué quiere decir el niño cuando describe a las aes como bonitas, peligrosas, e importantes.

Taller de palabras (vea la página de actividades). Los estudiantes completan las parejas de analogía con el vocabulario del cuento.

Actividades creativas

Oportunidad: En cualquier momento después de la primera lectura

- Haga que los estudiantes que ilustren con un dibujo una de las citas siguientes (vea el prototipo de arte en el apéndice B, pág. 425):

  - "En mi cerebro una danza de aes, un chisporroteo de aes, un hormiguero de aes me acompañaban todo el tiempo".

  - "El miedo se me hizo más grande, tan grande como el cura Demetrio en el púlpito."

  - "Y salí mandado como un tiro rumbo a mi casa."

- Forme grupos de tres estudiantes para que actúen una escena del cuento. Las escenas que prometen más incluyen al niño y a su padre sentados en la iglesia mientras escuchan el furioso sermón del Padre Demetrio, cuando menciona el robo de las aes, o cuando el niño le entrega las aes al Padre Demetrio.

SUPPLEMENTAL ACTIVITIES

These activities deepen students' understanding and enjoyment of the story and develop vocabulary, writing, and critical-thinking skills. The needs and interests of your group will help you determine which activities to add to the schedule of core activities.

Building Context

Timing: Before the first reading

Introduce the story by telling the students it is about a boy who feels that someone's words are hurting his father. As a class, read the poem "Words Are Birds" by Francisco X. Alarcón (see activity page). Briefly discuss the following questions: *Why does the poet say that "words are birds"? Why does he say that "the letters on this page are the prints" the words leave? Can words hurt people? Can they heal people?*

Vocabulary

Timing: Anytime after the first reading

Interpreting Words (see activity page). Students consider what the boy means when he describes the a's as being pretty, dangerous, and important.

Word Workshop (see activity page). Students complete pairs of analogies with vocabulary from the story.

Creative Endeavors

Timing: Anytime after the first reading

- Have students illustrate one of the following quotes (see the art master in appendix B, p. 425):

  - "In my brain, a dance of a's, shooting sparks of a's, a busy anthill of a's, accompanied me every minute while my plan was taking shape."

  - "When I went into the printing shop, my fear loomed large, as large as Padre Demetrio in his pulpit."

  - "And I took off like a shot toward my house."

- Have students form into groups of three and act out a scene from the story. Promising scenes include the boy and his father sitting in church, listening to Padre Demetrio's furious sermon about the missing a's, or returning the a's to Padre Demetrio.

Escritura

Oportunidad: Después de la Discusión colectiva

Escritura de cartas (vea la página de actividades). Los estudiantes se imaginan que el niño del cuento les pidió un consejo, y le escriben una carta con sus sugerencias. Quizás sea beneficioso que los estudiantes examinen esta forma de resolver el problema escribiendo, primero, una lista con los pro y contra de robar las aes.

Escritura evaluativa (vea la página de actividades). Individualmente, los estudiantes consideran si cuando alguien hace algo malo es mejor contarle a una persona o mantener el secreto.

Para explorar más...

Estudios sociales

- El padre del niño dice: "Todos tenemos derecho a defender nuestras ideas". Explique a la clase que la mayoría de los periódicos adoptan una postura y expresan su opinión sobre asuntos importantes, por ejemplo, las elecciones. La página editorial recoge el punto de vista del periódico, y los lectores pueden expresar su propia opinión, la que dan a conocer en las cartas al editor. Examine la página editorial de su periódico local con los estudiantes, y pídales que escriban una carta al editor en respuesta a un editorial.

- Organice una excursión a una imprenta local o a la prensa de un periódico para que los estudiantes aprendan sobre los cambios que se han producido en la imprenta a través de los años.

Literatura

- Gloria E. Anzaldúa, *Friends from the Other Side/Amigos del otro lado* (San Francisco: Children's Book Press, 1993). Este libro de dibujos bilingüe cuenta la historia de una joven chicana que vive en Texas, cerca de la frontera mexicana, quien toma decisiones independientes sobre lo que es correcto cuando se hace amiga de un niño inmigrante ilegal.

- Eric Hoffman, *Play Lady/La señora juguetona* (Saint Paul, MN: Redleaf Press, 1999). Libro bilingüe sobre la reacción de los niños ante un delito, producto del odio, después de que alguien escribe palabras ofensivas en la casa de un vecino. Incluye actividades y sugerencias para la enseñanza.

- Kurusa, *La calle es libre* (Madrid: Ediciones Ekaré, 1996). Esta historia, que se acompaña de ilustraciones detalladas, trata de un grupo de niños que viven en un barrio en las afueras de Caracas, Venezuela. Los niños juegan en calles peligrosas porque no tienen en dónde jugar, lo que les hace iniciar una campaña para convencer a la comunidad, a periodistas, y al gobierno que los ayuden a conseguir un parque.

- Elvira Lindo, *Amigos del alma* (Madrid: Grupo Santillana, 2000). Arturo arriesga la larga amistad que hay entre él y Lulai cuando le dan celos, y dice cosas que hieren los sentimientos de Lulai.

Writing

Timing: After Shared Inquiry Discussion

Letter Writing (see activity page). Students imagine that the boy in the story has asked them for advice and write their response to him in a letter. It may help your students to do a group prewriting activity listing the pros and cons of stealing the a's as a way of resolving the problem.

Evaluative Writing (see activity page). Students examine their own ideas about the best course of action to take when someone has done something wrong—to tell someone about the misdeed or keep it a secret.

For Further Exploration

Social Studies

- The boy's father says, "We all have the right to stand up for our ideas." Explain to students that most newspapers do take positions and state opinions concerning important events, such as elections. Those positions are published on the editorial page, and readers may express their own opinions and reactions by writing letters to the editor. Explore this section of your local newspaper with students, and ask them to write a letter to the editor in response to an editorial.

- Arrange a field trip to a local printing shop or newspaper press so that students can learn about printing processes of the past and present.

Literature

- Gloria E. Anzaldúa, *Friends from the Other Side/Amigos del otro lado* (San Francisco: Children's Book Press, 1993). This bilingual picture book tells the story of a young Chicano girl, living near the Mexican border of Texas, who makes her own decision about what is right when she befriends an illegal immigrant boy.

- Eric Hoffman, *Play Lady/La señora juguetona* (Saint Paul, MN: Redleaf Press, 1999). A bilingual book about how children cope with a hate crime after someone writes hateful words on the house of one of their neighbors. Includes activities and teaching ideas.

- Kurusa, *La calle es libre* (Madrid: Ediciones Ekaré, 1996). Detailed illustrations accompany this story of a group of children who live in a barrio on the outskirts of Caracas, Venezuela. They have no place to play except for the unsafe streets, so they begin a campaign to convince the community, journalists, and the government to help them get a park.

- Elvira Lindo, *Amigos del alma* (Madrid: Grupo Santillana, 2000). Arturo and Lulai's long and close friendship is jeopardized when Arturo becomes jealous and says things that hurt Lulai's feelings.

Las palabras son pájaros

Las palabras
son pájaros
que llegan
con los libros
y la primavera

a las palabras
les gustan
las nubes
el viento
los árboles

hay palabras
mensajeras
que vienen
de muy lejos
de otras tierras

para éstas
no existen
fronteras
sino estrellas
luna y sol

hay palabras
familiares
como canarios
y exóticas
como el quetzal

unas resisten
el frío
otras se van
con el sol
hacia el sur

hay palabras
que se mueren
enjauladas
difíciles
de traducir

y otras
hacen nido
tienen crías
les dan calor
alimento

les enseñan
a volar
y un día
se marchan
en parvadas

las letras
en la página
son las huellas
que dejan
junto al mar

—Francisco X. Alarcón

Nombre: _____

Mientras el niño hace planes para robar las aes, piensa, ¡Qué bonitas, qué peligrosas, qué importantes las aes!

bonito

- 🅰 delicado y grácil
- 🅰 de sonido agradable, no chillón

peligroso

- 🅰 que puede causar daño
- 🅰 debe ser manejado con cuidado

importante

- 🅰 valioso
- 🅰 capaz de afectar a otras personas o hacer que pasen cosas

¿De qué manera pueden ser las aes **delicadas** o **gráciles**?

_____

¿De qué manera pueden ser **de sonido agradable**?

_____

¿Cómo **pueden causar daño** las aes?

_____

¿Por qué **deben ser manejadas con cuidado**?

_____

¿Por qué son **valiosas** las aes?

_____

¿Cómo pueden las aes **afectar a otras personas o hacer que pasen cosas**?

_____

Usa las ideas de más arriba para contestar la siguiente pregunta.
¿Por qué las aes parecen apoderarse de la mente del niño y aparecen dondequiera que él mira?

_____

_____

_____

_____

Nombre: _____

Analogías

¿En qué se relacionan **maestra** y **lección** en el primer ejercicio? ¿Son opuestos? ¿Sinónimos? ¿Es una palabra parte de la otra? Escribe, en el espacio, una palabra del cuento que tiene la misma relación con la palabra **cura.**

ayudar		poetas
culpable	sermón	letras
entregar	aes	interminable

1. maestra: lección   cura: _____

2. generales: militares   _____: escritores

3. frases: renglones   _____: palabras

4. zetas: pocas   _____: numerosas

5. robar: quitar   restituir: _____

6. preocupado: alegre   _____: inocente

7. insultos: atacar   apoyo: _____

8. rápido: despacio   breve: _____

Nombre: _____

Imagina que eres un famoso columnista que da consejos, y eres conocido como el "profesor Sabio". El niño del cuento te escribió la carta que sigue a continuación. Contesta sus preguntas y aconséjalo en la carta que le escribes.

Estimado profesor Sabio:

El cura de nuestro pueblo está escribiendo cosas hirientes sobre mi padre en el periódico porque mi padre no apoya al candidato de su iglesia para ser presidente. Mi padre dice que "todo el mundo tiene derecho a defender sus ideas", pero yo no quiero que la gente lea esas cosas sobre él.

Pienso robar las aes de la imprenta para que el periódico no pueda imprimirse. ¿Qué piensa Ud. de mi plan, profesor Sabio? ¿Debo robar las letras? ¿Cree Ud. que este plan ayudará a mi padre? ¿Habría una solución mejor? Por favor, contésteme lo antes posible.

Respetuosamente,

Espero con ansias

_____
                                    fecha

Estimado Espero con ansias:

_____

_____

_____

_____

_____

_____

_____

_____

_____

_____

_____

_____
firma

Nombre: _____

Durante varios días, el niño del cuento era el único que sabía que había robado las aes.
Si tú haces algo que sabes es malo y puedes mantenerlo en secreto o contárselo a otra persona, ¿cuál camino prefieres? ¿Cuál de las dos es mejor?

¿Por qué razones sería buena idea contarle a alguien lo que hiciste?

_____
_____
_____
_____

¿Por qué razones no lo contarías?

_____
_____
_____
_____

¿Cuál camino seguirías si hicieras algo malo?

¡Qué bonitas, qué peligrosas, qué importantes las aes!

EL ROBO DE LAS AES

Gonzalo Canal Ramírez
en versión de Germán Ramos

Aquel domingo, como todos los domingos, mi papá y yo entramos a misa. Me gustaba mucho la iglesia de nuestro pueblo.

En el altar mayor, un gran retablo mostraba al arcángel San Gabriel matando con su espada a un dragón. A la izquierda, entre flores de plástico de todos colores, San Jorge a caballo repartía su manto con un mendigo, vigilado por un soldado romano, como los del cine de Semana Santa. A la derecha, había un cuadro que mete mucho miedo: los cuatro jinetes del Apocalipsis sembrando el fin del mundo en la tierra.

107

THE THEFT OF THE A's

Gonzalo Canal Ramírez,
as told by Germán Ramos

Translation by Margaret Sayers Peden

That Sunday, like every Sunday, my papa and I went to mass. I really liked the church in our town.

On the main altar there was a large retable picturing the archangel Saint Gabriel slaying a dragon with his sword. On the left, surrounded by plastic flowers of every color, Saint George was sharing his cloak with a beggar, watched by a Roman soldier like those you see in the movie theater during Holy Week. On the right was a scary painting of the Four Horsemen of the Apocalypse sowing the end of the world across the earth.

Every Sunday during mass, I would stare at those paintings while Padre Demetrio, who, up there in his pulpit, looked bigger than anyone else, read the prayers, spread fear with his sermons, accused sinners, and gave communion. I loved our priest. He had done many things for the town; he was very wise, and he spoke so beautifully, with so many words that he sounded like a dictionary. My papa loved him, too. They had known each other for years and years, back to before the town was a town and papa was giving money to help along the works of the church. But this Sunday their friendship had cooled. The presidential elections were coming soon, and two candidates had been proposed: a general and a poet,

···

Todos los domingos durante la misa, yo los miraba mientras el Padre Demetrio, que ahí en el púlpito se veía más grande que todos, leía las oraciones, asustaba con sermones, acusaba pecadores, y repartía comuniones. Yo quería a ese cura. Había hecho muchas cosas por el pueblo, sabía mucho, y hablaba tan bonito, con tantas palabras que parecía un diccionario. Mi papá también lo quería. Se conocían desde muchos años atrás, cuando el pueblo no era pueblo todavía y lo ayudaba con sus limosnas para el progreso de las obras de la iglesia. Pero ese domingo la amistad estaba enfriada.

Se acercaban las elecciones presidenciales y por esos días se presentaron como candidatos un general y un poeta,

108

...

los dos del mismo partido. La iglesia proclamó al general como su favorito. Mi padre decía:

—¿Hasta cuándo militares? —y apoyó al poeta. Mi padre decía que un país gobernado por un poeta era mucho más bonito.

Desde que mi papá empezó la campaña electoral a favor del poeta, el Padre Demetrio le declaró la guerra en el púlpito durante el sermón de los domingos. También escribía contra él en el periódico de la parroquia, *La Voz de San Gabriel,* que era el único del pueblo.

both from the same party. The church had proclaimed the general as its favorite. My father said, "More military? How much longer?" and backed the poet. My father said that a country governed by a poet was much better off.

From the time my papa began the electoral campaign in favor of the poet, Padre Demetrio had waged war against him from the pulpit during his Sunday sermon. He also wrote against my father in the parish newspaper, *The Voice of Saint Gabriel,* which was the only newspaper in the town.

That priest was saying things about my papa, things that hurt his feelings and made him sad. As I was kneeling I could see my father's face when the priest was speaking. He would get very serious, and frown, and his tender eyes would shine the way they had when he watched his young plants dying of thirst during the drought.

But in spite of everything, we kept going back to mass. "We all have the right to stand up for our ideas," my papa told me. And as we left church he would buy *The Voice of Saint Gabriel,* even though he knew there would be another sermon against the friends of the poet. I didn't like for people to read the things they were writing about my papa in the newspaper.

Ese cura sí le decía cosas a mi papá, cosas que lo herían y lo ponían triste. Arrodillado, yo veía la cara de mi padre cuando el cura hablaba. Se ponía serio, arrugaba la frente, y sus ojos cariñosos brillaban igualito que en los días de sequía cuando miraba los sembradíos muriéndose de sed.

Pero con todo y eso, siempre volvíamos a misa. —Todos tenemos derecho a defender nuestras ideas —, me decía. Y compraba a la salida de la iglesia *La Voz de San Gabriel,* aunque sabía que ahí también venía otro sermón en contra de los amigos del poeta. A mí no me gustaba que la gente leyera en el periódico las cosas que escribían de mi papá.

110

Un día resolví, por mi propia cuenta y sin decírselo a nadie, poner fin a los insultos del periódico contra mi padre. Me fui hasta la imprenta parroquial, que funcionaba detrás de la casa cural, a conocer cómo hacían *La Voz de San Gabriel*. Antes de la campaña electoral, cuando visitábamos al cura Demetrio, yo me había hecho amigo de los trabajadores de la imprenta. Me dejaron explorarla libremente. Me fijé en cómo Tomás, el compositor, sacaba las letricas de los cajetines y sin equivocarse iba haciendo las palabras, las frases, los renglones. Mario, el armador, tomaba esos renglones de palabras y, como un rompecabezas, armaba la página, y Checame, el prensista, las imprimía sobre el papel.

Yo iba y venía del uno al otro y, contento de poder ayudarles, les traía agüita fresca del tinajero que estaba en el patio de las rosas, cuando de pronto, como un rayo, se me vino una idea

111

One day I made up my mind, without telling anyone, to put an end to the insults the newspaper printed about my father.

I went down to the parish printing shop behind the house where the priest lived to learn how *The Voice of Saint Gabriel* was put together. Before the electoral campaign, when we used to visit Padre Demetrio, I had made friends with the workers there. They let me look around anywhere I wanted. I watched how Tomás, the compositor, took the little letters from the type case and, without ever making a mistake, made words, phrases, and lines. Mario, the typesetter, took the lines and, fitting them like a jigsaw puzzle, set up the page, and Checame, the printer, then printed them on paper.

I was going back and forth between the two men, happy to be able to help them, bringing fresh, cool water from the large earthenware jug in the patio of roses, when suddenly, like a lightning flash, an idea came to me . . .

The letters were the key, and there were more a's than any other letter. Without the a's there would be no newspaper. If I stole the a's, *The Voice of Saint Gabriel* could not appear!

But . . . oh, my! Steal from Padre Demetrio? The plan made my head spin like a top . . . But after all, if it was all right for the priest to insult my papa, it would be all right for me not to let that go on happening. The a's, the a's; those letters were the solution.

I took notice of everything I needed to know: how they locked the doors, what time they left,

a la cabeza... Lo más importante eran las letras y las aes eran las letras más numerosas. Sin las aes no habría periódico. Si yo me robaba las aes, ¡*La Voz de San Gabriel*! no podría aparecer!

Pero... ¿cómo? ¿Robar al Padre Demetrio? El plan me daba vueltas en la cabeza como un trompo... Total, si al cura le era permitido insultar a mi papá, a mí me sería permitido ayudar a que eso no siguiera pasando. Las aes, las aes, esas letricas eran la solución.

Averigüé todo lo necesario: cómo cerraban las puertas, a qué hora se iban,

cuándo terminaban de imprimir el periódico cada semana. Y mientras tanto las aes me bailaban, me llamaban, me atraían. Me fui con la cabeza llena de aes y hasta le puse una velita a San Antonio para que me iluminara. ¿Cómo podría robarme esas aes?

El sábado era el día. La imprenta estaba cerrada y empezaba a trabajar el martes de la semana siguiente. Cuando se dieran cuenta del robo ya las aes estarían muy lejos. Yo me pondría mis zamarros que tienen grandes bolsillos y en ellos vaciaría la cajita de las aes. El periódico no se podría imprimir y así ayudaría a mi papá.

Los días anteriores a ese sábado fueron interminables. En mi cerebro una danza de aes, un chisporroteo de aes, un hormiguero de aes me acompañaba todo el tiempo mientras el plan se me iba formando. Si dormía, soñaba con las aes; si ayudaba a los

113

when they finished printing the newspaper every week.

And in the meantime, a's danced all around me, they called to me, they beckoned me. I went around with my head filled with a's, and I even lit a little candle to Saint Anthony to enlighten me. How could I steal those a's?

Saturday was the day. The printing shop closed on Saturday, and they went back to work on Tuesday of the following week. By the time they found out about the theft, the a's would be far, far away. I would put on my chaps, the ones with the great big pockets, and I would empty the box with the a's into them.

They would not be able to print the newspaper, and I would help my papa.

The days that led up to that Saturday seemed never to end. In my brain, a dance of a's, shooting sparks of a's, a busy anthill of a's, accompanied me every minute while my plan was taking shape. If I slept, I dreamed of a's; if I was helping the workers with the milking, all the cows had the shape of a's, and the horses in the stable were whinnying a's. A's, a's, a's, a's, a's.

How pretty, how dangerous, how important the a's were.

Saturday came and my horse Emir and I went into town early to visit my aunts. I set my plan in action at about four in the afternoon. I rode Emir into the patio of the parish house and asked the servant Casimiro permission to go inside to do my "business."

"Go on in, son, go on in," he answered, walking toward me.

"And please look after Emir. He doesn't like to be with the other horses."

"That's a fine looking colt, your Emir. I'll look after him for you."

When I went into the printing shop, my fear loomed large, as large as Padre Demetrio in his pulpit. It seemed to me that he was seeing what I was doing. When I took the a's from the type case, my fingers were stiff and clumsy, my legs trembled, I broke out in a cold sweat, and I almost couldn't breathe.

I nearly changed my mind. I was so afraid that what I had invented for Casimiro about having to go do my "business" had become a fact. And that almost spoiled everything because it wasn't in the plan.

···

peones en el ordeño, todas las vacas tenían forma de aes; los caballos en el establo eran aes que relinchaban. Aes, aes, aes, aes, aes. ¡Qué bonitas, qué peligrosas, qué importantes las aes!

El sábado llegó y mi caballo Emir y yo fuimos temprano al pueblo a visitar a las tías. Como a las cuatro de la tarde comenzó mi plan. Entré con Emir al patio de la casa parroquial y le pedí permiso al peón Casimiro para ir a hacer una "necesidad".

—Pase m'ijo, vaya —, contestó él, viniendo hacia mí.

—Y me tienes por favor a Emir, no le gusta estar con otros caballos.

—Lindo potro tu Emir, yo te lo cuido.

Cuando entré al taller el miedo se me hizo más grande, tan grande como el cura Demetrio en el púlpito. Me parecía que él veía lo que yo estaba haciendo. Cuando sacaba las aes del cajetín los dedos se me engarrotaron, me temblaban las piernas, sudaba frío, y casi no podía respirar. Estuve a punto de arrepentirme. El miedo hizo de verdad la "necesidad" que le había inventado a Casimiro. Esto casi que lo echa a perder todo porque no estaba en el programa.

114

When I went outside, a whinny from Emir gave me the strength I needed to cross the patio. The leaves rustling beneath my feet accused me with every step, and the way I was walking must have been very strange because when Casimiro saw me, he commented, "Hey, son, for that problem you tell your mama to fix you a little syrup of mint leaves."

"It's all right now, I'm going back home. Thank you, Casimiro." And I took off like a shot toward my house.

Emir galloped like a champion. We raced through the little streets leading out of town so no one

Cuando salí, un relincho de Emir me dio las fuerzas que me faltaban para atravesar el patio. Las hojas que crujían bajo mis pasos me acusaban y mi forma de caminar debía ser muy rara porque al verme Casimiro comentó:

—Ay m'ijo, pa' esos dolores dígale a su mamá que le prepare un guarapito de menta.

—Ya pasó, voy a la finca. Gracias, Casimiro —. Y salí mandado como un tiro rumbo a mi casa.

Emir corría como un campeón. Nos fuimos por las callecitas de las afueras para que nadie

115

would see us. All of a sudden, I felt that someone was following us. The a's weighed heavy in my pockets, and in my conscience I seemed to hear the voice of the priest accusing me. The Four Horsemen of the Apocalypse, Saint George, the Roman soldier, even the archangel Saint Gabriel, dragon and all, were chasing me. It was getting dark, and I was more afraid than I had ever been. I felt the demons of heaven and earth waiting at every bend in the road; I heard the wailing of *La Llorona,* the

•••

nos llamara. De pronto empecé a sentir que alguien nos perseguía. Las aes me pesaban en los bolsillos, y en la conciencia me parecía oír la voz del cura acusándome. Los cuatro jinetes del Apocalipsis, San Jorge, el soldado romano, y hasta el arcángel San Gabriel con dragón, y todo me perseguían. La tarde se hacía oscura y asustaba como nunca. Yo sentía a los demonios del cielo y de la tierra acechándome en cada curva del camino, oía los gritos de la llorona, las súplicas de las ánimas del purgatorio, y los cantos del silbón. ¡Arre, Emir, arre!

Al pasar por el pozo del ahogado, vi como éste se levantaba del pantano con sus manos huesudas, para agarrarme. ¡Corre, Emir, corre! Oía el aleteo del arcángel San Gabriel sobre mi cabeza. ¡Corre, mi caballito, que nos alcanzan!

wailing woman, the pleas of the souls in purgatory, and the whistling call of night birds. Giddyup, Emir! Giddyup!

As we rode past the Well of the Drowned Man, I saw him rise up out of the swamp, his bony hands reaching out to grab me.

Go, Emir! Faster! I heard the archangel Saint Gabriel's wings flapping above my head.

Faster, pony, they're catching up!

When I saw the lights of the hacienda, the smell of warm coffee came to me on the breeze. Then all the demons disappeared. I was back home. No one was chasing me, no one had been chasing me. The letters were cold in my pockets, and Emir and I were so tired we couldn't breathe.

I went in behind the granary, straight to the place I had chosen to keep the a's. I buried them, wrapped in a piece of leather, like a treasure the earth would guard for me.

Later, when my father kissed me good night, I felt happy. I had helped him and for

•••

Cuando vi las luces de la hacienda el olor del cafecito me llegó colgado de la brisa. Entonces, todos los demonios desaparecieron. Ya estaba en casa. Nadie me perseguía ni lo había hecho. Las letras estaban frías en mis bolsillos y Emir y yo no podíamos respirar del cansancio.

Entré por detrás del granero y fui directamente al sitio que había elegido para guardar las aes. Las enterré envueltas en una pieza de cuero, como un tesoro que la tierra me guardaría.

Más tarde, cuando mi padre me besó al darme las buenas noches, me sentí feliz. Lo había

ayudado y por un tiempo *La Voz de San Gabriel* no lo atacaría. Mi secreto durmió tranquilamente conmigo aquella noche.

Durante ocho días esquivé cualquier viaje al pueblo. Ni siquiera quise ir a llevar la leche, que era mi oficio preferido y que me dejaban hacer pocas veces al mes. Pero llegó el domingo y debía acompañar a mi padre a misa.

En el púlpito, durante la misa, el Padre Demetrio explicó por qué el periódico no había aparecido. Yo lo oía escalofriado y titiritando junto a mi padre. Aquel sermón era el más furioso de todos.

—¡Han cometido un sacrilegio! —decía con su voz de órgano—. ¡Robar las pertenencias de la iglesia es doble pecado y se castiga con la excomunión! *La Voz de San Gabriel* no podrá salir en mucho tiempo porque las letras hay que traerlas de la capital y entre

119

a while *The Voice of Saint Gabriel* would not attack him.

My secret slept calmly with me that night.

For one whole week I avoided any trip into town. I didn't even want to take in the milk, which was my favorite chore, something they let me do only a few times a month. But then Sunday came and I had to go to mass with my father.

In the pulpit during mass, Padre Demetrio explained why the newspaper had not appeared. I sat beside my father, listening as chills ran up and down my spine. That sermon was the angriest of all.

"A sacrilege has been committed here!" the priest said, in tones like an organ. "To steal what belongs to the church is twice a sin and is punished with excommunication! *The Voice of Saint Gabriel* will not be published for a long time because the type must be brought from the capital, and the longer it takes to get here, the greater the sin. I am warning the guilty party that he is damned!"

I have never been so afraid. I felt condemned by the a's. When that long, long mass was finally over, my father asked, "What is it, son? You don't look well . . ."

"Nothing," I answered, and went running to my aunts' house.

más demoren en aparecer las letras mayor es el pecado. ¡Sepa el culpable que está condenado!

Nunca he tenido más miedo. Me sentía en el infierno condenado por las aes. Cuando por fin terminó aquella misa inacabable mi padre me dijo:

—¿Qué te pasa, m'ijo? Te veo enfermo...

—Nada —le contesté y salí corriendo a la casa de mis tías.

120

...

Cuando mi papá llegó
le confesé:

—Papá, yo me robé las aes,
porque no me gustaba lo
que escribían de ti en el
periódico. Sus grandes ojos
azules se humedecieron.
Sus labios alcanzaron a
dibujar una sonrisa cortada por
una arruga de preocupación en la
frente. Después de unos interminables
minutos de suspenso, me abrazó,
me besó, y dijo:

—Te agradezco. Lo hiciste por amor. Se te
perdonará por amor. Pero hay que restituirlas.
¿Las tienes todavía?

—¡Sí! ¡Están enterradas en un saquito para que
no se las coma la tierra!

—Ve y búscalas. No se lo digas ni a tu mamá.
Te espero aquí. No se lo digas a nadie.

La voz de mi padre había lavado mi cuerpo y
mi alma de aquella horrible sensación de pavor.
Camino de la finca, camino de las aes, era como
si yo no pesara sobre Emir y como si Emir no
pesara sobre el suelo.

121

When my papa came, I
confessed.

"Papa, I stole the a's because
I didn't like what they were
writing about you in the
newspaper." His big, blue eyes
filled with tears. His lips curved
in the hint of a smile that was
offset by the worried frown on
his forehead. After moments of
suspense that I thought would
never end, he put his arms
around me, kissed me, and said,
"I am grateful. You did it for
love. You will be forgiven by
love. But we must return the
type. Do you still have the
letters?"

"Yes! They're buried in a little
packet so the earth won't ruin
them!"

"You run and get them. Don't
say anything, not even to your
mama. I will wait for you here.
Don't say anything to anyone."

My father's voice had
cleansed my body and my soul
of that horrible sensation of
terror. On the way to the
hacienda—the way toward the
a's—it was as if I didn't weigh at
all on Emir, and as if Emir were
not touching the ground.

But on the way back to the town a terrible question came to me, and all the blood drained from my face. Who would I have to return the a's to? And who would return them? Would it be me?

When I was with my father again, I asked him those questions. He answered, "They must be returned to their owner, Padre Demetrio Mendoza. You must hand them to him in person. I will go with you. It will be better if no one else knows about this."

The two of us set out for the priest's house. My father was silent and absorbed. I was struck with fear.

Pero de regreso al pueblo una terrible interrogación me asaltaba y me empalidecía: ¿A quién habría de entregarle las aes? ¿Quién las entregaría? ¿Sería yo?

Cuando al llegar a presencia de mi padre le formulé la pregunta, él contestó:

—Hay que entregárselas al dueño, al Padre Demetrio Mendoza. Se las entregarás tú en persona. Yo te acompaño. Es mejor que nadie más sepa de esto.

Nos pusimos en marcha los dos hacia la casa cural. Mi padre silencioso de preocupación. Yo, fulminado del susto.

122

...

El Padre Demetrio estaba sentado en el corredor leyendo su breviario en la mecedora. Se quedó mirándonos muy extrañado por encima de sus anteojos.

—¿Qué milagro me los trae por acá? —dijo, dejando a un lado el librito y guardando los anteojos en la sotana.

—Mi hijo quiere hablarle —contestó Papá, dándome una palmadita en el hombro para que me adelantara. Di dos pasos temerosos hacia el padre. Con los brazos extendidos le entregué el saco con las aes.

—Yo me robé las aes, Padre, porque no me gusta lo que escriben en el periódico contra mi papá.

El viejo y grande cura se quedó como una estatua. Quiso decir algo pero se contuvo, tomó el paquete, lo puso lentamente sobre el libro sin dejar de mirarme.

Padre Demetrio was sitting in a rocking chair in the corridor reading his prayer book. He looked at us over his eyeglasses, surprised. "What miracle brings you two here?" he asked, setting his little book aside and tucking his eyeglasses into his cassock.

"My son has something to say to you," my father answered, giving me a little pat on the shoulder to push me forward. I took two terrified steps toward the priest. I held out my hands and gave him the pouch with the a's.

"I stole the a's, Padre, because I don't like what you write in the newspaper about my papa."

The old and very large priest sat there like a statue. He started to say something but stopped, picked up the packet, and slowly set it on the book while staring at me.

Then he picked me up in his enormous, hairy arms and gave me a kiss. "You are forgiven, son. Does anyone else know about this?"

"Just my papa and Your Reverence. But my papa only learned about it today after mass."

"No one else must know. It would complicate the situation. Don't tell anyone, not even your mama."

After a pause, Padre Demetrio offered his hand to my papa and said,

···

Y luego me levantó con sus enormes brazos peludos y me dio un beso.

—Estás perdonado hijo... ¿alguien más lo sabe?

—Mi papá y su reverencia. Pero mi papá lo supo hoy despúes de la misa.

—Nadie más debe saberlo. Se nos complicaría mucho la situación. No lo cuentes ni siquiera a tu mamá.

Después de una pausa, el cura Demetrio le extendió la mano a mi papá diciéndole:

124

⋯

—Gonzalo, este muchacho tiene que estudiar. Mándalo para acá todos los sábados.

Desde ese día, se acabaron los sermones y las páginas contra mi padre.

Yo empecé a trabajar en la imprenta que tanto me gustaba y ahora quiero hacer un libro para contar esta historia y muchas otras que pasan en mi pueblo, donde hay generales y poetas.

"Gonzalo, this boy must study. Send him here every Saturday."

And from that day on, the sermons and newspaper articles against my father ended.

I began working in the printing shop that I liked so much, and now I want to make a book to tell this story and many others that happen in my town, where there are generals and poets.

LA HIJA DE LA NIEVE

Cuento folklórico ruso
en versión de Arthur Ransome

LA HIJA DE LA NIEVE

*Cuento folklórico ruso
en versión de Arthur Ransome*

Traducción de Dolores M. Koch

Extensión del cuento: 21 páginas

Duracion de la lectura en voz alta: Aproximadamente 25 minutos

Un hombre y una mujer viejecitos, deseosos de tener un niño, hacen una niña de nieve. La niña cobra vida y vive con la pareja por un tiempo, jugando con los niños de la aldea durante el día y bailando en la nieve toda la noche. Cuando un día se pierde en el bosque, y un zorro la trae a su hogar, los dos ancianos toman una decisión que hace a la niña de nieve marcharse de casa.

Apuntes del cuento

En esta versión de un cuento folklórico ruso, el viejo Pedro, el narrador, les cuenta la historia a dos niños, Vanya y Maroosia. Si después de la primera lectura, los estudiantes están confundidos con los diálogos entre el viejo Pedro y los niños, los que se presentan en letra cursiva, usted o los estudiantes pueden leer en voz alta el primer párrafo del cuento y el diálogo que le sigue a continuación. Este pasaje presenta al viejo Pedro, a Vanya, y a Maroosia, y pondrá en claro la relación que existe entre ellos.

Acerca del autor

Arthur Ransome nació en 1884 en Leeds, Inglaterra. Como su familia frecuentemente iba de paseo a las montañas y a los lagos, muchos de sus libros para niños describen la vida en la campiña inglesa. Ransome trabajó de corresponsal extranjero para un periódico inglés y viajó varias veces a Rusia, donde llegó a conocer el folklore ruso, el que le fascinó. Su interés le inspiró a escribir *Old Peter's Russian Tales (Los cuentos rusos del viejo Pedro),* de los cuales es parte "La hija de la nieve". Ransome murió en 1967.

THE LITTLE DAUGHTER OF THE SNOW

*Russian folktale
as told by Arthur Ransome*

Story length: 21 pages

Read-aloud time: About 25 minutes

An old man and old woman, anxious for a child, sculpt a girl out of snow. She comes to life and lives for some time with the old couple, playing with the village children during the day and staying outside to dance in the snow all night. When she is lost in the woods and brought home by a fox, the old people make a choice that causes her to leave them.

Story Notes

In this version of a Russian folktale, a first-person narrator, old Peter, tells the story to two children, Vanya and Maroosia. If after the first reading students are confused by the italicized dialogues between old Peter and the children, consider reading aloud, or having students read aloud, the first paragraph of the story and the dialogue that immediately follows it. This passage establishes the characters of old Peter, Vanya, and Maroosia, and it should clarify their relationship to the story.

About the Author

Arthur Ransome was born in 1884 in Leeds, England. His family frequently went on excursions to mountains and lakes, and many of his books for children describe exploring the English countryside. He worked as a foreign correspondent for an English newspaper and made several trips to Russia. Ransome became fascinated with Russian folklore, an interest that inspired him to write *Old Peter's Russian Tales,* from which "The Little Daughter of the Snow" is taken. He died in 1967.

Para obtener información más detallada sobre cómo hacer estas actividades y adaptarlas a las necesidades de los estudiantes de diferentes niveles, refiérase a los Elementos del director, a partir de la pág. 337.

Primera lectura (alrededor de 25 minutos) seguida de Preguntas para compartir (20–30 minutos)

Recuérdeles a los estudiantes que, a medida que escuchen el cuento, deben pensar en las preguntas que les gustaría hacer después de la lectura. Léales el cuento en voz alta y luego, pídales que compartan sus preguntas. Cuando ellos hagan preguntas, escríbalas en el tablero o en papel gráfico, el que puede colgar en clase para que puedan consultarlas mientras trabajan en el cuento. Con la ayuda de los estudiantes, conteste las preguntas urgentes sobre vocabulario o hechos específicos. Si el tiempo lo permite, haga que la clase considere brevemente las respuestas posibles a algunas de las otras preguntas. Explique que guardarán las preguntas sobre el significado del cuento para la Discusión colectiva.

Segunda lectura con Toma de apuntes (30–45 minutos)

Para ayudar a los estudiantes a considerar el texto más atentamente, indíqueles que tomen apuntes durante la segunda lectura. Decida si los estudiantes (1) anotarán en el margen las reacciones que el cuento les cause, (2) señalarán las partes que sugieran respuestas a alguna de las preguntas hechas durante la sección Preguntas para compartir, o (3) marcarán el texto utilizando uno de las sugerencias para tomar apuntes, que aparecen a continuación, o alguno que usted haya creado:

- Señala con una **G** las partes donde los viejecitos parecen **generosos**, y con una **E** las partes donde parecen **egoístas.**

- Señala con una **A** las partes donde la niña de la nieve trata **amablemente** a los viejecitos, y con una **F** las partes donde los trata **fríamente.**

Antes de empezar la segunda lectura, explique cómo le gustaría que los estudiantes tomaran apuntes. Luego, lea el cuento en voz alta o haga que los estudiantes lo lean independientemente o en parejas, tomando apuntes durante la lectura. Una vez que los estudiantes hayan tomado apuntes, déles la oportunidad de compartir los apuntes sobre varios pasajes o páginas del cuento y explicarlos.

Discusión colectiva (30–45 minutos)

Antes de la discusión, decida cuales son las preguntas que quiere tratar con la clase (vea la página siguiente). Siempre que sea posible, siente a los estudiantes en forma tal que todos puedan verse y escucharse con facilidad. Recuérdeles que necesitarán sus libros y útiles de escritura. Distribuya ejemplares de Elaborar tu respuesta (vea el apéndice B, pág. 411) y déles a los estudiantes la oportunidad de meditar sobre la pregunta de enfoque y anotar respuestas antes de empezar la discusión. Durante la discusión, utilice preguntas relacionadas con partes específicas del cuento para ayudarles a los estudiantes a pensar en la evidencia del texto que respalde sus opiniones. En nuestras preguntas sugeridas, las preguntas de enfoque aparecen en negrillas y las preguntas relacionadas están bajo la pregunta de enfoque a que aluden.

For more detailed information about conducting these activities and adapting them to meet the needs of students working at different levels, see the Leader's Toolbox, beginning on p. 363.

First Reading (about 25 minutes) followed by Sharing Questions (20–30 minutes)

Remind students that as they listen to the story they should think of any questions they would like to ask after the reading. Read the story aloud, and then have them share their questions. As students pose questions, you may want to write them on the board or on chart paper that can be left up during the class's work on the story. With students' help, answer pressing vocabulary or factual questions. If time permits, have the class briefly consider possible answers to a few of the other questions. Explain that you will save questions about the story's meaning for Shared Inquiry Discussion.

Second Reading with Note Taking (30–45 minutes)

To help students look at the text more closely and thoughtfully, have them take notes during the second reading. Decide whether students will (1) make their own marks about their reactions to the story in the margins, (2) mark places that suggest answers to one of the questions asked during Sharing Questions, or (3) mark the text using one of the following note-taking prompts or one that you have created:

- Mark places where the old people seem **unselfish** with **U**, and places where they seem **selfish** with **S**.

- Mark places where the snow girl treats the old couple **kindly** with **K**, and places where she treats them **unkindly** with **U**.

Explain how you would like students to take notes before they begin the second reading. Then read the story aloud or have students read independently or in pairs, making notes throughout. After students have made notes, give them an opportunity to share and explain their notes from several passages or pages of the story.

Shared Inquiry Discussion (30–45 minutes)

Before discussion, decide which questions you want to explore with your class (see the facing page). Whenever possible, seat students so that everyone can see and hear one another easily. Remind students that they will need their books and something to write with. Distribute copies of the Building Your Answer page (see appendix B, p. 411), and give students an opportunity to reflect on the focus question and write down their answers before discussion begins. Throughout discussion, use related questions about specific parts of the story to help students think about evidence in the text that supports their opinions. In our suggested questions, focus questions appear in bold type and related questions appear under the focus question they support.

Le recomendamos que establezca su propia lista de preguntas para la Discusión colectiva (vea el prototipo Red de preguntas en el apéndice B, pág. 407). Necesitará una pregunta de enfoque, que será la pregunta que usted haga al inicio de la discusión, y preguntas relacionadas para ayudar a los estudiantes a reflexionar aún más sobre la pregunta de enfoque. Usted puede derivar la pregunta de enfoque, y las preguntas relacionadas con ésta, de las preguntas de los estudiantes, de sus propios apuntes, o de las preguntas de muestra indicadas a continuación.

¿Por qué desean tanto un hijo los viejecitos?

- ¿Por qué le prestan los dos viejecitos tan poca atención a sus animales?

- ¿Por qué dicen los dos viejecitos, "Ella es muy nuestra", aunque la niña siempre les dice que es la Hija de la Nieve?

- ¿Por qué siempre tratan los viejecitos que la Hija de la Nieve duerma dentro de la choza?

- Cuando se pierde la Hija de la Nieve, ¿por qué se quedan en casa los dos viejecitos llorando y lamentándose?

- ¿Por qué piensan los viejecitos que está bien engañar al zorro una vez que recuperan a la niña de nieve?

¿Por qué siente la Hija de la Nieve que debe marcharse y dejar a los viejecitos después de que engañan al zorro?

- Cuando la niña de nieve cobra vida, ¿por qué canta que se derretirá si los viejecitos no la quieren lo suficiente?

- ¿Por qué está de acuerdo el viejecito con el plan de la viejecita de engañar al zorro? ¿Por qué ambos luego dicen, "Qué bien la hicimos"?

- Mientras se está derritiendo, ¿por qué canta la niña que vuelve junto a su verdadera madre?

- ¿Por qué canta la niña de nieve, "Veo que los viejecitos / me quieren menos que a un pollito"?

- ¿Se habría derretido la niña de la nieve al llegar la primavera de todas maneras, hicieran lo que hicieran los viejecitos?

SUGGESTED QUESTIONS FOR DISCUSSION

We recommend that you create your own set of questions for Shared Inquiry Discussion (see the Question Web master in appendix B, p. 407). You will need a focus question, which will be the question you ask at the beginning of discussion, and related questions that help students think further about the focus question. Your focus question and related questions can be drawn from your students' questions, your own notes, or the sample questions that follow.

Why does the old couple want a child so much?

- Why do the old man and old woman pay so little attention to their animals?

- Why do the old people say, "She is all our own," even though the snow girl keeps telling them that she is the little daughter of the Snow?

- Why do the old people keep trying to get the little daughter of the Snow to sleep indoors?

- When the snow girl is lost, why do the old man and old woman stay home crying and lamenting?

- Why do the old people decide that it's all right to trick the fox once they have the snow girl back?

Why does the little daughter of the Snow feel she must leave the old man and old woman after they trick the fox?

- When she first comes alive, why does the snow girl sing that she will melt if the old people don't love her enough?

- Why does the old man agree to the old woman's plan to trick the fox? Why do they both say afterward, "That was well done"?

- As she is melting, why does the snow girl sing that she is going back to her real mother?

- Why does the snow girl sing "Old ones, old ones, now I know / Less you love me than a hen"?

- Are we supposed to think the snow girl would have melted when spring came, no matter what the old couple did?

ACTIVIDADES ADICIONALES

Estas actividades hacen que los estudiantes comprendan mejor el cuento y lo disfruten más y que desarrollen destrezas del vocabulario, la escritura, y el razonamiento crítico. Las necesidades y los intereses de su grupo le ayudarán a determinar cuáles actividades debe incluir en el programa de actividades básicas.

Preparación del contexto

Oportunidad: Antes de la primera lectura

Presente el cuento diciéndoles a los estudiantes que se trata de un matrimonio que debe aprender cómo ser padres cuando ya son viejecitos. Pregúnteles qué consejos les darían a las personas que desean ser buenos padres y dirija una discusión breve. Las preguntas siguientes ayudarán a los estudiantes a conversar sobre el tema: *¿Qué cosas deben hacer los padres por sus hijos? ¿Pueden los padres llegar a consentir demasiado a sus hijos? ¿Cómo demuestran los padres que aman a sus hijos?*

Vocabulario

Oportunidad: En cualquier momento después de la primera lectura

El desafío del abecé (vea el apéndice B, pág. 419). Los estudiantes piensen en palabras relacionadas con el clima frío.

Taller de palabras (vea la página de actividades). Los estudiantes buscan antónimos y sinónimos de palabras del cuento y crean sus propias oraciones, usándolos.

Observación literaria

Oportunidad: En cualquier momento después de la segunda lectura

- **Descripción** (vea la página de actividades). Los estudiantes consideran de qué maneras Arthur Ransome describe el cambio del día a la noche en el cuento. Luego, escriben oraciones creadas por ellos, describiendo los cambios que se producen de la noche al día.

- **Símiles** (vea la página de actividades). Los estudiantes consideran un símil de los que el cuento presenta y crean sus propios símiles.

Actividades creativas

Oportunidad: En cualquier momento después de la primera lectura

- Ya sea todos juntos o en grupos pequeños, los estudiantes entonan una melodía o un son para las canciones de la niña de nieve y las cantan. Luego, discuten qué aprendieron del carácter de la Hija de la Nieve por medio de su canción.

- Haga que los estudiantes dibujen a la niña de nieve echándose en los brazos de don Escarcha y de la Señora de la Nieve o jugando en las aguas congeladas (vea el prototipo de arte en el apéndice B, pág. 425). Quizás pueda leer en voz alta el último párrafo del cuento o pedir a algunos estudiantes que lo lean en voz alta antes de que la clase comience a dibujar. Para representar la nieve y el hielo, los estudiantes pueden usar bolas de algodón, diamantina, o papel de aluminio.

SUPPLEMENTAL ACTIVITIES

These activities deepen students' understanding and enjoyment of the story and develop vocabulary, writing, and critical-thinking skills. The needs and interests of your group will help you determine which activities to add to the schedule of core activities.

Building Context

Timing: Before the first reading

Introduce the story by telling students that it is about a husband and wife who must learn how to be parents when they are very old. Ask students what advice they would give people who want to be good parents, and lead them in a brief discussion. The following questions will help students elaborate: *What kinds of things should parents do for their children? Is it possible for parents to do too much for their children? How do parents show their children that they love them?*

Vocabulary

Timing: Anytime after the first reading

ABC Challenge (see appendix B, p. 419). Have students think of words related to cold weather.

Word Workshop (see activity page). Students find antonyms and synonyms for words in the story and create their own sentences using them.

Looking at Literature

Timing: Anytime after the second reading

- **Description** (see activity page). Students consider the ways in which Arthur Ransome describes the change from day to night in this story. Then they write their own sentences describing the change from night to day.

- **Similes** (see activity page). Students consider a simile from the story and create their own similes.

Creative Endeavors

Timing: Anytime after the first reading

- As a whole class or in small groups, students make up a rhythm or tune for the snow girl's songs, and chant or sing it. Afterward, discuss what the little daughter of the Snow's songs reveal about her character.

- Have students draw the snow girl leaping into the arms of Frost and Snow or playing on the frozen seas (see the art master in appendix B, p. 425). You may wish to read the last paragraph of the story aloud, or have a student or students read it aloud, before the class begins drawing. Students may use materials such as cotton balls, glitter, or aluminum foil to represent snow and ice.

- Haga que los estudiantes actúen la escena en que los viejecitos engañan al zorro y la niña de nieve se derrite. Luego, pida que discutan cómo se sienten los personajes durante y después de esa escena.

- Haga que los estudiantes dibujen su árbol favorito dos veces, mostrando cómo se ve en el invierno y en el verano. Antes de que empiecen a dibujar, recuérdeles que la Hija de la Nieve "tenía más encanto que un grácil abedul en primavera".

Escritura

Oportunidad: Después de la Discusión colectiva

Escritura creativa (vea la página de actividades). Los estudiantes escriben qué le sucedió a la pareja después de que el cuento llegó a su fin.

Escritura poética (vea la página de actividades). Los estudiantes crean sus propias canciones sobre un niño o una niña de la naturaleza y las escriben.

Para explorar más...

Ciencias

- Haga que los estudiantes investiguen las condiciones físicas en que la nieve se desarrolla: *¿En qué condiciones se condensa, se evapora, y se congela el agua? ¿Qué condiciones físicas específicas se necesitan para que haya nieve? ¿Cómo pronostican los meteorólogos la nieve?*

Estudios sociales

- Haga que los estudiantes investiguen sobre Rusia: *¿Dónde está? ¿Cómo es el clima? ¿Cuáles son las características geográficas principales? ¿Cómo son su arte y música tradicional? ¿Cómo son su ropa y comida típica? ¿Qué otros cuentos folklóricos rusos conocen?*

- Haga que investiguen otras zonas en donde hay fríos extremos; por ejemplo, Alaska, los Andes, o Antártida. *¿Cómo se han adaptado al clima los países que están situados en estas zonas? ¿Cómo ha influido el frío extremo en la alimentación, ropa, y otras manifestaciones de su cultura?*

- Have students act out the scene in which the old man and old woman trick the fox and the snow girl melts. Afterward, have students discuss how each of the characters feels during and after the scene.

- Have students draw a picture of their favorite tree, showing how it looks both in winter and in summer. Before they begin drawing, remind students that the little daughter of the Snow is described as "lovelier than a birch tree in spring."

Writing

Timing: After Shared Inquiry Discussion

Creative Writing (see activity page). Students write about what happens to the old couple after the end of the story.

Poetry Writing (see activity page). Students write their own songs about a child from nature.

For Further Exploration

Science

- Have students research the processes surrounding snow. *Under what conditions does water condense, evaporate, and freeze? What specific conditions are needed to produce snow? How do meteorologists predict snow?*

Social Studies

- Have students research Russia. *Where is it, and what is its climate like? What are the major geographical features of the country? What are its traditional art, music, food, and clothing like? What are some other Russian folktales?*

- Have students research other areas where extreme cold is common, such as Alaska, the Andes, or Antarctica. *How have different countries adapted to such harsh weather? How has extreme cold affected the food, clothing, and other cultural practices of different countries?*

Nombre: _____

Sinónimos son palabras que tienen el mismo significado o un significado parecido. **Antónimos** son palabras que significan lo contrario. Para cada una de las oraciones siguientes, busca, el sinónimo o el antónimo de las palabras subrayadas. Luego, escribe una nueva oración con cada sinónimo o antónimo que encontraste.

Ejemplo:

Bailaba libremente, como los copos de nieve que <u>giran</u> en el aire.
Sinónimo: dan vueltas

Nueva oración:

<u>Los niños dan vueltas alrededor del muñeco de nieve.</u>

Primera parte: sinónimos

 relucir   **mirar**   **sacrificar**

1. De pronto, en la semioscuridad, ellos vieron cómo <u>brillaban</u> sus ojos azules como el cielo en un día claro.

   Sinónimo: _____

   Tu oración: _____

2. Los viejos la <u>observaron</u> por mucho tiempo.

   Sinónimo: _____

   Tu oración: _____

3. Es una lástima <u>perder</u> un buen pollo gordito.

Sinónimo: _____

Tu oración: _____

Segunda parte: antónimos

congelarse   **reírse**   **acercarse**

1. De todos modos, la nieve se estaba <u>derritiendo</u>, y ya se podía pasar por los caminos.

Antónimo:_____

Tu oración: _____

2. Y los viejos estaban <u>allí llorando y lamentándose</u>.

Antónimo:_____

Tu oración: _____

3. Así que el lobo se <u>alejó corriendo</u> y la dejó sola.

Antónimo:_____

Tu oración: _____

Nombre: _____

El mismo objeto se puede describir de
muchas maneras diferentes. En este
cuento, el autor indica el cambio
del día a la noche usando las
palabras y frases siguientes:

> **la noche se acerca**
> **se estaba haciendo de noche**
> **antes de que oscureciera**
> **para el atardecer**
> **en la semioscuridad**

Ahora escribe dos oraciones en que describas el cambio de la noche al día.

1. _____

   _____

   _____

2. _____

   _____

   _____

Nombre: _____

Los símiles son comparaciones
poéticas que usan la palabra
como. En este cuento, el autor
dice que la Hija de la Nieve
se ríe "con una risa **como**
campanitas de cristal".

¿Cómo crees que suenan las campanitas de cristal? Escribe dos o tres
oraciones en que describas el sonido que hacen.

1. _____

_____

_____

2. _____

_____

_____

3. _____

_____

_____

Ahora completa las oraciones siguientes con un símil inventado por ti mismo.

1. El gigante gritó con un grito como _____.

2. El mar rugió con un rugido como _____.

3. La bibliotecaria susurró con un susurro como _____.

4. Él/la _____ murmuró con un murmullo como

_____.

5. El fuego _____ con un/una

_____ como _____.

Nombre: _____

Al final del cuento, los viejecitos ven desaparecer a la niña. ¿Qué crees que harían después? Escribe lo que crees que pasa después que ella desaparece.

_____

título

¿Qué hacen los viejecitos después que la niña desaparece?

_____

_____

_____

_____

_____

¿Se les ocurre un plan o no? Si crees que sí, ¿cuál? ¿Funciona el plan?

_____

_____

_____

_____

_____

_____

¿Aprenden algo
de esta experiencia
los viejecitos?
¿Por qué sí?
¿Por qué no?

Nombre: _____

Aunque la Hija de la Nieve vive entre la gente, se parece a sus verdaderos padres, don Escarcha y la Señora de la Nieve, y se va con ellos. Piensa en otro hijo o hija de la naturaleza y escribe la canción que podría cantar.

Soy el/la _____ de _____.

No hay _____ en mi cuerpo, sólo _____.

Puedo _____ y _____

y _____, aunque _____.

Soy _____ de _____.

Pero si siento que ustedes no me quieren,

Entonces yo _____.

Soy el/la _____ de _____.

—Había una vez un viejo, tan viejo como yo.

La hija de la nieve

*Cuento folklórico ruso
en versión de Arthur Ransome*

Traducción de Dolores M. Koch

Había una vez un viejo, quizá tan viejo como yo —contaba el abuelo— y una vieja, su esposa, que vivían en una choza en una aldea que lindaba con el bosque. En la aldea vivía mucha gente, era todo un pueblo… ocho chozas por lo menos, treinta o cuarenta personas, que eran buena compañía para cruzar el camino juntos. Los viejecitos no eran felices, a pesar de vivir como en el mismo centro del mundo. ¿Y por qué no eran felices? No eran felices porque no tenían un pequeñín como Vanya, ni una nena como Maroosia. Imagínense ustedes. Había quienes decían que era mejor que así fuera.

127

The Little Daughter of the Snow

*Russian folktale
as told by Arthur Ransome*

There was once an old man, as old as I am, perhaps, and an old woman, his wife, and they lived together in a hut, in a village on the edge of the forest. There were many people in the village, quite a town it was—eight huts at least, thirty or forty souls, good company to be had for crossing the road. But the old man and the old woman were unhappy, in spite of living like that in the very middle of the world. And why do you think they were unhappy? They were unhappy because they had no little Vanya and no little Maroosia. Think of that. Some would say they were better off without them.

"Would you say that, grandfather?" asked Maroosia.

"You are a stupid little pigeon," said old Peter, and he went on.

Well, these two were very unhappy. All the other huts had babies in them—yes, and little ones playing about in the road outside, and having to be shouted at when anyone came driving by. But there were no babies in their hut, and the old woman never had to go to the door to see where her little one had strayed to, because she had no little one.

And these two, the old man and the old woman, used to stand whole hours, just peeping through their window to watch the children playing outside. They had dogs and a cat, and cocks and hens, but none of these made up for having no children.

...

—*Tú no dirías eso, ¿verdad, Abuelito?* —*preguntó Maroosia.*

—*¡Qué tontería!* —*dijo su abuelo Peter, y prosiguió con el cuento.*

En fin, los dos viejos no eran nada felices. En todas las otras chozas había al menos un bebé adentro, y otros pequeños afuera, jugando en el camino. Cuando un coche se aproximaba, tenían que gritarles para que le dejaran paso. Pero en la choza de ellos no había ningún niño y la viejecita nunca tenía que ir hasta la puerta para ver dónde estaba su niño, porque no tenían ninguno.

Los dos viejos, el hombre y la mujer, acostumbraban a pasarse las horas de pie en la ventana, mirando a los niños jugar afuera. Aunque tenían unos perros y una gata, además de gallos y gallinas, ninguno de éstos les servían de compensación por no tener hijos.

128

...

Los dos se quedaban siempre de pie mirando a los niños de otras casas. Cuando sus perros ladraban, ellos ni se daban cuenta; cuando su gata se acurrucaba junto a ellos, ellos ni la sentían; y los gallos y las gallinas, bueno, ellos les daban de comer, eso era todo. Los viejos no se interesaban por sus animales y preferían pasarse todo el tiempo mirando a los niños ajenos, como Vanya y Maroosia.

Cuando llegaba el invierno, los niños se ponían sus abrigos de piel de cordero…

These two would just stand and watch the children of the other huts. The dogs would bark, but they took no notice; and the cat would curl up against them, but they never felt her; and as for the cocks and hens, well, they were fed, but that was all. The old people did not care for them, and spent all their time in watching the Vanyas and Maroosias who belonged to the other huts. In the winter the children in their little sheepskin coats—

129

"Like ours?" said Vanya and Maroosia together.

"Like yours," said old Peter, and he went on.

In their little sheepskin coats, they played in the crisp snow. They pelted each other with snowballs, and shouted and laughed, and then they rolled the snow together and made a snow woman—a regular snow Baba Yaga, a snow witch, such an old fright!

And the old man, watching from the window, saw this, and he says to the old woman:

"Wife, let us go into the yard behind and make a little snow girl; and perhaps she will come alive, and be a little daughter to us."

"Husband," says the old woman, "there's no knowing what may be. Let us go into the yard and make a little snow girl."

So the two old people put on their big coats and their fur hats, and went out into the yard, where nobody could see them. And they rolled up the snow, and began to make a little snow girl. Very, very tenderly they rolled up the snow to make her little arms

—¿Como los abrigos nuestros? —preguntaron Vanya y Maroosia a su abuelo al mismo tiempo.

—Sí, como los de ustedes —dijo el viejo Peter y siguió su cuento.

Con sus abriguitos de pieles puestos, ellos jugaban en la nieve, que crujía bajo sus pies. Se tiraban bolas de nieve, gritaban y se reían, y luego amasaban la nieve para hacer una muñeca de nieve, una verdadera Baba Yaga, o sea, una bruja de nieve. ¡Ay, qué adefesio!

Y el viejo, que estaba mirando por la ventana, le dijo a la vieja:

—Mujer, vámonos al patio de atrás y hagamos una niña de nieve; a lo mejor cobra vida y será entonces como una hija para nosotros.

—Esposo —dijo la vieja—, nunca se sabe lo que puede suceder. Vamos al patio a hacer una niña de nieve.

Y los dos viejos se pusieron sus abrigos y sus sombreros de pieles, y se fueron al patio donde nadie podía verlos. Y amasaron la nieve, y empezaron a hacer una niña de nieve. Apretaron la nieve con ternura para formarle los bracitos

130

y las piernas. El buen Dios ayudó a los viejos, y la niña de nieve fue más bella de lo que ellos hubieran podido imaginar. Tenía más encanto que un grácil abedul en primavera.

Y bien, para el atardecer ya estaba terminada… una niñita, toda de nieve, con ojos blancos que no veían, y una boquita pequeña con labios de nieve muy bien cerrados.

—Anda, háblanos —dijo el viejo.

—¿No quieres corretear como los otros niños, blanca palomita? —dijo la vieja.

Y eso fue exactamente lo que ella hizo, de veras.

De pronto, en la semioscuridad, ellos vieron cómo brillaban sus ojos azules como el cielo en

131

and legs. The good God helped the old people, and their little snow girl was more beautiful than ever you could imagine. She was lovelier than a birch tree in spring.

Well, towards evening she was finished—a little girl, all snow, with blind white eyes, and a little mouth, with snow lips tightly closed.

"Oh, speak to us," says the old man.

"Won't you run about like the others, little white pigeon?" says the old woman.

And she did, you know, she really did.

Suddenly, in the twilight, they saw her eyes shining blue like the sky on a clear day. And her lips flushed and opened, and she smiled. And there were her little white teeth. And look, she had black hair, and it stirred in the wind.

She began dancing in the snow, like a little white spirit, tossing her long hair, and laughing softly to herself.

Wildly she danced, like snowflakes whirled in the wind. Her eyes shone, and her hair flew round her, and she sang, while the old people watched and wondered, and thanked God.

un día claro. Y sus labios se pusieron rosados y se abrieron, riéndose y mostrando sus dientes blancos y pequeñitos. Y ellos miraban cómo el viento sacudía su pelo negro.

Cuando comenzó a bailar en la nieve, como un espíritu blanco, ella sacudió su larga cabellera negra, sonriéndose sola.

Bailaba libremente, como los copos de nieve que giran en el aire. Los ojos le brillaban, y el pelo le daba vueltas alrededor, mientras que los viejos la observaban, y se maravillaban, y le daban las gracias al cielo.

132

Y esta es la canción que ella cantaba:

No hay sangre en mis venas,
sólo agua, ay qué pena.
Pero canto, juego, y río,
aunque haga mucho frío…
Hija de la Nieve soy.

Pero si siento que ustedes
no me quieren un poquito,
entonces yo me derrito.
Otra vez al cielo me voy…
Hija de la Nieve soy.

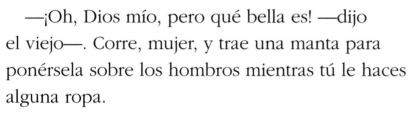

—¡Oh, Dios mío, pero qué bella es! —dijo
el viejo—. Corre, mujer, y trae una manta para
ponérsela sobre los hombros mientras tú le haces
alguna ropa.

La vieja trajo una manta, y se la puso sobre
los hombros a la niñita de nieve. Y el viejo la
cargó y ella le puso los bracitos fríos alrededor
del cuello

—No deben abrigarme demasiado —dijo ella.

Y entonces se la llevaron al interior de la
casa, y mientras la vieja le hacía un abriguito,
la acostaron en un banco que estaba en el
rincón más alejado de la estufa.

133

This is what she sang:

"No warm blood in me doth glow,
Water in my veins doth flow;
Yet I'll laugh and sing and play
By frosty night and frosty day—
Little daughter of the Snow.

"But whenever I do know
That you love me little, then
I shall melt away again.
Back into the sky I'll go—
Little daughter of the Snow."

"God of mine, isn't she
beautiful!" said the old man.
"Run, wife, and fetch a blanket
to wrap her in while you make
clothes for her."

The old woman fetched a
blanket, and put it round the
shoulders of the little snow girl.
And the old man picked her up,
and she put her little cold arms
round his neck.

"You must not keep me too
warm," she said.

Well, they took her into the
hut, and she lay on a bench in
the corner farthest from the
stove, while the old woman
made her a little coat.

The old man went out to buy a fur hat and boots from a neighbor for the little girl. The neighbor laughed at the old man; but a rouble is a rouble everywhere, and no one turns it from the door, and so he sold the old man a little fur hat, and a pair of little red boots with fur round the tops.

Then they dressed the little snow girl.

"Too hot, too hot," said the little snow girl. "I must go out into the cool night."

"But you must go to sleep now," said the old woman.

El viejo salió a comprarle a un vecino un sombrero de pieles y un par de botas para la niña. El vecino se rió del viejo; pero el dinero es el dinero en todas partes, y nadie lo rechaza si viene a su puerta, así que le vendió al viejo un sombrerito de pieles y un par de botas rojas bordeadas de piel.

Entonces vistieron a la pequeña niña de nieve.

—Siento mucho calor, mucho calor. Tengo que salir afuera aunque haga mucho frío.

—Pero ahora es hora de dormir.

134

—Aunque haga mucho frío, aunque haga mucho frío —la niña cantaba—. No, voy a jugar sola en el patio durante toda la noche, y por la mañana jugaré en el camino con los otros niños.

Nada de lo que le dijeron los viejos pudo hacerla cambiar de opinión.

—Yo soy la Hija de la Nieve —es lo que siempre respondía a todo, y salió corriendo por la nieve en el patio.

¡Cómo bailaba y correteaba por la nieve a la luz de la luna!

Los viejos la observaron por mucho tiempo. Al fin se fueron a acostar, pero más de una vez el viejo se levantó durante la noche para asegurarse de que ella estaba allí todavía. Y allí estaba, correteando por el patio, persiguiendo su sombra a la luz de la luna, y lanzando bolas de nieve a las estrellas.

Por la mañana ella entró riendo a tomar el desayuno con los viejos. Les enseñó a prepararle su desayuno, que era muy fácil. Sólo tenían que tomar un poco de nieve y aplastarla un poco en un pocillito de madera.

Después del desayuno, ella corrió hasta el camino para unirse a los otros niños. Y los viejos

"By frosty night and frosty day," sang the little girl. "No, I will play by myself in the yard all night, and in the morning I'll play in the road with the children."

Nothing the old people said could change her mind.

"I am the little daughter of the Snow," she replied to everything, and she ran out into the yard into the snow.

How she danced and ran about in the moonlight on the white frozen snow!

The old people watched her and watched her. At last they went to bed, but more than once the old man got up in the night to make sure she was still there. And there she was, running about in the yard, chasing her shadow in the moonlight, and throwing snowballs at the stars.

In the morning she came in, laughing, to have breakfast with the old people. She showed them how to make porridge for her, and that was very simple. They had only to take a piece of ice and crush it up in a little wooden bowl.

Then after breakfast she ran out in the road, to join the other children. And the old people watched her. Oh, proud they were, I can tell you, to see a little girl of their own out there playing in the road! They fairly longed for a sledge to come driving by, so that they could run out into the road and call to the little snow girl to be careful.

And the little snow girl played in the snow with the other children. How she played! She could run faster than any of them. Her little red boots flashed as she ran about. Not one of the other children was a match for her at snowballing. And when the children began making a snow woman, a Baba Yaga, you would have thought the little daughter of the Snow would have died

la miraban.

Oh, ¡qué orgullosos estaban, estoy seguro, de ver a una niña que era de ellos jugando allá afuera en el camino! Estaban deseando que un trineo pasara por allí, de modo que ellos pudieran correr al camino y gritarle a la niña que tuviera cuidado.

Y la pequeña niña de nieve jugaba con los otros niños en la nieve. ¡Cómo jugaba! Ella podía correr más rápido que los demás. Sus botas rojas relucían cuando corría. Y ella era la mejor a la hora de lanzar bolas de nieve. Y cuando los niños empezaron a hacer una muñeca de nieve, una Baba Yaga, la Hija de la Nieve se estremecía

136

de la risa. Reía y reía, con una risa como campanitas de cristal. De todos modos, ella ayudó a hacer la muñeca de nieve, aunque no dejaba de reírse todo el tiempo.

Cuando estuvo terminada, todos los niños le tiraron bolas de nieve hasta que la tumbaron, hecha pedazos.

Y la pequeña niña de nieve reía y reía, y era tan rápida que tiró más bolas de nieve que nadie.

El viejo y la vieja la miraban, y se sentían muy orgullosos.

—Ella es muy nuestra —dijo la vieja.

—Nuestra palomita blanca —dijo el viejo.

Para la cena ella comió otro pocillito de nieve, y después se fue a jugar sola en el patio.

—Tienes que estar cansada, mi niña —dijo el viejo.

—Después estar corriendo todo el día, vas a dormir esta noche en la choza, ¿verdad, mi amor? —dijo la vieja.

137

of laughing. She laughed and laughed, like ringing peals on little glass bells. But she helped in the making of the snow woman, only laughing all the time.

When it was done, all the children threw snowballs at it, till it fell to pieces. And the little snow girl laughed and laughed, and was so quick she threw more snowballs than any of them.

The old man and the old woman watched her, and were very proud.

"She is all our own," said the old woman.

"Our little white pigeon," said the old man.

In the evening she had another bowl of ice-porridge, and then she went off again to play by herself in the yard.

"You'll be tired, my dear," says the old man.

"You'll sleep in the hut tonight, won't you, my love," says the old woman, "after running about all day long?"

But the little daughter of the Snow only laughed. "By frosty night and frosty day," she sang, and ran out of the door, laughing back at them with shining eyes.

And so it went on all through the winter. The little daughter of the Snow was singing and laughing and dancing all the time. She always ran out into the night and played by herself till dawn. Then she'd come in and have her ice-porridge. Then she'd play with the children. Then she'd have ice-porridge again, and off she would go, out into the night.

She was very good. She did everything the old woman told her. Only she would never sleep indoors. All the children of the village loved her. They did not know how they had ever played without her.

Pero la Hija de la Nieve sólo se rió. —Aunque haga mucho frío, aunque haga mucho frío —cantó ella, y salió corriendo por la puerta, riéndose con ellos, y con los ojos brillantes.

Y así se fue pasando todo el invierno. La pequeña Hija de la Nieve cantaba y reía y bailaba todo el tiempo. Siempre salía por las noches y jugaba sola hasta la madrugada. Entonces entraba y comía su pocillito de nieve. Después, ella jugaba con los niños. Y luego comía otro pocillito de nieve, y se iba afuera en la noche.

Se portaba muy bien. Hacía todo lo que la vieja le decía. Sólo que nunca quería dormir adentro. Todos los niños de la aldea la querían. No sabían cómo habían podido jugar antes sin ella.

138

···

Y así siguieron las cosas hasta más o menos esta época del año. Quizá fue un poco antes. De todos modos, la nieve se estaba derritiendo, y ya se podía pasar por los caminos. A menudo los niños iban juntos, adentrándose en el bosque antes de que oscureciera. La pequeña niña iba con ellos. No se hubieran divertido sin ella.

Y entonces un día se adentraron demasiado en el bosque y, cuando dijeron que iban a dar la vuelta, la niña de nieve movió la cabeza bajo su sombrerito de pieles y, riéndose, echó a correr entre los árboles. A los otros niños les dio miedo seguirla. Se estaba haciendo de noche. La esperaron lo más que pudieron, y luego corrieron a casa, muy cogidos de la mano.

Y la Hija de la Nieve se quedó solita bosque adentro.

Ella buscó a los demás, pero no los podía ver. Se trepó entonces a un árbol. Los árboles a su alrededor eran muy tupidos y no pudo ver más lejos que cuando estaba abajo en tierra.

Desde el árbol gritaba:

—Ay, ay, mis amigos, tengan piedad de la pequeña niña de nieve.

139

It went on so till just about this time of year. Perhaps it was a little earlier. Anyhow the snow was melting, and you could get about the paths. Often the children went together a little way into the forest in the sunny part of the day. The little snow girl went with them. It would have been no fun without her.

And then one day they went too far into the wood, and when they said they were going to turn back, the little snow girl tossed her head under her little fur hat, and ran on laughing among the trees. The other children were afraid to follow her. It was getting dark. They waited as long as they dared, and then they ran home, holding each other's hands.

And there was the little daughter of the Snow out in the forest alone.

She looked back for the others, and could not see them. She climbed up into a tree, but the other trees were thick round her, and she could not see farther than when she was on the ground.

She called out from the tree, "Ai, ai, little friends, have pity on the little snow girl."

An old brown bear heard her, and came shambling up on his heavy paws.

"What are you crying about, little daughter of the Snow?"

"O big bear," says the little snow girl, "how can I help crying? I have lost my way, and dusk is falling, and all my little friends are gone."

"I will take you home," says the old brown bear.

···

Un viejo oso café la oyó y se le acercó, balanceándose pesadamente en sus grandes patas.

—¿Por qué lloras, pequeña Hija de la Nieve?

—Ay, gran oso —le dijo la pequeña niña de nieve—. ¿Cómo no voy a llorar? Estoy perdida, la noche se acerca, y mis amigos ya se han ido.

—Yo te llevaré a casa —dijo el viejo oso café.

—Ay, gran oso —dijo la niña de nieve—. Yo te tengo miedo. Creo que tú me vas a comer. No quisiera ir a casa contigo.

Así que el oso se alejó pesadamente y la dejó sola.

Un viejo lobo gris que la había oído se le acercó corriendo a todo correr. Se detuvo bajo el árbol, y le preguntó:

—¿Por qué estás llorando, pequeña Hija de la Nieve?

—Ay, lobo gris —le dijo la niña de nieve—. ¿Cómo no voy a llorar? Estoy perdida, se está haciendo de noche, y todos mis amigos ya se han ido.

—Yo te llevaré a casa —dijo el viejo lobo gris.

—Ay, lobo gris —dijo la niña de nieve—. Yo te tengo miedo. Creo que tú me vas a comer. No quisiera ir a casa contigo.

Así que el lobo se alejó corriendo y la dejó sola.

Un viejo zorro rojo la oyó y, con sus finas patitas, vino corriendo hasta el árbol. Y le gritó animadamente:

—¿Por qué estás llorando, pequeña Hija de la Nieve?

141

"O big bear," says the little snow girl, "I am afraid of you. I think you would eat me. I would rather go home with someone else."

So the bear shambled away and left her.

An old gray wolf heard her, and came galloping up on his swift feet. He stood under the tree and asked, "What are you crying about, little daughter of the Snow?"

"O gray wolf," says the little snow girl, "how can I help crying? I have lost my way, and it is getting dark, and all my little friends are gone."

"I will take you home," says the old gray wolf.

"O gray wolf," says the little snow girl, "I am afraid of you. I think you would eat me. I would rather go home with someone else."

So the wolf galloped away and left her.

An old red fox heard her, and came running up to the tree on his little pads. He called out cheerfully, "What are you crying about, little daughter of the Snow?"

"O red fox," says the little snow girl, "how can I help crying? I have lost my way, and it is quite dark, and all my little friends are gone."

"I will take you home," says the old red fox.

"O red fox," says the little snow girl, "I am not afraid of you. I do not think you will eat me. I will go home with you, if you will take me."

So she scrambled down from the tree, and she held the fox by the hair of his back, and they ran together through the dark forest. Presently they saw the lights in the windows of the huts, and in a few minutes they were at the door of the hut that belonged to the old man and the old woman.

And there were the old man and the old woman crying and lamenting.

"Oh, what has become of our little snow girl?"

"Oh, where is our little white pigeon?"

"Here I am," says the little snow girl. "The kind red fox has brought me home. You must shut up the dogs."

The old man shut up the dogs.

"We are very grateful to you," says he to the fox.

—Ay, zorro rojo —dijo la niña de nieve—. ¿Cómo no voy a llorar? Estoy perdida, está oscuriendo, y todos mis amigos ya se han ido.

—Yo te llevaré a casa —dijo el viejo zorro rojo.

—Ay, zorro rojo —dijo la niña de nieve—. Yo no te tengo miedo. Creo que tú no me vas a comer. Me iré a casa contigo, si tú me quieres llevar.

Así que ella bajó del árbol, agarró al zorro por el pelo del lomo, y corrieron juntos a través del bosque oscuro. Enseguida vieron las luces en las ventanas de las chozas, y en sólo unos minutos estuvieron a la puerta de la choza de los viejos.

Y los viejos estaban allí llorando y lamentándose.

—Ay, ¿qué se ha hecho de nuestra niña de nieve?

—¿Dónde está nuestra palomita blanca?

—Aquí estoy —dijo la pequeña niña de nieve—. Este amable zorro rojo me ha traído a casa. Ustedes tienen que encerrar a los perros ahora.

El viejo encerró los perros.

—Le estamos muy agradecidos —dijo al zorro rojo.

142

—¿De veras? —dijo el
viejo zorro rojo—. Porque yo tengo
mucha hambre.

—Aquí tienes un buen mendrugo para ti
—dijo la vieja.

—Ah —dijo el zorro—, pero preferiría un lindo
pollo gordito. Después de todo, la niña de nieve
de ustedes bien vale un lindo pollo gordito.

—Muy bien —dijo la vieja, pero le dijo algo
a su esposo en tono de protesta.

—Esposo —dijo ella—, ya tenemos a nuestra
niña otra vez.

—Sí, la tenemos —dijo él—. Gracias sean dadas
por ello.

—Es una lástima perder un buen pollo gordito.

143

"Are you really?" says the old red fox. "For I am very hungry."

"Here is a nice crust for you," says the old woman.

"Oh," says the fox, "but what I would like would be a nice plump hen. After all, your little snow girl is worth a nice plump hen."

"Very well," says the old woman, but she grumbles to her husband.

"Husband," says she, "we have our little girl again."

"We have," says he. "Thanks be for that."

"It seems waste to give away a good plump hen."

"It does," says he.

"Well, I was thinking," says the old woman, and then she tells him what she meant to do. And he went off and got two sacks.

In one sack they put a fine plump hen, and in the other they put the fiercest of the dogs. They took the bags outside and called to the fox. The old red fox came up to them, licking his lips, because he was so hungry.

They opened one sack, and out the hen fluttered. The old red fox was just going to seize her, when they opened the other sack, and out jumped the fierce dog. The poor fox saw his eyes flashing in the dark, and was so frightened that he ran all the way back into the deep forest, and never had the hen at all.

"That was well done," said the old man and the old woman. "We have got our little snow girl, and not had to give away our plump hen."

—Sí, es una lástima —dijo él.

—Bueno, yo estaba pensando —dijo la vieja, y entonces le contó lo que iba a hacer. Ella salió y volvió con dos sacos.

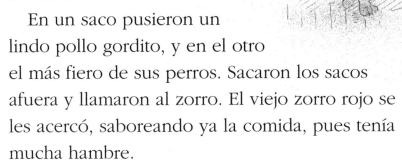

En un saco pusieron un lindo pollo gordito, y en el otro el más fiero de sus perros. Sacaron los sacos afuera y llamaron al zorro. El viejo zorro rojo se les acercó, saboreando ya la comida, pues tenía mucha hambre.

Los viejos abrieron un saco, y el pollo salió revoloteando. El viejo zorro rojo estaba a punto de atraparla, cuando ellos abrieron el otro saco, y de un salto salió el perro fiero. El pobre zorro vio cómo le brillaban los ojos en la oscuridad, y se asustó tanto que regresó a las profundidades del bosque sin haber podido comerse su pollo.

—Qué bien la hicimos —dijeron los viejos—. Tenemos nuestra pequeña niña de nieve, y no tuvimos que sacrificar nuestro pollo gordito en el cambio.

144

Then they heard the little snow girl singing in the hut. This is what she sang:

"Old ones, old ones, now I know
Less you love me than a hen,
I shall go away again.
Goodbye, ancient ones, goodbye,
Back I go across the sky;
To my motherkin I go—
Little daughter of the Snow."

They ran into the house. There was a little pool of water in front of the stove, and a fur hat, and a little coat, and little red boots were lying in it. And yet it seemed to the old man and the old woman that

Entonces oyeron a la pequeña niña de nieve cantando en la choza. Esta fue su canción:

Veo que los viejecitos
me quieren menos que a un pollito.
Pues entonces yo me voy,
y sólo un adiós les doy.
En el cielo ya me espera
mi madre la verdadera.
Hija de la Nieve soy.

Los viejos volvieron corriendo a casa. Había un charco de agua frente a la estufa, y en él, un sombrero de pieles, un abriguito, y unas botas rojas. Y sin embargo, a los viejos les parecía que

145

they saw the little snow girl, with her bright eyes and her long hair, dancing in the room.

"Do not go! Do not go!" they begged, and already they could hardly see the little dancing girl.

But they heard her laughing, and they heard her song:

"Old ones, old ones, now I know
Less you love me than a hen,
I shall melt away again.
To my motherkin I go—
Little daughter of the Snow."

And just then the door blew open from the yard, and a cold wind filled the room, and the little daughter of the Snow was gone.

"You always used to say something else, grandfather," said Maroosia.

Old Peter patted her head. "I haven't forgotten," he said, and went on.

The little snow girl leapt into the arms of Frost her father and Snow her mother, and they carried her away over the stars to the far north, and there she plays all through the summer on the frozen seas.

estaban viendo a la pequeña niña de nieve, con sus ojos brillantes y su pelo largo, bailando en la habitación.

—¡No te vayas! ¡No te vayas! —suplicaban ellos, y ya casi no podían ver a la niña bailando.

Pero la oían reír, y oyeron su canción:

Veo que los viejecitos
me quieren menos que a un pollito.
Pues entonces me derrito.
Donde mi madre me voy…
Hija de la Nieve soy.

Y en ese momento se abrió la puerta del patio, un viento frío penetró en la habitación, y la Hija de la Nieve desapareció.

—Tú siempre contabas algo más, Abuelito —dijo Maroosia.

El viejo Peter se alisó la barba. —No se me ha olvidado —dijo, y siguió contando.

La pequeña niña de nieve saltó a los brazos de don Escarcha, su padre, y de la Señora de la Nieve, su madre, y ellos se la llevaron a las estrellas lejanas del norte, donde ella juega durante todo el verano en las aguas congeladas.

146

En invierno, ella vuelve a Rusia, y algún día, quizá, cuando ustedes estén haciendo una muñeca de nieve, a lo mejor se encuentran en su lugar a la Hija de la Nieve.

—¡Eso sería maravilloso!—exclamó Maroosia.
Vanya se quedó pensando por un momento, y después dijo:
—Y yo la querría mucho más que a un pollito.

In winter she comes back to Russia, and some day, you know, when you are making a snow woman, you may find the little daughter of the Snow standing there instead.

"Wouldn't that be lovely!" said Maroosia.
Vanya thought for a minute, and then he said, "I'd love her much more than a hen."

147

ELEMENTOS DEL DIRECTOR

PLANES EJEMPLARES

Los directores planifican la dirección de las Actividades interpretativas básicas y eligen las Actividades adicionales que convengan al programa de la clase y que satisfagan las necesidades de los estudiantes. Aquí tiene tres ejemplos de programas que diferentes directores podrían crear para "Carlos y la milpa de maíz". Las Actividades interpretativas básicas aparecen en negrillas.

PLAN DE 2 DÍAS

Martes, 9–10 a.m.

- Preparación del contexto
- **Primera lectura**
- **Preguntas para compartir** Guarde las preguntas sobre Carlos para la Discusión colectiva.
- Tarea: **Segunda lectura con Toma de apuntes** Los estudiantes señalan con una *C* las partes donde Carlos confía en sí mismo y con *NC* las partes en las que Carlos no confía en sí mismo.

Miércoles, 9–10 a.m.

- Revise la tarea. Los estudiantes comparten apuntes.
- **Discusión colectiva** Para concluir, los estudiantes anotan una idea que hayan escuchado y que sea diferente de la de ellos.

PLAN DE 3 DÍAS

Lunes, 9–10 a.m.

- **Primera lectura**
- **Preguntas para compartir**
- Discuta "cosechas lo que siembras" y la definición de dichos como preparación de la tarea.
- Tarea: Observación literaria—La página de actividades "Proverbios y dichos" debe presentarse el miércoles.

Martes, 9–10 a.m.

- **Segunda lectura con Toma de apuntes** Las parejas leen y señalan con una *S* las partes donde Carlos piensa en sí mismo y con una *O* las partes en las que piensa en otros. Comparta los apuntes y discútalos.
- Vocabulario: Interpretación de las palabras con *apenado*.
- Tarea: Los estudiantes completan Interpretación de las palabras.

Miércoles, 9–10 a.m.

- Los estudiantes comparten la tarea sobre "Proverbios y dichos".
- **Discusión colectiva** Use con los estudiantes la página de Elaborar tu respuesta.
- Actividades creativas: Los estudiantes hacen panqués de maíz y se los comen.

PLAN DE 4 DÍAS

Lunes, 9–10 a.m.

- Preparación del contexto
- **Primera lectura**
- Lista selecta de **Preguntas para compartir**.
- Tarea: Actividades creativas—Arte: Los estudiantes interpretan por medio de dibujos la casa de Carlos y la milpa.

Martes, 9–10 a.m.

- Los estudiantes comparten los dibujos y los discuten.
- **Segunda lectura con Toma de apuntes** Las parejas eligen una de las preguntas de la lista de la clase, la leen juntos y señalan las partes que sugieren respuestas. Los estudiantes escriben dos respuestas posibles y las respaldan con evidencia.

Miércoles, 9–10 a.m.

- **Discusión colectiva** Para concluir, los estudiantes comparten las preguntas que aún querrían hacerle al autor.
- Escritura creativa: Antes de la escritura, los estudiantes tienen una lluvia de ideas sobre los pros y contras de asignar a los niños trabajos importantes en casa.
- Tarea: Los estudiantes escriben el borrador inicial.

Jueves, 10:30–11:15 a.m.

- Escritura evaluativa: En grupos, los estudiantes leen los borradores iniciales y prestan atención a los comentarios de sus compañeros.

DIRECCIÓN DE LAS ACTIVIDADES INTERPRETATIVAS BÁSICAS

PRIMERA LECTURA SEGUIDA DE PREGUNTAS PARA COMPARTIR

¿Cómo debo presentar el cuento?

Puesto que la Indagación colectiva se concentra en la interpretación, lo animamos a que llegue a la lectura cuanto antes. Creemos que los estudiantes pueden disfrutar de la lectura y discusión de nuestros cuentos, y pensar en los temas que los relatos presentan aun sin tener mucha información de fondo sobre la historia, el autor, o la ambientación del cuento. No presente un cuento pidiéndoles a los estudiantes que predigan de qué se trata basándose simplemente en el título. No obstante, antes de la primera lectura, tal vez usted desee dirigir la Preparación del contexto que se incluye en cada una de las unidades, ya que es una actividad relacionada específicamente con el cuento. Esta popular Actividad adicional aprovecha la experiencia y conocimiento propios del estudiante para estimular su interés y prepararlo mejor para que entienda el cuento y se identifique con los personajes.

¿Debo leer el cuento en voz alta o dejar que los estudiantes lo lean por separado?

Incluso si sus estudiantes son lectores competentes, le recomendamos que les lea la selección en voz alta la primera vez para que puedan concentrarse en el lenguaje y las ideas del cuento más que en la simple mecánica de la lectura. El escuchar a un lector que lee en voz alta con soltura y expresividad ayuda a los estudiantes a comprender el cuento y los prepara para la segunda lectura con toma de apuntes. Cuando usted lee en voz alta, la clase termina la lectura al mismo tiempo y el siguiente paso natural es las Preguntas para compartir. En situaciones ideales, la lectura debería ser íntima, con el grupo de estudiantes sentados a su alrededor para que puedan escuchar claramente el cuento.

¿Deben los estudiantes simplemente escuchar o seguir la lectura en sus libros?

Eso depende del cuento y de sus estudiantes. Por lo general, animamos a los estudiantes a que sigan la lectura en los libros mientras que usted les lee el cuento en voz alta para motivar así soltura al leer. Seguir la lectura crea una conexión entre las palabras, imágenes, e ideas del cuento, y motiva la agilidad en la lectura en los estudiantes que todavía no leen independientemente. En *Conversaciones,* los estudiantes trabajan estrechamente con el texto y practican habilidades de lectura activas. Sin embargo, habrá momentos en los que usted querrá que los estudiantes simplemente escuchen con atención mientras les lee el cuento en voz alta, haciendo pausas para mostrarles las imágenes.

¿Debo leer todo el cuento de una sola vez?

Si sus estudiantes están inquietos o si la selección es más bien larga, tal vez usted quiera buscar una parte apropiada de la selección que le permita suspender la lectura. Después de que los estudiantes hayan escuchado toda la selección, dirija las Preguntas para compartir.

¿Debo hacer preguntas durante la primera lectura?

Los estudiantes tendrán la oportunidad de hacer preguntas cuando usted haya terminado; por eso, procure que las interrupciones sean mínimas durante la primera lectura. Por ejemplo, usted puede darles rápidamente definiciones de palabras extrañas importantes para que entiendan el relato. No les haga preguntas para que adivinen puesto que éstas pueden hacer que los estudiantes supongan lo que el autor va a decir; en la Indagación colectiva, no se anima a los lectores a especular, sino más bien a basar sus opiniones en el texto.

¿Qué es la actividad Preguntas para compartir?

Preguntas para compartir es una actividad después de la primera lectura, en la que los estudiantes pueden hacer las preguntas que deseen; es una manera de ayudarles a captar el cuento y a encarar los problemas de comprensión que se presenten.

¿Por qué debo hacer las Preguntas para compartir con mis estudiantes?

En su nivel más elemental, Preguntas para compartir les permite a los estudiantes aclarar malentendidos y errores de hecho, les ayuda con el vocabulario, y hace que recuerden la selección más vivamente. Y lo que es aún más importante, Preguntas para compartir establece el tono de todo el proceso de la Indagación colectiva al

- Fomentar un ambiente abierto y de cooperación que motiva a pensar en voz alta

- Desarrollar la costumbre de reflexionar y especular tras la lectura

- Enseñar a los estudiantes que la curiosidad y el deseo de aprender son buenas formas de empezar a explorar

- Estimular la apreciación de opiniones y reacciones diferentes

Preguntas para compartir también puede ayudarle a usted, el director, a preparar la unidad de un cuento en forma tal que considere e incorpore el interés de sus estudiantes. Al prestarle mucha atención a la curiosidad de sus estudiantes por el cuento, usted puede reunir preguntas para la Discusión colectiva y considerar sugerencias para tomar apuntes, para la escritura y las actividades artísticas, e ideas para la investigación posterior.

¿Cómo guío las Preguntas para compartir?

Inmediatamente después de la primera lectura, cuando todos todavía se acuerdan bien del cuento, anime a los estudiantes a que pregunten lo que quieran sobre la selección, como por qué motivo ocurrió un hecho de una manera determinada o por qué uno de los personajes hizo o dijo algo en particular. También puede preguntarles cuáles fueron las partes del cuento que más les gustaron o les sorprendieron y por qué motivo. A medida que los estudiantes hagan preguntas, escríbalas en el tablero o en papel gráfico. Procure utilizar, tanto como sea posible, las mismas palabras de los estudiantes cuando les ayude a formar las preguntas.

Después de que usted haya reunido de seis a ocho preguntas, haga que la clase considere brevemente las respuestas correspondientes. Asegúrese de que la clase conteste todas las preguntas apremiantes relacionadas con el vocabulario o con los hechos considerados. Procure dejar aparte algunas de las preguntas de los estudiantes sobre interpretación para la Discusión colectiva (vea el prototipo Red de preguntas en el apéndice B, pág. 407). Si es posible, conserve la lista de preguntas que la clase hizo durante el tiempo en que trabajaron en el cuento. Para obtener ideas más específicas sobre cómo guiar esta actividad, vea Adaptar las actividades en la página siguiente. Para un repaso de los distintos tipos de preguntas que se presentan en la Discusión colectiva, vea Sobre Indagación colectiva, pág. ix.

¿En qué se diferencian las Preguntas para compartir de la Discusión colectiva?

El énfasis de las Preguntas para compartir debe estar en la identificación de los puntos que motivan la curiosidad en la selección y en las respuestas a preguntas sobre hechos y vocabulario. Los estudiantes se encontrarán mejor preparados para discutir a fondo las preguntas interpretativas una vez que se hayan familiarizado más con la selección. Indíqueles que este es un buen momento para aclarar aquellas preguntas que requieran respuesta inmediata y para darse cuenta de las cuestiones que quieran observar más adelante. Si bien usted querrá hacer preguntas de seguimiento para aclarar lo que un estudiante quiera saber, no pregunte mucho sobre las respuestas iniciales de los estudiantes a alguna pregunta. Si una pregunta interesante motiva en la clase una discusión de envergadura, recuérdeles a los estudiantes que tendrán tiempo para hablar de la selección detalladamente después de la segunda lectura.

¿Qué ocurre si mis estudiantes no hacen preguntas después de la primera lectura?

Al principio, sus estudiantes pueden ser tímidos o mostrarse reacios a hacer preguntas. Después de todo, hacer una pregunta seria es algo riesgoso, ¡pues es admitir que no se entiende algo! Tal vez los estudiantes no sepan cómo manifestar lo que les despierta la curiosidad; quizás les preocupe que la pregunta no sea "buena" o no se sientan seguros de qué preguntar. Probablemente ayude preguntarles cuáles fueron las partes del cuento que les sorprendieron o que más les gustaron y por qué, o probar con alguna actividad artística. Usted también puede darles ejemplos de cómo hacer preguntas relacionadas con el cuento al hablarles de algo que motivó su interés y al anotar la pregunta sobre el asunto en el tablero o en papel gráfico.

¿Cómo debo tratar las preguntas de los estudiantes sobre hechos o sobre el vocabulario?

Siempre que sea posible, haga que los estudiantes se ayuden mutuamente a responder a preguntas sobre hechos o sobre el vocabulario, en lugar de ser usted quien las conteste. Si la clase no puede responder correctamente a una pregunta sobre hechos ni puede ubicar los pasajes

pertinentes del texto, refiera a los estudiantes a los pasajes que correspondan y vuelva a leerlos para que la clase pueda responder. Si la clase no está segura del significado de una palabra, indíquele que la busque en el cuento y que haga lo posible por determinar el significado según el contexto. Cuando haya preguntas acerca de palabras, también puede indicarles a los estudiantes que usen un diccionario.

¿Qué hago si mis estudiantes tienen muchas preguntas después de la primera lectura?

¡Qué "problema"! Recuerde que puede utilizar las preguntas de los estudiantes más adelante, sobre todo para ayudarse a formular una pregunta de enfoque y preguntas relacionadas para la Discusión colectiva.

Primero que todo, resuelva con la clase el problema apremiante de las preguntas sobre hechos o sobre el vocabulario y, luego, proceda con una de las siguientes posibilidades:

* Haga que los estudiantes escriban sus nombres y sus preguntas en fichas. Elija de seis a ocho preguntas al azar para que la clase las tenga en cuenta brevemente.

* Indique a los estudiantes que trabajen en grupos, en pares, o individualmente para dar respuestas adecuadas a las preguntas que quedan.

* Haga que los estudiantes elijan una o más preguntas para contestarlas por escrito o con una ilustración.

* Indique a los estudiantes que compartan las preguntas en grupos pequeños. Cada uno de los estudiantes puede aportar una pregunta a la lista de un grupo o el grupo puede generar varias preguntas mientras se trabaja en conjunto.

Ya sea que usted les pida que trabajen en grupos, en pares, o individualmente, asegúrese de permitirles a los estudiantes que compartan sus preguntas y respuestas favoritas con toda la clase poniéndolas en el tablero, en una hoja, o en papel gráfico.

¿Debo animar a mis estudiantes a que hagan solamente preguntas interpretativas durante las Preguntas para compartir?

No es del todo necesario. Después de la primera lectura, todas las preguntas son valiosas. Los estudiantes deben tener la libertad de preguntar lo que les preocupe después de la primera lectura. Usted no querrá matar la curiosidad de sus estudiantes al ignorar o restarle importancia a las preguntas que no sean interpretativas. Sin embargo, puede utilizar las Preguntas para compartir para señalarles a los estudiantes que una pregunta interpretativa tiene más de una respuesta que puede ser apoyada con evidencia tomada del texto. A medida que sus estudiantes adquieran más experiencia con *Conversaciones*, tenderán a contestar más rápidamente las preguntas sobre hechos, harán menos preguntas no relacionadas con el texto, y formularán más preguntas interpretativas.

ADAPTAR LAS ACTIVIDADES

Principiante

Generalmente, los estudiantes

- Serán tímidos o reacios a hacer preguntas

- Harán preguntas no relacionadas con la selección

- No sabrán qué preguntar

Déles ejemplos de preguntas al compartir su reacción ante algo del texto y, luego, convertir su reacción en una pregunta que anotará en el tablero o en papel gráfico. Pídales a los estudiantes que expresen algunas de las reacciones que les haya motivado el cuento y ayúdeles a formar las preguntas relacionadas con esas reacciones.

Pregúnteles a los estudiantes qué les gustó y qué les disgustó del cuento, o pídales que identifiquen partes del cuento que les sorprendieron, que les causaron confusión o que los dejaron perplejos, o que les parecieron importantes. Procure que los estudiantes expliquen las reacciones motivadas por el cuento para que algunos de los comentarios puedan convertirse en preguntas que se anotarán en el tablero o en papel gráfico.

Anime a los estudiantes a que tengan una lluvia de ideas que motive preguntas con *quién, qué, dónde, por qué, cuándo,* y *cómo*. Después de poner estas palabras en el tablero o en papel gráfico, pregúnteles a los estudiantes si pueden pensar en preguntas relacionadas al cuento utilizando cada una de las palabras de la lista.

Intermedio

Generalmente, los estudiantes

- Harán demasiadas preguntas en muy poco tiempo para que la clase las conteste

- Harán preguntas diferentes, incluyendo preguntas sobre hechos, preguntas interpretativas, y preguntas evaluativas

- No tendrán reparo en pensar en voz alta para hacer preguntas

Elija un personaje principal o un hecho importante del cuento y pídales a los estudiantes que tengan una lluvia de ideas con todas las preguntas que puedan hacer relativas al personaje o al hecho.

Seleccione un pasaje desconcertante o interesante para leerlo de nuevo. Al leerlo en voz alta, haga pausas y pídales a los estudiantes que tengan una lluvia de ideas sobre el lenguaje y los hechos del pasaje.

Ayude a los estudiantes a considerar respuestas y evidencia cuando examinen sus preguntas. A medida que la clase responda brevemente a algunas de las preguntas, anote las respuestas y pregúnteles a los estudiantes qué motivos tuvieron para pensar en eso. Igualmente, apunte toda evidencia que los estudiantes mencionen (un número de página o algunas palabras del texto). Tras varias respuestas, usted puede hacer que los estudiantes identifiquen las preguntas interpretativas y que las reserven para la Discusión colectiva o puede pedirles a los estudiantes que seleccionen una de las preguntas restantes para responderla por escrito.

Avanzado

Los estudiantes

- Harán muchas preguntas específicas sobre el texto

- Harán muchas preguntas interpretativas y sugerirán posibles respuestas

- Responderán bien a las preguntas sobre hechos y sobre el vocabulario utilizando el texto, el diccionario, y las respuestas de los compañeros de clase

Haga que grupos pequeños de estudiantes comprueben las preguntas para saber si tienen más de una respuesta posible con base en la evidencia del texto. Esto ayudará a los estudiantes a responder a las preguntas sobre hechos, a desechar las preguntas que no tienen relación con el texto, y a identificar las preguntas interpretativas. Permita que los grupos compartan con la clase las preguntas favoritas que tengan al ponerlas en lista en el tablero o en papel gráfico. Dígale a la clase que, como las preguntas interpretativas motivan tantas ideas y opiniones diferentes, usted tratará de usarlas en la Discusión colectiva.

Indíqueles a los estudiantes que identifiquen a un personaje o un hecho principal que deseen investigar. Motívelos a que planteen tantas preguntas interpretativas como puedan sobre el personaje o el hecho.

Divida la selección en secciones y pídales a los grupos pequeños o a los pares de estudiantes que presenten preguntas acerca de su sección. Haga que los grupos respondan a las preguntas sobre hechos y sobre el vocabulario, y que consideren brevemente las respuestas posibles a sus preguntas interpretativas. Invite a cada uno de los grupos a hacer una lista de sus preguntas interpretativas favoritas en el tablero o en papel gráfico.

SEGUNDA LECTURA CON TOMA DE APUNTES

¿Para qué leer el cuento dos veces?

La idea de leer un cuento dos veces es a menudo algo nuevo para los estudiantes. Además de explicar el procedimiento de la Indagación colectiva (vea la Discusión colectiva, pág. 345), quizás usted quiera indicarles específicamente a los estudiantes por qué es importante releer:

- Una segunda lectura puede aclarar puntos que fueron confusos la primera vez. Esto asegura que cada uno entienda bien los elementos básicos de la selección antes de discutirla.

- Una segunda lectura le permite al lector observar lo que no observó la primera vez. En la primera lectura, el lector disfruta del cuento y de lo que ocurre, por lo que es difícil observar detalles. Una segunda lectura le permite prestar atención a la conformación de la selección y motiva más ideas y preguntas.

¿Para qué se toman apuntes?

Especialmente si sus estudiantes no han tomado apuntes antes, enfatice que hacerlo ayuda a que el lector considere más detalladamente cómo le hace reaccionar el cuento, le hace recordar cuáles fueron las reacciones, y lo motiva a compartirlas con otros lectores. Tomar apuntes y explicarlas también ayuda a los estudiantes a aprender a identificar y a explicar sus ideas. Indíqueles brevemente cómo espera que usen los apuntes que tomen (vea Adaptar las actividades en la página siguiente).

¿Deben usar los estudiantes algunas de las sugerencias para tomar apuntes o tomarlos por sí mismos?

Una de las opciones en la toma de apuntes es hacer que los estudiantes señalen el texto de acuerdo con una sugerencia para tomar apuntes similar a la que hacemos para cada cuento en las Actividades interpretativas básicas. Estas sugerencias les indican a los estudiantes que señalen las reacciones determinadas que les motiva el cuento: por ejemplo, pueden señalar con una *A* las partes en las que están de acuerdo con lo que un personaje hace y con una *D* las partes en las que están en desacuerdo. El señalar un cuento de acuerdo con una sugerencia puede servirles para prepararse a comentar una pregunta de enfoque determinada durante la Discusión colectiva. El uso de sugerencias también facilita la dirección de una discusión enfocada en las reacciones de los estudiantes al cuento, ya que están pensando en el mismo asunto cuando señalan el texto. Sin embargo, hacer que los estudiantes tomen apuntes sin sugerencias implica ventajas importantes: los estimula a ser más responsables de la decisión de señalar algo y puede arrojar luz sobre asuntos imprevistos. Los estudiantes pueden señalar simplemente en el margen, subrayar palabras o frases, o tener en cuenta las preguntas que se hicieron en la segunda lectura. Usted es quien mejor puede juzgar cuál proceso se ajusta más a las necesidades de los estudiantes. Tal vez desee empezar pidiéndoles que presten atención a las sugerencias para tomar apuntes y, luego, pedirles que tomen sus propios apuntes, o permitirles ambas cosas, alternándolas.

¿Qué deben hacer los estudiantes con sus apuntes?

Cuando los estudiantes reflexionan sobre sus apuntes y los comparan con los de otros estudiantes, se ayudan a citar evidencias y a explicarlas mejor; por eso, es una buena idea planificar para que los estudiantes tengan tiempo de hablar de sus apuntes. La sección Adaptar las actividades, en la página siguiente, describe varias formas en las que los estudiantes pueden discutir y usar sus apuntes.

¿Cuán detalladamente deben discutir los estudiantes sus apuntes?

La discusión ha de ser lo suficientemente detallada para que los estudiantes vean cómo surgen ideas diferentes y practiquen explicando por qué señalaron un pasaje determinado, pero sin agotar completamente un tema. Tras esto, los estudiantes deben estar entusiasmados para la Discusión colectiva y no sentir que ya lo han dicho todo. Si se limita la discusión de los apuntes de los estudiantes a unas cuantas páginas del cuento o a un tiempo limitado, se ayuda a preservarles el entusiasmo por la Discusión colectiva. Por ejemplo, usted puede hacer que los estudiantes discutan los apuntes que han tomado sobre dos o tres páginas del cuento y terminar la sesión después de unos 20 minutos.

¿Cómo pueden los estudiantes tomar apuntes si no pueden escribir en los libros?

Lo ideal sería que cada estudiante tuviera su propio libro y pudiera escribir en él; pero si esto no es posible, tenga en cuenta uno de los siguientes métodos:

- Haga que los estudiantes utilicen notas adhesivas para señalar las partes de la selección.

- Pídales que tomen apuntes en una hoja de papel separada; pueden anotar el número de la página y dos o tres palabras tomadas de la selección junto con la reacción que les causó.

¿Pueden los estudiantes hacer la segunda lectura en casa?

Sí, si son capaces de leer el cuento independientemente o si hay un adulto que se los lea; esta es una buena forma de crear una relación fuerte entre la escuela y el hogar, y de estimular el hábito de la lectura en casa. Si los estudiantes hacen la segunda lectura como tarea, es particularmente importante ocuparse de los apuntes en clase.

ADAPTAR LAS ACTIVIDADES

Principiante

Generalmente, los estudiantes

- Mostrarán escepticismo o pondrán resistencia a leer dos veces
- No estarán familiarizados con la toma de apuntes
- No sabrán señalar las partes apropiadas de la selección
- Señalarán indiscriminadamente
- No serán capaces de explicar sus apuntes

Déles un ejemplo del procedimiento para tomar apuntes señalando usted mismo un cuento sobre la base de una sugerencia para tomar apuntes. Después de la segunda lectura, muéstreles los apuntes que usted tomó y dirija una discusión breve de algunos de los pasajes que usted señaló (asegúrese de que los estudiantes entiendan que no hay una sola manera "correcta" de señalar un pasaje).

Cuando lea el cuento en voz alta ante la clase por primera vez, grábelo con una grabadora. En la segunda lectura, ponga a los estudiantes a oír la grabación mientras señalan el cuento, y circule por el salón ayudando a los que no saben qué hacer. Durante este procedimiento, puede detener y arrancar la grabación tantas veces como lo necesite.

Lea en voz alta las dos primeras páginas del cuento, indicándoles a los estudiantes que señalen los pasajes a medida que usted los lee. Luego, pídales que compartan lo que señalaron y que expliquen brevemente por qué lo señalaron de esa forma. Este procedimiento puede seguir para el resto de la selección.

Lea en voz alta las dos primeras páginas del cuento y pídales a los estudiantes que presten mucha atención a cualquier cosa relacionada con la sugerencia para tomar apuntes (por ejemplo, los estudiantes podrían escuchar atentamente en busca de una clave de que Carlos está pensando en sí mismo o en los demás, en el cuento "Carlos y la milpa de maíz"). Pídales que levanten la mano cuando oigan una clave. Pregúnteles cuál fue la clave que oyeron y haga preguntas de seguimiento como: *¿En qué te hizo pensar esa clave? ¿Cómo señalarías eso?*

Intermedio

Generalmente, los estudiantes

- Señalarán por sí mismos las partes de una selección
- Explicarán por qué señalaron una parte de la selección

Dirija una discusión breve de los apuntes que los estudiantes tomaron basándose en dos páginas consecutivas del cuento; busque una sección que usted considere que puede motivar diferentes ideas en los estudiantes. Concéntrese en preguntarles por qué señalaron los pasajes de una forma determinada y por qué algunos están de acuerdo o en desacuerdo.

Como preparación para la Discusión colectiva, pídales a los estudiantes que compartan las señales que pusieron en una página determinada de la selección. Permítales que discutan durante 5 a 10 minutos los apuntes que tomaron sobre la página, antes de empezar la discusión con su pregunta de enfoque.

Haga que las parejas de estudiantes discutan sobre la forma en que señalaron el cuento. Luego, indíqueles que cada pareja debe explicar, frente a la clase o por escrito, por qué está de acuerdo o en desacuerdo con un pasaje determinado.

Indíqueles a los estudiantes que elijan un pasaje que los haya impresionado mucho y que escriban algunas frases explicando por qué lo señalaron. Después, los estudiantes pueden presentar sus párrafos en el tablón o en papel gráfico.

Pídales que tomen sus propios apuntes sobre por lo menos dos secciones del cuento. Anímelos a señalar las dos partes del cuento que más les interesaron y que anoten todo cuanto pueda ayudarles a recordar sus reacciones; déles la oportunidad de compartir lo que señalaron e indicar por qué lo hicieron.

Avanzado

Los estudiantes

- Se sentirán cómodos al tomar apuntes y explicarlos detalladamente
- Sabrán más de una forma de elaborar apuntes en parejas o en grupo
- Serán capaces de tomar sus propios apuntes

Identifique un pasaje con el que los estudiantes no estén de acuerdo y promueva un debate en el que presenten argumentos en favor de señalar el pasaje de una forma particular. Dos estudiantes pueden argumentar por cada parte y, al final del debate, la clase discute la evidencia para señalar el pasaje en cada una de las formas (asegúrese de que los estudiantes entiendan que hay más de una manera "correcta" de señalar un pasaje).

Haga que los estudiantes elijan uno de los pasajes que señalaron. Pídales que tracen una línea vertical en una hoja de papel y que en una de las columnas pongan en lista los motivos que tuvieron para señalar el pasaje de una forma determinada y que, en la otra columna, indiquen los motivos para señalarlo de otra forma. Si los estudiantes no logran expresar motivos para la segunda columna, póngalos a trabajar en parejas.

Después de la primera lectura, motive en los estudiantes una lluvia de ideas sobre sugerencias para tomar apuntes que se usarán en la segunda lectura. Usted puede pedir que la clase vote para decidir cuál sugerencia se va a utilizar o hacer que grupos pequeños utilicen sugerencias diferentes. Como parte de la discusión de los apuntes tomados por los estudiantes, pídales que evalúen sus sugerencias para tomar apuntes y que expliquen la evaluación.

LOS ESTUDIANTES HABLAN DE SUS APUNTES

Director: En la segunda lectura les pedí que le prestaran mucha atención al gato [en "Maese gato"]. Ustedes señalaron con una *P* las partes en las que creyeron que se comportaba como una persona y con una *G* las partes donde el gato se comportaba como tal. Miremos la sección en la que el gato se encuentra en el palacio del ogro, cuando el ogro dice que se convertirá en león. ¿Cómo señalaron el párrafo que sigue?

Claudio: Yo puse una *G*.

Director: ¿Por qué pusiste una *G* ahí?

Claudio: Porque el gato se asustó y alcanzó enseguida el alero del tejado.

Director: ¿Por qué crees que el gato se comportó ahí más como un animal?

Claudio: Cualquier animal se asustaría ante un león. Cuando los gatos se asustan, saltan tan lejos como pueden.

Director: ¿Alguien más señaló esta frase con una *G*?

Cecilia: Yo.

Director: ¿Qué te hizo pensar que el gato se comportaba como un animal?

Cecilia: Aquí dice que lo hizo "no sin esfuerzo y sin peligro". No creo que una persona alcance tan fácilmente el alero de un tejado. Una persona saldría por la puerta o saltaría por una ventana. Los animales hacen cosas que las personas no pueden hacer.

Laura: Yo también puse una *G* ahí.

Director: ¿Por qué?

Laura: Creo que un animal le tendría miedo a un león… ¡El león podría comérselo! Como el gato ya ha matado animales, sabe que el león podría matarlo.

Director: Ahora vamos a ver las *Pes*. ¿Alguien señaló esa sección con una *P*?

Alfredo: Yo. El gato no cree que el león se lo va a comer. Los leones son de la familia de los gatos; entonces, son como primos. Las personas nos asustamos así.

Víctor: Yo también puse una *P* ahí.

Director: ¿Por qué crees que el gato se comportaba como una persona más que como un animal ahí?

Víctor: Por las botas.

Director: ¿Cómo así?

Víctor: Los animales no se ponen botas. Las botas lo ponen en peligro. Un gato puede usar las uñas para colgarse de algo, pero maese gato quiere verse bien y se pone botas y, por eso, es como una persona.

Director: Parece que hay muchas maneras de leer ese párrafo. Miremos uno más antes de terminar. ¿Qué piensan del párrafo en el que…

DISCUSIÓN COLECTIVA

¿Qué distingue la Discusión colectiva de otros tipos de discusión?

En la Discusión colectiva, los papeles que desempeñan el director y el texto son distintos de los otros tipos de discusión. El director de una Discusión colectiva se une al grupo como un aprendiz que no se ha decidido por una respuesta a la pregunta que hace acerca de la selección. En lugar de explicar el texto al grupo o conducirlo hacia una respuesta, el director de la Indagación colectiva hace preguntas con el fin de ayudar a los miembros del grupo a que desarrollen una manera propia de pensar en las ideas que se discuten.

En Discusión colectiva el texto es el único centro de atención del grupo. Puesto que la finalidad de la Discusión colectiva es hacer que cada uno de los miembros del grupo entienda mejor el texto que se discute, el director hace preguntas que estimulen a los miembros del grupo a pensar más cuidadosamente en las ideas de la selección y a comparar y analizar las respuestas. En este tipo de discusión, las anécdotas personales y las referencias a otros libros, películas, y demás no tienen mucha importancia.

¿Cómo debo elegir una pregunta o unas preguntas para la discusión?

En su papel de director de Indagación colectiva, usted se une a sus estudiantes en un proceso de descubrimiento y los guía con preguntas cuidadosas. Una parte importante del papel del director es escoger las preguntas interpretativas sobre las que la clase va a discutir. Las preguntas pueden proceder de sus propios apuntes del cuento, de las preguntas que sus estudiantes hagan en la actividad Preguntas para compartir después de la primera lectura, y de las preguntas sugeridas en la Guía del director.

Tal vez usted quiera dirigir una discusión sobre tres o cuatro preguntas interpretativas, pasando a una nueva pregunta una vez que la clase haya considerado varias respuestas posibles a una pregunta determinada y haya sopesado la evidencia a favor de cada una de ellas. Generalmente recomendamos que dirija la discusión basándose en una pregunta central, o pregunta de enfoque, para que los estudiantes se familiaricen con el análisis profundo de las ideas.

¿Cuáles son las preguntas de enfoque y las relacionadas?

En general, la discusión es más productiva cuando se concentra en una pregunta interpretativa principal. Esta pregunta, a la que llamaremos *pregunta de enfoque,* trata de un problema fundamental de significado de la selección. Para contestar satisfactoriamente una pregunta de enfoque es necesario examinar muchos pasajes del cuento. A menudo, usted y sus estudiantes notarán que una pregunta de enfoque salta a la vista: esa es la pregunta a la que usted más quiere responder.

LISTA DE CONTROL DE LAS PREGUNTAS DE ENFOQUE

- ☐ La pregunta es interpretativa; hay más de una respuesta razonable que puede respaldarse con evidencia tomada del cuento.

- ☐ La pregunta es acerca de un tema principal del cuento; da mucho de que hablar.

- ☐ Puedo pensar en dos o tres formas de responder a la pregunta y no prefiero una respuesta más que otro.

- ☐ Probablemente mis estudiantes estén interesados en hablar de la pregunta.

- ☐ La pregunta es clara y el tema al que alude tendrá sentido para mis estudiantes.

NORMAS PARA LA DISCUSIÓN COLECTIVA

1. **Todos deben leer el cuento o escucharlo antes de la discusión.** Puesto que la finalidad de la discusión es compartir ideas sobre un cuento determinado, todos deben leerlo o escucharlo antes de discutirlo.

2. **Habla únicamente del cuento que todos han leído o escuchado.** En la discusión, el grupo trabaja para entender un cuento que todos han tenido la oportunidad de considerar. No es ni justo ni provechoso utilizar este tiempo para hablar de asuntos que el grupo tal vez no comparta (por ejemplo, otros libros, películas, o experiencias personales).

3. **Explica cuál parte o cuáles partes del cuento le ayudaron a formar su respuesta.** Todos entienden mejor las ideas en discusión cuando oyen la evidencia que respalda diferentes respuestas; esto también les ayuda a decidir cuál es la respuesta con la que están de acuerdo.

4. **Espera del director que haga preguntas, no que las responda.** El director no tiene la respuesta "correcta" o "mejor" a una pregunta. En la Discusión colectiva, cada persona debe decidir lo que piensa de la pregunta.

Una vez que haya identificado la pregunta de enfoque, encontrará que es una buena idea hallar algunas preguntas interpretativas que ayuden a los estudiantes a pensar en esa pregunta; las llamamos *preguntas relacionadas* porque nos hacen volver a la pregunta de enfoque. Estas preguntas pueden tratar de diferentes partes del problema al que alude la pregunta de enfoque o mencionar partes del cuento relacionadas con el problema. En nuestras preguntas sugeridas para discusión de cada unidad, las preguntas de enfoque aparecen en negrillas y las preguntas relacionadas están bajo la pregunta de enfoque a que aluden.

El prototipo Red de preguntas (vea el apéndice B, pág. 407) está diseñado para ayudarle a organizar sus preguntas y facilitarle la referencia a las mismas durante la discusión. La lista de control de las preguntas de enfoque puede ayudarle a seleccionar la pregunta de enfoque que le llevará a una discusión provechosa y animada.

¿Cómo puedo crear un buen medio para la discusión?

Crear una atmósfera que promueva la discusión implica preparar el salón de clase y hasta a los mismos estudiantes.

Arreglo del salón de clase. Procure arreglar el salón para que todos puedan verse y oírse. Los estudiantes han de tener una superficie adecuada para poner los libros y abrirlos completamente. Lo ideal es que los estudiantes se sienten alrededor de una mesa o que sus escritorios formen un círculo o un cuadrado. Si esto no es posible, hasta puede permitirles que se siente en el suelo. Este tipo de arreglo estimula la discusión y ayuda a los estudiantes a darse cuenta de que las ideas de sus compañeros de clase pueden ser una fuente importante para la comprensión de una selección determinada; también ayuda a reforzar su papel de compañero en la Indagación colectiva.

Explicación del procedimiento de discusión a los estudiantes. Además de explicar cómo funciona la Discusión colectiva, es primordial que usted ayude a los estudiantes a entender las normas y los motivos que las justifican, pues la clase las seguirá durante la discusión.

¿Puede mi clase tener también sus propias directrices para la discusión?

Sí. Aunque las normas mencionadas antes son las únicas que recomendamos encarecidamente, usted puede decidir que su clase siga reglas adicionales relacionadas con el comportamiento durante la discusión. A continuación se presentan algunas de las directrices más comunes usadas en el salón de clase:

- Habla con los otros estudiantes e indícales si estás de acuerdo o no con algo y házles preguntas. No le hables al director a todo momento.

- Cuando alguien hable, préstale atención tal y como desearías que te la prestasen a ti.

- No hay problema si no estás de acuerdo con lo que alguien diga, pero manifiesta tu desacuerdo con cortesía.

- Pregunta cuando no entiendes algo. Puedes pedirle a quien habla que te aclare lo que quiere decir o que explique más detalladamente una idea.

¿Qué número de estudiantes es el más recomendado para un grupo de discusión?

Nos hemos dado cuenta de que se requieren por lo menos 10 participantes para poder exponer varias ideas en una discusión.

Idealmente, cada estudiante debería tener varias oportunidades de participar y los asuntos relativos al control del comportamiento no deberían dominar su tiempo de discusión. Si halla que en su grupo es más bien difícil darles a los estudiantes la oportunidad de hablar durante la discusión o que usted debe dedicarle mucho tiempo a los problemas del comportamiento, entonces es mejor que divida el grupo para la discusión. Por lo general, recomendamos que se divida una clase para la discusión cuando tiene más de 20 estudiantes.

¿Cómo puedo dividir mi clase para la discusión?

Ya que una de las finalidades de la Discusión colectiva es oír las ideas de todos los estudiantes, usted probablemente querrá que su grupo no sea demasiado grande. La mayoría de los directores con más de 20 estudiantes utilizan una de las siguientes estrategias para crear grupos de discusión más pequeños:

Coordine con otro director para que se haga cargo de la mitad del grupo. Esta es una manera ideal de darles participación a los voluntarios en su clase; contemple la posibilidad de pedirle a la escuela que solicite la participación de voluntarios. Otra posibilidad es que su escuela designe un coordinador para que dirija semanalmente las discusiones en varios salones de clase. Personal de apoyo, bibliotecarios, profesores adjuntos, consejeros pedagógicos, y rectores adjuntos han desempeñado satisfactoriamente este papel. Recomendamos encarecidamente que quienquiera que vaya a dirigir una discusión asista a uno de los talleres instructivos de Great Books (vea la pág. viii para obtener mayor información sobre los talleres).

Envíe la mitad de la clase a otro salón. Siempre que sea posible, empareje su tiempo de discusión con otras actividades de media clase, tales como laboratorio de computadoras o biblioteca, o haga un trueque de horario con otro profesor; uno o varios colegas que enseñen en el mismo grado pueden acordar un horario beneficioso para todos.

Haga que la mitad de la clase participe como observadora de la discusión. Si elige esta opción, es importante encomendarles a los observadores una tarea verdadera. Un profesor de tercer año les solicita a los observadores que escriban las preguntas que querrían hacerles a los participantes. En la mitad del tiempo de discusión y al final del mismo, los observadores pueden hacer preguntas en un período designado para tal fin. Otro profesor les pide a los observadores que se preparen para "echar una mano" con ideas que les plazcan presentando evidencia adicional y motivos cuando se aproxime el final de la discusión. Para que la observación salga bien, arregle a los estudiantes en dos círculos: uno interno de participantes en la discusión y otro externo de observadores, de forma que puedan verse unos a otros.

Asígnele a la mitad de la clase una actividad independiente o de grupo reducido. Las actividades independientes o en parejas pueden mantener ocupados provechosamente a los estudiantes mientras usted dirige a los demás en la discusión.

¿Cómo puedo dirigir con más eficiencia la discusión?

Dirigir una discusión es un proceso con el que se sentirá más a gusto con el tiempo. Si dirige discusiones a menudo, tanto usted como su clase adquirirán más confianza en sus habilidades y se sentirán más cómodos al discutir. Los siguientes recordatorios le ayudarán a acostumbrarse al proceso de discusión.

Comparta su curiosidad y su entusiasmo. Cuando usted realmente quiere saber la respuesta a una pregunta y oír las ideas de sus estudiantes al respecto, su curiosidad y respeto por los estudiantes vigorizarán la discusión. Al compartir su curiosidad y admitir lo que desconoce, usted ejemplifica la actitud que les pide adoptar a los estudiantes.

Siga la participación de los estudiantes utilizando una gráfica de participación. Utilizando una gráfica que usted mismo haya elaborado o el prototipo de la gráfica de participación (vea el apéndice B, pág. 409), señale cuáles son los estudiantes que participan en la discusión y cómo lo hacen. Una marca puede indicar que un estudiante dio una respuesta, la anotación "NR" puede indicar que un estudiante no respondió cuando se le pidió hablar, y así sucesivamente. Es una buena idea anotar las palabras o frases claves de las respuestas de los estudiantes para que pueda usarlas como base de las preguntas de seguimiento. La gráfica puede ayudarle a identificar pautas de participación en su clase y servirle para evaluar las contribuciones de los estudiantes, en caso de que necesite calificarles la participación.

Haga a menudo preguntas de seguimiento. Las preguntas de seguimiento—preguntas espontáneas motivadas directamente por los comentarios de los estudiantes—encauzan y sostienen una discusión eficaz; ayudan a los estudiantes a desarrollar un razonamiento profundo y a pensar más cuidadosamente en las relaciones existentes entre distintas respuestas. Escuchar atenta y cuidadosamente es la aptitud más importante que un director de Indagación colectiva puede cultivar.

La mejor pregunta de seguimiento es la que se haría usted mismo: aquella cuya respuesta usted desea saber. Puede ser una pregunta tan simple como *¿Qué dijiste?* o *¿Por qué crees eso?* Las preguntas de seguimiento pueden

- **Aclarar comentarios:** *¿Qué quieres decir con esa palabra? ¿Puedes explicarnos lo que significas?*

- **Obtener evidencia:** *¿Qué parte del cuento te motivó esa idea? ¿Qué hizo o dijo el personaje para que pienses así?*

- **Poner a prueba:** *Según tu respuesta, ¿cómo explicarías esta parte del cuento? ¿Hay algo en el cuento que no encaje con tu respuesta?*

- **Lograr opiniones adicionales:** *¿Qué piensas de lo que ella acaba de decir? ¿Tiene alguien alguna idea que no hayamos oído aún?*

Pídales a los estudiantes que vuelvan al cuento con frecuencia. Pedirles a los estudiantes que encuentren pasajes y los lean en voz alta ayuda a que todos piensen en los puntos específicos del cuento y mantiene la discusión encarrilada. Volver al texto también puede aclarar malentendidos y motivar a los estudiantes a considerar nuevas preguntas e interpretaciones.

LISTA DE CONTROL DE LA DISCUSIÓN COLECTIVA

☐ Arregle el salón de clase de manera que todos puedan verse y oírse con facilidad.

☐ Pídales a los estudiantes que asistan a la discusión con sus libros, un lápiz o un bolígrafo, y un cuaderno.

☐ Elabore una gráfica de participación o utilice el prototipo de la gráfica de participación (vea la pág. 409) para que pueda seguir la participación de los estudiantes en la discusión.

☐ Recuérdeles a los estudiantes, tantas veces como sea necesario, las normas de la Discusión colectiva (vea la pág. 415). Asegúrese de que los estudiantes entiendan que hay más de una buena respuesta a la pregunta de enfoque que usted les hará y que usted no ha decidido una respuesta determinada a esa pregunta.

☐ Después de hacer la pregunta de enfoque, déles a los estudiantes cinco minutos para escribir las respuestas— y para encontrar en el texto los pasajes que las respalden—antes de que empiece la discusión.

☐ Use las preguntas de seguimiento para ayudarles a aclarar sus propias respuestas, encontrar evidencia que respalde sus respuestas y responder a las preguntas de los demás.

☐ Utilice las preguntas relacionadas para ayudarles a pensar en diferentes partes del cuento y en los aspectos de la pregunta de enfoque.

☐ Al final de la discusión, pídales a los estudiantes que vuelvan a ver sus respuestas originales en la página de Elaborar tu respuesta. Pregúnteles cuáles ideas nuevas han escuchado y si cambiarían su respuesta original.

☐ Después de cada tercera o cuarta discusión, indíqueles que evalúen su progreso. Ayude a la clase a establecer metas de superación.

Vuelva a menudo a la pregunta de enfoque. Especialmente si siente que la discusión va por mal camino, pregúnteles a los estudiantes de qué forma se relaciona lo que piensan con la pregunta de enfoque. Esto sirve para recordarles el problema que el grupo trata de solucionar y asegurarse así de que lo consideraren detalladamente.

Cree un espacio que permita que los estudiantes más callados se manifiesten. Es fácil que los estudiantes parlanchines dominen la discusión, mientras que los más callados se quedan por fuera. Usted puede alertarse de esta situación al señalar en una gráfica de participación cuadro de ubicación la participación estudiantil; si esto ocurre en su grupo, procure preguntarles a los estudiantes más callados si han oído una respuesta con la que estén de acuerdo o qué respuesta escribieron en la página de Elaborar tu respuesta.

Anime a los estudiantes a que se hablen directamente. Al llamar a los estudiantes por su nombre y pedirles que se expliquen unos a otros sus ideas, usted crea un ambiente respetuoso y de consultas abiertas.

¿Cómo se sabe cuándo es el momento de dar fin a la discusión?

A causa de la naturaleza reflexiva de la Discusión colectiva, usted probablemente querrá programar por lo menos 30 minutos para esta actividad. Esta cantidad de tiempo permitirá la participación de todos cuando se trabaje con un grupo de 15 a 20 estudiantes. Algunas veces, usted debe darle fin a la discusión simplemente porque se le acabó el tiempo; pero, en casos ideales, se debe cerrar la discusión cuando

• El grupo haya oído y discutido varias respuestas a la pregunta de enfoque

• La mayoría de los estudiantes haya dado la "mejor respuesta" que pueda, si se le pregunta

Dígales que la "mejor respuesta" que puedan dar es la que a ellos les guste, la que razonablemente les inspire más confianza y la que puedan respaldar con evidencia tomada del cuento. Ordinariamente, usted puede sentir que su grupo ha alcanzado este punto, pero siempre puede comprobarlo con preguntas: *¿Tienen todos una respuesta con la que estén satisfechos? ¿Tiene alguien alguna idea diferente que no hayamos escuchado todavía? ¿Hay alguna parte del cuento que debamos considerar antes de dar por terminada la discusión?* No se preocupe si no hay consenso en una respuesta; los cuentos de *Conversaciones* se escogieron porque permiten interpretaciones múltiples, y los miembros de su grupo van a darle, al final, opiniones diferentes.

MUESTRA DE DISCUSIÓN COLECTIVA

La siguiente transcripción tomada de partes de una Discusión colectiva de "El niño de cabeza" incluye apuntes al margen que demuestran cómo se usaron las preguntas de seguimiento para motivar un razonamiento más profundo en los participantes. A medida que lee la transcripción, piense en la forma en que les respondería a los participantes. En cada caso, es posible formular varias preguntas de seguimiento diferentes.

Pregunta de enfoque:

¿Por qué se describe Juanito a sí mismo como el niño de cabeza?

Preguntas relacionadas:

Cuando Juanito va para la escuela, ¿por qué teme que se le haga la lengua una piedra?

¿Por qué dice Juanito que sus "pies flotan por las nubes, cuando todo lo que quiero es tocar tierra"?

¿Por qué al final es Juanito capaz de decirle al papá que se sentía "raro, de cabeza" en la escuela?

¿Por qué al final es Juanito capaz de dirigir el coro de la clase cuando antes tenía dificultad al hablar?

Directora:	*[después de hacer la pregunta de enfoque y pedirle al grupo que escriba las respuestas]* Alejandro, ¿por qué crees que Juanito se describe a sí mismo como el "niño de cabeza"?	
Alejandro:	Porque está desorientado.	
Directora:	¿Qué quieres decir con "desorientado"?	Pide aclaración.
Alejandro:	Confuso porque acaba de cambiarse de casa y muchas cosas son nuevas. La escuela lo confunde de verdad. La mayoría de los niños aprenden qué es el recreo y qué es el almuerzo en el jardín infantil, pero Juanito tenía ocho años cuando se cambió y por eso se siente de cabeza.	
Directora:	¿Se siente Juanito de cabeza porque muchas cosas son nuevas, como la ciudad y su casa en la calle Juniper, o simplemente porque empieza a ir a la escuela por primera vez?	Busca una consecuencia a la respuesta de Alejandro. Al continuar la discusión, la directora se da cuenta de que el grupo considera casi unánimemente que Juanito es "el niño de cabeza" porque es nuevo en la escuela. Puesto que la directora no habría hecho la pregunta de enfoque de haber pensado que sólo habría una contestación razonable, debe hacer preguntas de seguimiento para poner de manifiesto la complejidad del asunto en discusión.

◆◆◆

Directora:	María, ¿también estás de acuerdo en que Juanito dice que se siente "de cabeza" porque está desorientado en la escuela?	Solicita una opinión adicional. Cuando la directora sondea la respuesta de María, surge una interpretación diferente de *de cabeza.*
María:	No. De verdad que la escuela es nueva para él y tiene que entender muchas cosas, pero creo que se siente de cabeza porque se siente incómodo.	
Directora:	¿En qué difiere *incómodo* de *confuso*?	La directora prosigue la definición que María da de *incómodo.*
María:	Bueno, creo que confuso es cuando uno no está seguro de lo que tiene que hacer e incómodo es cuando uno no se siente realmente donde le corresponde.	
Directora:	¿Hay algo en el cuento que te haga creer que Juanito no se siente realmente donde le corresponde?	Pide evidencia.

María:	¿Se acuerda cuando él iba a la escuela con el papá y se pellizcó la oreja y dijo: "¿De veras estoy aquí?" Él estaba en una ciudad grande con luces en las calles y gente que iba rápido, y no era como estar en el campo. Yo creo que él extraña el campo.	
Directora:	Entonces, María, ¿Juanito se siente "de cabeza" porque el lugar apropiado para él es el campo y no la ciudad?	Vuelve a la pregunta de enfoque incorporando la nueva percepción de María; prosigue una consecuencia de su idea.
María:	Tal vez. Puede ser que él se sienta de cabeza porque ya no está cerca de la tierra como antes, cuando era un campesino. Me acuerdo de una parte donde él dice "mis pies flotan por las nubes cuando todo lo que quiero es tocar tierra".	
Luis:	Todavía creo que se siente "de cabeza" porque está confuso. Es feliz cuando está en casa, por eso no creo que se siente incómodo viviendo en la ciudad. Pero pienso que se siente confuso más que todo porque no habla inglés.	
Directora:	Luis, ¿hubo algo que Juanito dijo o hizo que te hizo pensar que él se siente de cabeza sobre todo porque no habla inglés?	Pide evidencia.
Luis:	Seguro. Cuando Juanito iba para la escuela con el papá y le preguntó: "¿Se me hará la lengua una piedra?" Después la profesora le preguntó qué pintaba y la lengua se le hizo una piedra. No pudo contestarle porque no sabía suficiente inglés.	
Carla:	No estoy de acuerdo. Creo que a Juanito se le hizo una piedra la lengua cuando la Sra. Sampson le preguntó qué era lo que estaba pintando porque creyó que la profesora le iba a decir que era una pintura mala. Cuando ella dijo "¿Qué es eso?", a lo mejor él creyó que la pintura era muy loca. Es su primer día en la escuela y probablemente él quiere que todo le salga bien.	
Directora:	Entonces, Carla, ¿Juanito se siente de cabeza porque no habla inglés bien o porque le preocupa lo que la Sra. Sampson piense de lo que pintó?	La directora hace una pregunta en la que combina los diferentes puntos de vista de Luis y Carla. Al hacerlo, ella le facilita al grupo examinar por qué se le trabó la lengua a Juanito, algo que viene al caso en la pregunta de enfoque.

◆ ◆ ◆

Directora:	Volvamos ahora a la pregunta inicial y oigamos lo que los demás tienen que decir. Carlos, ¿por qué crees que Juanito se describe a sí mismo como el "niño de cabeza"?	Pide al grupo que reconsidere la pregunta de enfoque en vista de las nuevas ideas sobre el carácter de Juanito; solicita opiniones adicionales.
Carlos:	Creo que es sobre todo porque muchas cosas lo desorientan en la escuela. Pero él también se siente como que nadie lo conoce. Y como no habla inglés ni puede leerlo todavía ni es capaz de explicar lo que pintó, a lo mejor cree que nadie lo entiende y que nadie sabe para qué sirve.	
Ana:	Sí, yo creo lo mismo y por eso pienso que se siente feliz en casa, pero se siente de cabeza en la escuela. Cuando se va a su casa con la pintura, la mamá puede ver ahí mismo los jitomates voladores. En su casa, él canta en voz alta y hace gansadas y se comporta como un loco. Como es nuevo en la escuela y no sabe inglés, no puede mostrar cómo es de verdad.	
Directora:	Si Juanito no puede mostrar cómo es de verdad, entonces, ¿por qué canta al frente de la clase?	Pone a prueba la opinión de Ana al preguntarle si concuerda con la otra evidencia del texto. Esto abre la puerta a otras interpretaciones de los sucesos del cuento.
Beatriz:	Porque probablemente la Sra. Sampson sabía que él tenía bonita voz. Ella quería que la clase lo supiera para que lo respetaran.	
Samuel:	Síii, creo que a Juanito le gustaba de veras cantar y hasta estaría esperando que le pidieran que cantara. A lo mejor se puso contento porque ella lo dejó presentarse como una estrella.	
Directora:	Eso nos vuelve a llevar a lo que Carlos dijo antes. Dijiste que Juanito probablemente cree que nadie sabe para qué sirve. ¿Quisiste decir que nadie, ni siquiera la Sra. Sampson, puede reconocer para qué sirve Juanito, o que Juanito simplemente no se lo puede decir a cualquiera?	Vuelve al comentario anterior de Carlos para examinarlo a la luz de la respuesta de Antonio y Beatriz. Al pedirle a Carlos que reconsidere sus ideas, la directora prosigue la línea de preguntas iniciada por los demás.

Carlos:	Al principio, creí que él tendría que decírselo a la gente, pero creo que usted está en lo cierto con lo de la Sra. Sampson: ella se dio cuenta de que Juanito era un buen cantante. Tal vez por eso le están saliendo las cosas mejor a Juanito. Creo que después de esto él puede empezar a sentir que tiene los pies en el suelo.	
Directora:	¿Qué parte del cuento te hace pensar que Juanito empieza a sentir que tiene los pies en el suelo?	Pide evidencia.
Carlos:	Cuando se va a casa cantando y diciéndoles a todos que "mi maestra dice que tengo una voz hermooooosa".	
Directora:	¿Cómo muestra ese pasaje que Juanito empieza a sentir que tiene los pies en el suelo?	Pregunta de qué manera la evidencia citada respalda la opinión de Carlos.
Carlos:	Bueno, demuestra que está feliz y contento y, después de eso, todo empieza a cambiarle.	
Vanessa:	Tienes razón porque después la mamá y el papá empiezan a contar cómo aprendieron inglés y él se gana una A con el poema, y entonces el papá le da la armónica.	

♦ ♦ ♦

Directora:	Marco, ¿por qué es Juanito capaz de cumplir un papel tan importante al final del cuento?	Tras explorar las complejidades de la situación de Juanito, el grupo está listo para investigar la pregunta relacionada que examina el significado del papel de Juanito como director al final del cuento.
Marco:	No sé.	
Directora:	Bueno, ¿por qué al final puede Juanito dirigir el coro de la clase, cuando antes tenía dificultades para hablar?	Expresa la pregunta de otra manera para referirse más directamente al texto.
Marco:	Creo que él sintió que la gente tenía fe en él.	
Directora:	¿Por qué piensas que Juanito creyó que la gente tenía fe en él?	Pide evidencia.
Marco:	Porque todos fueron en el Día de la Comunidad, hasta el canario. Y la Sra. Sampson tenía puesto un sombrero de chiles.	
Directora:	Marco, ¿el hecho de que Juanito pensara que la gente creía en él significa que él ya no se sentía de cabeza?	Al incorporar una de las ideas de Marco, la directora vuelve a la pregunta de por qué motivo Juanito dirigió el coro al final.
Marco:	No estoy seguro.	
Amelia:	Nooo… Creo que se va sentir de cabeza por mucho tiempo. Sus padres siempre creyeron en él. Se cambiaron de casa por él. Pero él todavía echa de menos su vida anterior.	
Directora:	Pero, ¿por qué crees que el autor hace que Juanito cuente ante el coro "Uno… dos… ¡and three!" en español e inglés?	Vuelve a hacer la pregunta para plantear una intención posible del autor.
Amelia:	Creo que es para demostrar que está de cabeza y desorientado. No sabe si usar inglés o español.	
Marco:	Pero él mismo se llama "El Maestro Juanito", lo que parece indicar que tiene mucha confianza en sí mismo. Parece que Juanito ha cambiado mucho. Creo que dejó de ser el "niño de cabeza" porque empezó a sentir que era parte importante de su clase, de su escuela y de su familia. Creo que al final se sintió cómodo mostrándose como es y por eso contó en los dos idiomas.	

Debido al interés marcado de la directora y a su participación constante, los estudiantes se sumergieron en la discusión esforzándose por dar respuestas; examinaron el texto, empezaron a intercambiar palabras, formaron sus propias ideas, y lograron una interpretación más completa del cuento.

USO DE LA PÁGINA DE ELABORAR TU RESPUESTA

La página de Elaborar tu respuesta (vea el apéndice B, pág. 411) está diseñada para ayudar a los estudiantes a registrar las ideas que tengan acerca de la pregunta de enfoque que usted les hace y para reflexionar en la respuesta de ellos a la discusión. Aquí tiene algunas sugerencias específicas para usar esta página con eficacia durante la discusión:

- Haga que la página de Elaborar tu respuesta forme parte constante del procedimiento de discusión.

- Considere fotocopiar la página de Elaborar tu respuesta luego de haber imprimido su pregunta de enfoque en la parte superior.

- Déles a los estudiantes tiempo (cuatro o cinco minutos en silencio) para escribir una respuesta antes de la discusión.

- Durante la discusión, pídales frecuentemente que compartan las respuestas que han escrito.

- Cierre la discusión al pedirles que reconsideren sus respuestas iniciales.

- Use la página de Elaborar tu respuesta como parte de la calificación dada a los estudiantes por su participación.

- Después de la discusión, presente la página de Elaborar tu respuesta de la clase.

- Use la página de Elaborar tu respuesta como base de una tarea de escritura (para sugerencias más específicas, vea la pág. 361).

ADAPTAR LAS ACTIVIDADES

Principiante

Generalmente, los estudiantes

- Tratarán de responder sin entender realmente la naturaleza interpretativa de la pregunta

- Escribirán comentarios breves o volverán a contar los hechos del cuento

- Escribirán una respuesta totalmente literal

- Se concentrarán únicamente en su respuesta sin comentar las ideas de los demás

Durante la escritura y a medida que usted circula por el salón, concéntrese en lo que los estudiantes *han* podido escribir y haga preguntas de seguimiento para ayudarles a entrar en más detalles. También puede hacer esto antes de que los estudiantes escriban al pedirles que ensayen sus respuestas oralmente.

Escriba una respuesta como grupo concentrándose en una respuesta sensata que haya sido producto de la discusión. Pídales a los estudiantes que le mencionen una o dos cosas que ocurrieron en el cuento para respaldar la respuesta y úselas en la respuesta del grupo.

Con la ayuda de los estudiantes, ponga en lista varias de las respuestas que surgieron de la discusión de la clase. Dé un ejemplo al convertir algunas de esas respuestas en frases completas que respondan a la pregunta de enfoque.

Cuando planee su pregunta para la próxima discusión, escríbala en forma tal que pueda presentar dos de las respuestas posibles que usted ha considerado: *¿Se fue Rogelia de la casa porque se sentía inútil o lo hizo por curiosidad?*

En la siguiente discusión, concéntrese en hacer preguntas de seguimiento que ayuden a los estudiantes a conectar sus ideas con la pregunta de enfoque *(Entonces, ¿de qué manera te ayuda eso a pensar en nuestra pregunta?)*, que respondan a los otros estudiantes *(¿Estás de acuerdo con eso?)*, y que utilicen el texto para respaldar las respuestas que los estudiantes den *(¿Qué parte del cuento te hizo pensar en eso?)*.

Intermedio

Generalmente, los estudiantes

- Escribirán una respuesta simple para responder a la pregunta

- Se darán cuenta de que algunas partes del cuento se relacionan con su idea

- Identificarán una idea con la que están de acuerdo o en desacuerdo

Antes de empezar la discusión, hágales saber a los estudiantes que deben escuchar para captar una idea que sea diferente de la de ellos. Durante la discusión, pueden escribirla en la página de Elaborar tu respuesta. En su propia escritura, déles ejemplos de cómo incluir las ideas de otra persona y comentarlas.

Indíqueles que doblen una hoja de papel por la mitad y que titulen la columna izquierda "Lo que leí" y la derecha "Lo que pensé". Dígales que seleccionen dos pasajes que respalden la respuesta final que dieron, y que escriban los números de las páginas y las primeras frases de los pasajes a la izquierda y las conclusiones que tuvieron a la derecha.

De cada escrito de un estudiante, seleccione una frase bien escrita y escríbala en papel gráfico. Haga que la clase lea las frases una a una y que considere qué las hace buenas.

Durante la discusión, use preguntas de seguimiento para explicarles a los estudiantes la evidencia que eligieron. Pregúnteles: *¿De qué manera muestra esa parte que _____? ¿Qué te llevó a creer _____ cuando leíste esa parte?*

Avanzado

Generalmente, los estudiantes

- Escribirán una respuesta clara y simple

- Proporcionarán evidencia, pero tendrán que explicar cómo respalda la respuesta que dan

- Explicarán por qué están de acuerdo o no con otras respuestas

Durante la discusión y antes de la escritura, pídales a los estudiantes que traten específicamente partes o frases de la pregunta para que vean las distintas implicaciones que ofrece.

Déles ejemplos de cómo reunir evidencia y sopesarla para decidir una respuesta. En el tablero, escriba tres ideas que surgieron durante la discusión e indíqueles que sugieran partes del texto que respalden cada una de las ideas. Considere en voz alta una idea y la evidencia que parece respaldarla mejor. Déles ejemplos de cómo escribir un párrafo con la idea como tesis, evidencia que respalde la tesis, y una frase de cierre.

Haga que los estudiantes tracen un círculo alrededor de las respuestas en la sección Después de la discusión. Para "¿Cambiaste de opinión?" hágales escribir un párrafo que indique la idea original que tuvieron, la evidencia, y los comentarios que influyeron en ellos y la nueva idea. Para "¿Sigues con la misma respuesta?" pídales que indiquen la idea y que expliquen por qué no están de acuerdo con por lo menos dos respuestas adicionales.

DIRECCIÓN DE LAS ACTIVIDADES ADICIONALES

VOCABULARIO

¿Por qué motivo tienen los cuentos un vocabulario tan amplio?

No se han simplificado los cuentos de *Conversaciones* para que se ajusten a un vocabulario controlado: las palabras aparecen exactamente como el autor o el traductor las escribió. Uno de los criterios que se aplican al juzgar un "gran" cuento es el lenguaje rico e interesante, y los lectores se sienten más motivados a aprender un vocabulario nuevo cuando lo encuentran en el contexto de un relato significativo.

¿Cómo puedo ayudar a mis estudiantes con el vocabulario difícil?

En general, esfuércese por crear un ambiente en el que las preguntas sobre las palabras se vean como oportunidades bienvenidas para que todos resuelvan problemas y desarrollen capacidades idiomáticas. Las siguientes sugerencias ayudarán a los estudiantes a enriquecer su vocabulario y aprender estrategias para entender nuevas palabras:

Anime a los estudiantes a que hagan preguntas sobre palabras difíciles inmediatamente después de la primera lectura. Uno de los momentos más oportunos para que los estudiantes formulen preguntas relativas al vocabulario es después de la primera lectura, durante Preguntas para compartir. Como motivación, recuérdeles que indiquen cualquier cosa que no entiendan, ya sean frases o palabras, durante la primera lectura. En el transcurso de Preguntas para compartir, pídale al grupo que responda a las preguntas sobre palabras, tal y como contestaría otros tipos de preguntas: *¿Tiene alguien la respuesta a esta pregunta? ¿Qué significa* conciencia? Por lo general, sirve más pedirle al grupo que defina la palabra basándose en lo que sepa o en las pistas del contexto, antes de buscarla en el diccionario; luego, utilice el diccionario para confirmar o refinar la definición inicial del grupo.

Piense en voz alta sobre cómo desarrollar una definición basada en las pistas del contexto. Esto tiene que ver especialmente con las palabras extranjeras, para las que ordinariamente no hay diccionarios disponibles. Dése ejemplos de palabras poco comunes, pregúntese los significados posibles de un término, produzca una definición que sirva, compruébela en una frase, busque claves en el texto y, luego, compruebe la definición acabada. De ser posible, compare su definición con la de un diccionario. Finalmente, tal vez usted desee establecer una forma de recordar la palabra (por ejemplo, creando una imagen mental, usando la palabra en una frase divertida).

Anime a los estudiantes a que busquen palabras usadas fuera del contexto del cuento. La investigación nos indica que la gente aprende muchas palabras por casualidad—ya sea al oír un programa radial, al ver un documental, al escuchar casualmente una discusión—más que por instrucción directa. Anime a los estudiantes a que busquen fuera de la escuela palabras de las actividades del vocabulario de la unidad o del diccionario de Mis palabras favoritas (vea el apéndice B, pág. 421). Igualmente, al trabajar con una nueva palabra, pregúnteles si la han leído u oído antes y en cuál contexto. El pensar en el contexto puede ayudar a desarrollar una definición.

Ayude a los estudiantes a entender cuáles son las palabras que necesitan saber para comprender el texto. Todos hemos pasado por la experiencia de entender un pasaje de un texto sin saber la definición de cada una de las palabras. Los lectores competentes hacen una pausa al encontrar palabras que interfieran con la comprensión y buscan su significado, piden ayuda, o consideran un significado aproximado y siguen leyendo. Usted puede usar este procedimiento como modelo al seleccionar un pasaje con varias palabras difíciles y preguntarles a los estudiantes cuál palabra buscarían en el diccionario si tuvieran que elegir una. Haga que los estudiantes compartan sus elecciones y razonamientos, guiándolos para que se den cuenta de que algunas palabras tienen un papel más importante en la comprensión que otras.

¿Por qué diferentes cuentos ofrecen diferentes clases de actividades de vocabulario?

Cada uno de las unidades de un cuento sugiere actividades de vocabulario adicionales. La cantidad y el tipo de las mismas dependen del lenguaje usado en cada cuento. Algunos cuentos exigen más atención a ciertas palabras que otros.

La actividad Interpretación de las palabras les pide a los estudiantes que examinen las palabras importantes del cuento y que trabajen con ellas. La observación detallada de tales palabras puede llevar a los estudiantes a examinar temas, significados múltiples, relaciones con otras palabras y conceptos, o rasgos y comportamiento de los personajes. Las otras actividades del vocabulario animan a los estudiantes a recurrir a las palabras que ya conocen o a considerar la relación existente entre palabras por buscar sinónimos o antónimos o por definir una palabra según el contexto. Algo que no encontrará en las actividades de la unidad es una lista preseleccionada de palabras para que los estudiantes la consulten y memoricen. En este programa, se pone énfasis en aprender bien pocas palabras, por medio de ideas críticas y creativas, más que en aprender superficialmente muchas palabras.

¿Cuántas actividades del vocabulario debo poner a hacer a mis estudiantes?

Algunos directores ponen a los estudiantes a hacer todas las actividades sugeridas; otros crean sus propias actividades y no faltan los que omiten el trabajo relacionado con el vocabulario y dedican ese tiempo a otras Actividades adicionales, si consideran que los estudiantes dominan el vocabulario del cuento.

¿Qué hago si los estudiantes tienen interés en otras palabras que yo no esperaba?

En situaciones ideales, el desarrollo del vocabulario debe ser autodirigido y los estudiantes identifican las palabras que hayan interferido con su comprensión o que ellos consideren personalmente desconcertantes o intrigantes. En el apéndice B hay dos prototipos que ayudan a los estudiantes a formar definiciones de las palabras que les interesen o que los desconcierten: el diccionario de Mis palabras favoritas (pág. 421) y Pistas del contexto (pág. 423).

¿Debo llevar a cabo las actividades del vocabulario como una actividad completa de la clase?

Muchos directores desean trabajar en el vocabulario como una clase completa. Las actividades descritas en la sección de vocabulario de cada uno de las unidades del cuento, funcionan bien como una clase completa o como actividades para un grupo pequeño. La mayoría de las actividades debe realizarse con cierta ayuda del director. Los directores pueden hacer preguntas prácticas, sugerir otras fuentes de ideas, o, simplemente, compartir lo que saben de las palabras. Si bien muchas de las actividades ofrecen sugerencias para examinar palabras específicas, es imposible predecir cuáles palabras van a ser desconocidas o interesantes para cada grupo particular de estudiantes. En consecuencia, los directores deben sentirse libres de cambiar las palabras que consideren más adecuadas para el grupo. Si en realidad va a considerar la asignación de una actividad para que los estudiantes trabajen independientemente, revísela con cuidado para asegurarse de que pueden hacerla con éxito por sí mismos.

¿Cómo puedo dirigir la actividad Exploración de las palabras?

Exploración de las palabras: Los estudiantes tienen una lluvia de ideas sobre palabras relacionadas con una palabra o un concepto clave y organizan las palabras en categorías y grupos en un "mapa".

Exploración de las palabras aumenta el vocabulario y hace que los estudiantes comprendan mejor el significado de una palabra. Si se hace antes de la primera lectura, esta actividad estimulará el conocimiento adquirido y preparará a los estudiantes para el vocabulario que puedan encontrar en un cuento. Exploración de las palabras resulta más provechosa cuando un director guía a un grupo en la elaboración del mapa que cuando le pide que elabore los mapas independientemente. Un director puede orquestar un juego entretenido de ideas, y la colaboración estimula a menudo a los estudiantes a producir una rica variedad de palabras.

Empiece la actividad por escribir en el centro del tablero o en una hoja de papel gráfico una palabra o un concepto clave tomado del cuento. Por ejemplo, para "El león de Elena", "las preocupaciones de los niños" puede ser uno de los conceptos claves. Déles a los estudiantes un momento para que reflexionen en la palabra o frase; luego, invítelos a que compartan las palabras que se les ocurran. Cuando los estudiantes participan en esta actividad por primera vez, es útil rotular varios de los rayos del mapa con las categorías en las que podrían agruparse las palabras relacionadas, tales como "por la noche", "al crecer", o "sitios extraños". Cuando un estudiante sugiere una palabra, tal como *oscuridad,* pregúntele en cuál categoría la pondría y por qué. Una

pregunta de seguimiento del tipo *¿Por qué la oscuridad asusta a los niños pequeños?*, puede suscitar más vocabulario. Si un estudiante responde "Porque la oscuridad está repleta de cosas desconocidas", la palabra *desconocidas* puede conectarse con *oscuridad*.

Una forma más avanzada de dirigir esta actividad consiste en que los estudiantes tengan primero una lluvia de ideas sobre las palabras y, luego, las agrupen en categorías. Para poder mover las palabras de un lugar a otro, escríbalas en notas autoadhesivas en vez de hacerlo directamente en el tablero.

Concluir esta actividad puede ser algo tan simple como felicitar al grupo por la colección de palabras que produjeron. Si quiere que los estudiantes practiquen con algunas de las palabras del mapa, pídales que escriban una respuesta corta a una pregunta acerca del concepto central del mapa o un poema simple utilizando el concepto central como título.

¿Cómo puedo usar los prototipos de vocabulario del apéndice B?

En el apéndice B hay cuatro prototipos de vocabulario: Mis tiras cómicas (pág. 417), El desafío del abecé (pág. 419), Mis palabras favoritas (pág. 421), y Pistas del contexto (pág. 423).

Mis tiras cómicas: Al crear una tira cómica, los estudiantes demuestran su habilidad para usar en contexto palabras tomadas del cuento.

Haga que los estudiantes elijan un número designado de palabras que utilizarán para crear una tira cómica. Las palabras pueden aparecer en el título, como globitos de texto o de ideas, o como palabras de acción en el cuadro. Aunque sugerimos una lista de posibles palabras para que los estudiantes elijan, piense en hacer su propia lista basada en las preguntas de vocabulario que los estudiantes hagan surgir durante Preguntas para compartir y en su conocimiento de las habilidades y necesidades del grupo. Discuta o revise los significados y usos de las palabras antes de que los estudiantes empiecen a trabajar.

Para apoyar a los estudiantes que van a realizar esta actividad por primera vez, familiarícelos con las características de las tiras cómicas presentándoles varios ejemplos. Luego, haga una tira cómica con la clase completa, utilizando una versión ampliada del prototipo dibujado en el tablero, un proyector, o papel gráfico. Primero, programe un guión haciendo que los estudiantes tengan una lluvia de ideas sobre cómo usar varias palabras juntas; después, invite a varios estudiantes a bosquejar los cuadros y a agregar las palabras. Al desarrollar su habilidad en esta actividad, los estudiantes pueden trabajar en parejas or independientemente.

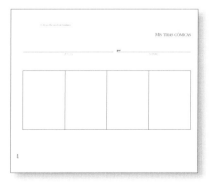

El desafío del abecé: Los estudiantes reúnen por lo menos una palabra por cada letra del alfabeto para describir a un personaje o un concepto relacionado con el cuento. Las palabras pueden proceder de la selección, de los vocabularios de los estudiantes, de los diccionarios, o de otras fuentes.

Usted puede elegir un tema para la lista del abecé, tal como un concepto tomado del cuento (por ejemplo, las cualidades de un buen amigo) o el nombre de un personaje, o utilizar el tema sugerido en la unidad del cuento.

Los estudiantes escriben el tema en la parte superior del prototipo de la actividad y procuran pensar en palabras que describan el tema. El asunto es encontrar por lo menos una palabra por cada letra del alfabeto. Por supuesto, algunas letras como la *ñ* o la *k* no son muy comunes al principio de una palabra en español. Después de que su clase se dé cuenta de esto, pídale que sugiera excepciones a las reglas, tales como permitir palabras que simplemente contengan esas letras o permitir palabras de otros idiomas.

Esta actividad puede realizarse individualmente, pero hacerla con un grupo grande o con toda la clase ofrece más oportunidades de ampliar el vocabulario. La lista del grupo o de la clase puede hacerse en papel gráfico. Si una letra determinada detiene al grupo, usted puede sugerir una palabra y profundizar en ella por un momento. En otras ocasiones, deje en blanco los espacios que lo estén, presente la lista, y anime a los estudiantes a reunir palabras durante varios días. Las palabras pueden proceder de diferentes fuentes—incluso de la familia y de los medios informativos. ¡Usted se dará cuenta de que los estudiantes hasta *leen* el diccionario!

Mis palabras favoritas y Pistas del contexto: Los estudiantes seleccionan palabras y usan el contexto para definirlas.

La investigación nos indica que los estudiantes aprenden y retienen nuevas palabras con mayor éxito cuando ellos mismos las seleccionan para estudiarlas. La primera lectura es uno de los momentos ideales para que los estudiantes elijan palabras. Cuando dirija una de estas actividades de vocabulario, deje cierto tiempo aparte para que la clase trabaje en las definiciones y luego haga que los estudiantes compartan sus palabras con la clase o en grupos pequeños.

Si planea que los estudiantes seleccionen regularmente sus propias palabras para trabajar en el vocabulario, pídales que cada uno haga un diccionario de Mis palabras favoritas, doblando y grapando dentro de la cubierta copias de las páginas en las que anotaron las palabras. Muchos directores hacen que los estudiantes agreguen por lo menos una nueva palabra al diccionario personal cada vez que lean otro cuento. La actividad Pistas del contexto resulta más apropiada si usted no planea que los estudiantes mantengan una colección en curso de palabras y, en lugar de eso, hace que trabajen ocasionalmente en la definición de las palabras usando el contexto.

Estas actividades fueron elaboradas para que los estudiantes las usen independientemente. Sin embargo, las primeras veces que su clase las use, es probable que usted quiera seleccionar su propia palabra y demostrar el procedimiento para considerar el significado sobre la base del contexto y de las otras claves del texto. Explique que tratar de suponer el significado de una palabra ayudará a menudo al lector a entender la definición que da el diccionario, pero que sin suficiente información sobre el contexto, hasta las mejores conjeturas pueden fallar algunas veces.

ACTIVIDADES CREATIVAS: ARTE

¿Cómo ayuda el dibujo a que los estudiantes interpreten la literatura?

Cuando los estudiantes leen y oyen cuentos, crean imágenes visuales que son la interpretación de las palabras de un texto; dibujar esas imágenes les ayuda a menudo a expresar sus ideas. Al darles la oportunidad de responder a preguntas relacionadas con los dibujos que han hecho, los estudiantes pueden expresar a menudo ideas complejas y abstractas sobre el cuento, utilizando sus ilustraciones como un trampolín para manifestarse.

¿Por qué los cuentos van acompañados tan sólo de algunas ilustraciones en blanco y negro?

Cada uno de los cuentos tiene sólo algunas ilustraciones en blanco y negro para estimular a los estudiantes a que se concentren en las palabras del relato y para darles la oportunidad de inferir y valerse de la imaginación. Al leer con los estudiantes, tal vez usted quiera detener algunas veces la lectura y pedirles que se imaginen a uno de los personajes, un lugar, o una escena. Puede que sea necesario volver a leer un pasaje y analizar el significado de palabras poco claras. Haga que los estudiantes describan algunas de las imágenes en las que han pensado.

¿Cómo puedo usar el prototipo de arte?

Los estudiantes pueden usar el prototipo de arte (vea el apéndice B, pág. 425) para expresar la forma en que interpretan a un personaje, una escena, o una ambientación; el prototipo fue creado para usarlo con los cuentos. Algunos directores ofrecen varios temas o frases para el dibujo; otros fotocopian el prototipo de arte con una frase escrita de antemano, y hay quienes permiten que los estudiantes dibujen lo que les guste del cuento con las frases que ellos escriban. Las Actividades creativas sugieren a menudo pasajes del texto con descripciones particularmente elaboradas o intrigantes de personajes, escenas, o ambientaciones que sirven de inspiración a los dibujantes.

¿Cuándo les debo ofrecer a mis estudiantes la oportunidad de dibujar?

Permítales dibujar en todo momento en que desee que compartan y comparen ideas que les causen dificultad, cuando desee apreciar perspectivas distintas, o estimularlos a pensar más. Un buen momento para dibujar es después de la primera lectura y de Preguntas para compartir: usted se beneficiará del entusiasmo inicial de los estudiantes por un cuento y captará sus primeras impresiones. Al hablar de la forma en que describen a un personaje o una escena, los estudiantes revelan ideas en ebullición sobre el cuento, puntos de interés, y las relaciones que hacen con su propia experiencia. Cuando los estudiantes hablan de sus ilustraciones, usted puede detectar ciertos elementos del cuento que los confundieron o ciertas palabras que no entendieron (los estudiantes evitan interpretar esas palabras en sus dibujos). Uno de los beneficios de asignar ilustraciones después de las Preguntas para compartir es poder aclarar cualquier malentendido que haya antes de la segunda lectura. No obstante, puede conectarse con la capacidad creativa de sus estudiantes

en cualquier momento del módulo de un cuento; por ejemplo, puede ser interesante hacer que los estudiantes dibujen *después* de la Discusión colectiva, cuando tienen una interpretación del cuento más profunda y quizás más elaborada.

¿Por qué es importante que los estudiantes comparen sus ilustraciones y hablen de ellas?

Hablar con los estudiantes de las ilustraciones que dibujan aumentará el valor y el disfrute de este tipo de actividad. Muchos directores hacen que los estudiantes se reúnan después de una sesión de dibujo para pedirles uno a uno que le muestren los dibujos al grupo mientras que el director hace preguntas.

Las preguntas más provechosas son las que aluden a lo que realmente se ve, no a lo que uno cree que una forma o un color indica. Por ejemplo, pregunte *¿Por qué le dibujaste la boca hacia abajo?* en vez de *¿Por qué lo dibujaste enojado?* Igualmente, *¿Cuáles son esas formas negras encima de la cabeza?* en lugar de *¿Por qué dibujaste nubarrones en el cielo?* Tal y como en un intercambio, haga preguntas de seguimiento para aclarar puntos confusos.

¿Se permite que los estudiantes hagan preguntas sobre sus dibujos?

¡Por supuesto! A medida que los estudiantes notan que sus preguntas les abren las puertas del cuento y les revelan la forma de pensar especial de cada artista, empezarán a hacer preguntas con entusiasmo y competirán por la oportunidad de hablar de la ilustración que han dibujado. Explíqueles que las preguntas que usted les hace aluden a lo que ve en la hoja de dibujos y no a lo que usted supone. Dígales que la intención es saber lo que el artista piensa, no lo que supone él que hace las preguntas.

¿Puedo usar el mismo enfoque con otras manifestaciones artísticas?

Naturalmente. Sus estudiantes sacarán mucho provecho al ver otras formas artísticas ya sea pintura, escultura, o colage. Anote leyendas en fichas que se adherirán a la ilustración o se pondrán junto a ella.

DISCUSIÓN EJEMPLAR SOBRE LAS ILUSTRACIONES

A continuación se presenta una discusión ejemplar sobre la interpretación gráfica que un estudiante hace de la frase *¡Qué casa tan hermosa!* de "La tejedora de sueños".

Director: ¿Qué nos dices de lo que dibujaste alrededor de la casa?

Enrique: Puse muchas cosas especiales que crecen alrededor de la casa.

Director: ¿Cuáles son esas cosas especiales?

Enrique: Bueno… Cosas que me imagino. El cuento dice que la casa estaba rodeada de flores amarillas, pero también puse otras cosas como flores de dulces y árboles que dan frutas de oro.

Director: ¿Por qué agregaste esas cosas imaginarias?

Enrique: Porque todo lo que pasa en la casa de Gosvinda parece ser mágico. Como cuando los animales les ayudan a Rogelia y a Gosvinda en el trabajo. Eso no pasa en la vida real; entonces, creo que el bosque donde está la casa debe estar encantado.

Director: Cuéntanos de esa ventana, la que pusiste cerca del techo de la casa.

Enrique: La hice grande. Tiene que ser grande.

Director: ¿Por qué?

Enrique: Porque el cuento dice que podían ver las nubes y las montañas lejanas y también dice que los pájaros entraban y salían por la ventana cuando traían los encargos de sueños. Creo que es la ventana más importante de la casa porque está en el desván donde tejen.

Director: ¿Qué dice en el letrero que dibujaste cerca de la puerta?

Enrique: Dice: "Entre si tiene imaginación".

Director: ¿Por qué crees que Gosvinda tendría un letrero así?

Enrique: Porque esperaba a Rogelia y confiaba en que sería la persona adecuada para ayudarla. Uno debe de tener buena imaginación si va a tejer los sueños de alguien. El cuento dice que soñaba con diseños y los planeaba mentalmente; entonces, debe haber tenido muy buena imaginación.

¿Qué ocurre si los estudiantes tienen dificultades para empezar?

Algunos estudiantes vacilan porque no confían en su capacidad artística. En tal caso, permítales experimentar con diferentes técnicas de dibujo; por ejemplo, usando la punta y el lado ancho de un crayón, usando pintura o marcadores, o llenando toda la página. Recuérdeles que lo verdaderamente importante son las ideas que tengan. Por otro lado, si los estudiantes no reaccionan porque no saben dibujar, pruebe una o varias de las siguientes sugerencias:

- Vuelva a leer el pasaje que describe lo que los estudiantes van a ilustrar y pídales que señalen detalles, explícitos o inferidos, que podrían incluir en los dibujos.

- Antes de empezar a dibujar, dirija una visualización: dígales a los estudiantes que cierren los ojos, y hágales preguntas que les ayuden a imaginar detalles de lo que van a dibujar. Por ejemplo, si van a dibujar a un hombre de aspecto extraño, pregúnteles *¿Qué tiene de extraño su apariencia? ¿Cómo es su cara? ¿Qué tiene puesto? ¿Cómo se para? ¿Lleva algo consigo?*

- Haga que los estudiantes trabajen en pares en el papel gráfico para colaborar en la creación de un dibujo. Asegúrese de darles tiempo para que expresen sus ideas antes de que empiecen a dibujar.

¿Cómo puedo ayudar a los estudiantes a que piensen más cuidadosamente en sus dibujos?

- Anímelos a que expliquen de dónde sacaron las ideas para los dibujos. Si una estudiante dice: "Hice que Rogelia tuviera una cara de sorpresa", aliéntela a apoyar esta decisión preguntándole: "¿Qué parte del cuento te hizo pensar que se sorprendería?"

- Haga preguntas basándose en alguno de los dibujos de un estudiante; luego, motívelos para que hagan preguntas sobre las ilustraciones que han dibujado.

- Cuando los estudiantes terminen de dibujar, pídales que piensen en cómo contestarían esta pregunta: *¿Qué te gustaría preguntarle al autor para que tu dibujo resulte más detallado?* Los estudiantes pueden compartir las respuestas por escrito o cuando hablen de sus ilustraciones.

¿Cómo puedo valerme de las ilustraciones para hacer que mis estudiantes piensen más en el cuento?

- Haga que los estudiantes critiquen las ilustraciones del cuento. Guíelos con preguntas como éstas: *¿Qué se puede decir de las ideas que este artista tiene del cuento? ¿Te gustan algunos de los detalles de la ilustración y estás de acuerdo o no con ellos? ¿Te gustaría cambiar alguna cosa?*

- Haga que los estudiantes se imaginen el cuento publicado como si fuera un libro producido por ellos. Pídales que dibujen en la tapa del libro la imagen o escena más representativa del cuento.

ACTIVIDADES CREATIVAS: DRAMA

¿Cómo ayuda el drama a que los estudiantes interpreten la literatura?

La representación dramática realza el disfrute y la comprensión crítica de una selección literaria, ayudando a los estudiantes a identificarse con los personajes, a analizar escenas importantes, a captar la secuencia de los acontecimientos, y a interpretar las sutilezas de palabras y frases. Representar un cuento es una forma inmediata y creativa para que los estudiantes de distintas edades se relacionen con el texto.

¿Cómo selecciono escenas adecuadas para la dramatización de los estudiantes?

La mayoría de las unidades de los cuentos tienen una lista de sugerencias de escenas apropiadas—las que prometan más—pero usted puede elegir otras si se asegures de que la escena tenga potencial dramática. La escena debe ser más bien independiente, destacar algún tipo de confrontación o conflicto entre los personajes, y contener diálogos (una escena humorosa casi siempre ofrece también posibilidades dramáticas). Elija pasajes o escenas que permitan diferentes interpretaciones para que la clase pueda reflexionar sobre la interpretación de los actores y hablar de sus decisiones.

¿Cuál es el mejor momento para la dramatización?

Hay buenos motivos para la dramatización en diferentes momentos de la unidad de un cuento.

Antes de la discusión. Cuando los estudiantes comparten preguntas después de la primera lectura, usted puede darse cuenta de que es útil concentrarse en un pasaje particularmente confuso o ambiguo. Los estudiantes se beneficiarán más al representar una escena si tienen la oportunidad de observar el pasaje, discutiendo juntos las palabras y varias interpretaciones.

Después de la discusión. Después de la Discusión colectiva, la representación dramática les permite a los estudiantes utilizar las ideas e interpretaciones que han desarrollado y considerar las ideas de los compañeros de clase. La representación dramática después de la discusión puede servir de cierre si los estudiantes se concentran en una escena final significativa o representan en orden varias escenas claves, haciendo una dramatización simple de toda la selección.

Con escritura. Los estudiantes pueden adquirir experiencia en la redacción de diálogos al escribir guiones basados en la selección y al representar sus escenas.

¿Puedo simplemente pedirles a los estudiantes que representen todo el cuento?

Muchos directores se dan cuenta de que este enfoque es caótico. Puesto que la representación dramática debe aumentar la comprensión del cuento y apelar a la capacidad interpretativa de los estudiantes, lo mejor es darles alguna estructura que incluya la concentración en una escena o pasaje prometedor.

¿Qué debemos hacer después de la actuación?

A los estudiantes les encanta hablar de sus actuaciones. Luego de una representación dramática, tómese el tiempo necesario para hablar con el grupo de lo que se ha visto y experimentado. El hablar de las presentaciones desde el punto de vista de las decisiones hechas por los actores ayudará a los estudiantes a entender que el drama es una forma artística que enfoca en la interpretación.

¿Cómo puedo ayudar a que los estudiantes tímidos o con menos confianza en sí mismos disfruten del drama?

- Pídales a los estudiantes que hagan mímicas de las acciones de los personajes cuando usted lea los pasajes en voz alta.

- Forme grupos pequeños e indíqueles que lean en coro escenas selectas con un tono de voz que exprese los sentimientos e intenciones de los personajes. Antes de que lean, haga que cada uno de los grupos converse y se ponga de acuerdo sobre la interpretación que desea manifestar.

- Haga que los estudiantes utilicen marionetas, que ellos mismos pueden crear, para describir hechos del cuento en el orden en que ocurrieron. Pueden representar las escenas sin leerlas en los libros; así, tendrán una buena manera de repasar la trama.

¿Cómo puedo estimular a los estudiantes seguros de sí mismos en cuanto a la actuación y la improvisación?

- Prepare una versión del juego de charadas. Déles a los grupos de estudiantes una frase o un pasaje del cuento en una papeleta y pídales que representen la frase o el pasaje únicamente con acciones, sin palabras. La audiencia puede adivinar qué parte del cuento ve en ese momento.

- Haga que los estudiantes creen "escenas inmóviles", o cuadros en vivo de las escenas del cuento. Asigne una escena o un pasaje a cada uno de los grupos. El grupo decide las posturas, las expresiones, y los gestos que utilizarán para representar la escena. Apague la luz cuando cada uno de los grupos monte su escena y préndala cuando el narrador empiece la lectura. Represente los cuadros en vivo en orden secuencial para repasar la trama.

- Haga que los estudiantes representen varios pasajes del cuento. No deben leer líneas del libro ni memorizar exactamente lo que los personajes dicen, sino más bien hacer un papel como cuando juegan con personajes imaginarios en el recreo.

¿Cómo puedo usar el drama para aumentar, más allá de lo que está escrito, la comprensión que los estudiantes tengan del cuento?

- Organice un juego de teatro improvisado llamado "Asiento caliente". Elija a uno de los personajes del cuento y haga que los estudiantes escriban algunas preguntas que les gustaría hacerle al personaje. Las preguntas pueden estar relacionadas específicamente con el cuento o ser hipotéticas. Uno de los estudiantes voluntarios se sienta en el "Asiento caliente", un asiento al frente de la clase, y representa al personaje. La clase hace preguntas y el voluntario procura responderlas en forma tal que corresponda con su interpretación del personaje. Los estudiantes también pueden hacer el papel de un objeto inanimado, por ejemplo, la navaja en "Carlos y la milpa de maíz".

- Haga que los estudiantes trabajen en grupos pequeños para escribir los guiones de las escenas a que alude el autor, pero que no describe explícitamente. Por ejemplo, en "Ooka y el ladrón honrado", se nos cuenta que Ooka le da un trabajo a Gonta, pero el autor no describe la interacción de los hombres. Haga que los estudiantes representen el guión que han escrito, si lo desean.

ESCRITURA

¿Cuál es la finalidad de escribir en *Conversaciones*?

La finalidad de las sugerencias para la escritura y de las páginas de actividades que aparecen en *Conversaciones* es desarrollar el pensamiento crítico y creativo de los estudiantes. Las actividades de escritura fueron diseñadas para ayudar a los estudiantes a articular ideas sistemáticamente, apoyarlas y desarrollarlas, y para estimular formas de pensar originales y motivar a los estudiantes a que se relacionen personalmente con la literatura.

La capacidad de los estudiantes para escribir, explicar, y respaldar una respuesta está conectada estrechamente con lo que ocurre en la discusión. Todas las Actividades interpretativas básicas y muchas de las Actividades adicionales ofrecen posibilidades para la escritura, aunque también es posible llevarlas a cabo en voz alta o que el director se las escriba al grupo. Le recomendamos que piense en los beneficios que los estudiantes pueden derivar de la escritura en relación con el procedimiento de la Indagación colectiva, en especial la Discusión colectiva, y que incorpore la escritura a las actividades seleccionadas.

¿De qué forma puedo animar a mis estudiantes a escribir durante todo el curso de su trabajo en un cuento?

Los estudiantes tienen oportunidades de usar la escritura para desarrollar y ampliar la manera de pensar a medida que trabajen en un cuento. La escritura puede ser desde apuntes breves hasta narraciones extensas.

Antes de la discusión	Inicio/Fin de la discusión*	Después de la discusión
Para ayudar a los estudiantes a que sigan el tren de ideas y empiecen a desarrollar sus propias interpretaciones, indíqueles que	Para ayudar a los estudiantes a refinar sus interpretaciones y sintetizar sus ideas en un solo tema, pídales que	Para ayudar a los estudiantes a ampliar el proceso de reflexión y aplicar su forma de pensar a otras situaciones, haga que ellos
• Tomen apuntes durante la primera y/o segunda lectura	• Escriban las respuestas antes de la discusión en la página de Elaborar tu respuesta	• Desarrollen ideas en la página de Elaborar su respuesta conformando un texto de opinión o un ensayo persuasivo
• Escriban sus reacciones a y sus preguntas sobre el cuento después de la primera lectura	• Registren las ideas de los condiscípulos en la página de Elaborar tu respuesta al final de la discusión	• Escriban piezas expositoras relacionadas con ideas del cuento o el oficio de autor
• Escriban las respuestas a las preguntas de sus compañeros	• Escriban sus respuestas después de la discusión en la página de Elaborar tu respuesta	• Usen la escritura creativa para expresar sus pensamientos e ideas de forma única y personal
• Escriban acerca de la interpretación que le den a una palabra con varios significados	• Hagan una lista de la evidencia que respalde sus ideas en la página de Elaborar tu respuesta al final de la discusión	
• Escriban frases para ilustraciones y guiones para obras dramáticas		

* Durante la discusión, los estudiantes concentran su atención en escucharse unos a otros. Sin embargo, si ellos lo encuentran útil, pueden anotar ocasionalmente las ideas que deseen recordar.

¿Cómo debo usar las actividades de escritura adicionales?

Cada unidad comprende páginas de actividades de escritura diseñadas para utilizarse en tareas de escritura de respuestas breves o de primeros borradores para piezas más elaboradas. Animamos a los directores o a los estudiantes a seleccionar la actividad de escritura que mejor amplíe su manera de pensar sobre un cuento, ya sea al escribir poemas, una carta, un cuento, una entrevista, o un ensayo.

¿De qué manera puedo ayudar a los estudiantes a desarrollar sus destrezas redactivas?

En la forma actual de enseñar la escritura se enfatiza el *proceso* de composición de un texto, en contraposición al producto final escrito. La investigación indica que los estudiantes se benefician de la instrucción en la que se presta atención a las ideas necesarias para escribir un texto más que al aspecto mecánico. Los estudiantes también obtienen más éxito al escribir cuando tienen el tiempo suficiente para releer, reconsiderar, y volver a escribir. Además, deben escribir con frecuencia si van a adquirir maestría en el complejo proceso de la comunicación de ideas por medio de la escritura.

Teniendo todo esto en cuenta, tal vez usted desee asignar regularmente a sus estudiantes tareas de escritura y darles todas las oportunidades del caso para que reconsideren y revisen sus ideas. Puede utilizar lo que los mismos estudiantes escriban con éxito como ejemplos de lo que usted trata de enseñar. A menudo se describe el proceso de la escritura comprendiendo los siguientes pasos: ensayo, borrador, revisión, corrección, y publicación. Incluso cuando usted no intenta que los estudiantes trabajen por extenso en un escrito, se beneficiarán con una actividad de pre-escritura (conversación, lluvia de ideas, mapas de palabras, ilustraciones) antes de escribir el primer borrador.

¿Cuál es la intención de las preguntas impresas en los márgenes de la mayoría de las páginas de actividades de escritura?

Las llamamos preguntas guías y ayudan a los estudiantes a generar ideas y a organizarlas. Con el respaldo de las preguntas guías, los estudiantes con capacidades diferentes a menudo pueden considerar más profundamente el tema y, de esa forma, transmitir más detalles que de ordinario. Bajo ningún punto de vista deben los estudiantes confinar sus ideas a las líneas al lado de las preguntas guías o ver las preguntas como las únicas posibles. Los que tengan más experiencia en escribir pueden no necesitar la página de actividades en absoluto y preferir que escriban en el tablero la sugerencia y las preguntas guías, con la opción de utilizarlas según lo consideren apropiado.

¿Debo hacer que los estudiantes revisen y refinan todo lo escrito?

Usted puede incorporar tantas revisiones como los estudiantes requieran, pero el tiempo es un factor limitante para la mayoría de los directores. Si los estudiantes están a punto de completar una actividad de escritura por cada cuento, la mayor parte de los directores no hacen que sus grupos pulan cada pieza a nivel de borrador final. Los estudiantes pueden conservar sus primeros borradores en una carpeta de *Conversaciones,* seleccionando una pieza a intervalos regulares—como cada cuatro semanas, por ejemplo—para revisar y pulir. Cuando los estudiantes pulan un escrito de verdad, deben comprender que esa revisión no es simplemente una corrección ortográfica, de puntuación, o de errores gramaticales, sino un esfuerzo a expresar el significado de sus ideas con el lenguaje.

¿Y qué se indica en cuanto a la labor de escribir?

Como el énfasis de *Conversaciones* está en desarrollar ideas, no incluimos sugerencias para instrucciones sobre gramática, puntuación, uso, u ortografía en esta Guía del director. Naturalmente, todos los aspectos del arte de escribir son importantes. Una forma eficaz de incorporar la instrucción de la labor de escribir es determinar las necesidades de los estudiantes en este campo, a medida que usted observa los escritos de ellos y elabora lecciones breves basadas en lo que necesitan. De esta manera, les enseñará los aspectos mecánicos y estilísticos como parte de un esfuerzo en curso para expresar significado.

¿Cómo puedo utilizar la página de Elaborar tu respuesta para desarrollar la escritura de los estudiantes?

La página de Elaborar tu respuesta es un elemento para ayudar a los estudiantes a comunicar sus ideas por escrito; es el lugar donde pueden registrar la respuesta inicial a su pregunta de enfoque y la respuesta final—o "mejor respuesta personal"—al final de la discusión. Además de darles a los estudiantes tiempo para escribir sus respuestas finales, un director puede guiarlos en la escritura de diferentes tipos de frases, párrafos, o ensayos que reflejen las ideas que se les ocurrieron durante la discusión. Por ejemplo, usted podría cerrar la discusión haciendo que los estudiantes escriban la mejor respuesta que tengan, se tomen un descanso, y, luego, vuelvan para una lección breve sobre cómo escribir un párrafo con evidencia que respalde la declaración de una tésis.

Cuando usted considera la capacidad de sus estudiantes para comunicar ideas por escrito, es importante distinguir entre la capacidad de escribir palabras en una frase, algo que muchos estudiantes harán fácilmente, y la capacidad de escribir una respuesta o una explicación con sentido que demuestre una secuencia de ideas y que trate específicamente la pregunta que usted hizo. Uno de los prototipos de Elaborar tu respuesta del apéndice B (vea la pág. 413) se ha dejado en blanco para que usted lo llene con sus propias sugerencias para después de la discusión. Si usted les hace saber a los estudiantes lo que espera que escriban después de la discusión, ellos pueden practicar las habilidades indicadas durante la discusión. Aquí tiene ejemplos de sugerencias que tratan de las necesidades específicas de los estudiantes:

- *¿Cuál fue la idea que más te gustó?* (para estudiantes con dificultades en escribir una respuesta clara)

- *¿Cuál fue la idea que más te sorprendió?* o *¿Con cuál idea no estás de acuerdo?* (para estudiantes que más requieran escucharse unos a otros)

- *¿Cuál es la pregunta que todavía querrías hacerle al grupo (o al autor)?* (para estimular la curiosidad y motivar preguntas adicionales)

¿Se pueden usar los escritos de los estudiantes para evaluar el desarrollo de sus habilidades críticas y pensamentales?

Sí. Los escritos relacionados con la Discusión colectiva, tales como un párrafo basado en la página de Elaborar tu respuesta, reflejarán la capacidad creciente de los estudiantes para desarrollar ideas, respaldarlas con evidencia del texto, y responder a las ideas de los demás.

LEADER'S TOOLBOX

SAMPLE UNIT PLANS

Leaders plan how to conduct Core Interpretive Activities and select Supplemental Activities to fit their classroom schedule and students' needs. Here are three examples of schedules different leaders might create for "Carlos and the Cornfield." The Core Interpretive Activities are shown in bold.

2-DAY PLAN

Tuesday, 9–10 a.m.

- Building Context
- **First Reading**
- **Sharing Questions** Save questions about Carlos for Shared Inquiry Discussion.
- Homework: **Second Reading with Note Taking** Students mark places where Carlos is feeling confident with *C,* and places where he is not feeling confident with *N.*

Wednesday, 9–10 a.m.

- Review homework. Students share notes.
- **Shared Inquiry Discussion** To conclude, students write one idea they heard that was different from theirs.

3-DAY PLAN

Monday, 9–10 a.m.

- **First Reading**
- **Sharing Questions**
- Discuss "Cosechas lo que siembras" and the definition of proverbs as homework preparation.
- Homework: Looking at Literature— "Proverbs and Sayings" activity page due Wednesday.

Tuesday, 9–10 a.m.

- **Second Reading with Note Taking** Partners read and mark places where Carlos is thinking of himself with *H,* and places where he's thinking of others with *O.* Share and discuss notes.
- Vocabulary: Interpreting Words with *apenado.*
- Interpreting Words: Complete for homework.

Wednesday, 9–10 a.m.

- Students share "Proverbs and Sayings" homework.
- **Shared Inquiry Discussion** Use Building Your Answer page with students.
- Creative Endeavors: Students make and eat *panqués de maíz.*

4-DAY PLAN

Monday, 9–10 a.m.

- Building Context
- **First Reading**
- **Sharing Questions** Save list.
- Homework: Creative Endeavors—Art: Students draw interpretation of Carlos's home and cornfield.

Tuesday, 9–10 a.m.

- Students share and discuss drawings.
- **Second Reading with Note Taking** Partners choose one of class's questions from list, read together, and mark places that suggest answers. Students write two possible answers and support them with evidence.

Wednesday, 9–10 a.m.

- **Shared Inquiry Discussion** To conclude, students share questions they would still like to ask the author.
- Evaluative Writing: For prewriting, students brainstorm pros and cons of children doing important jobs at home.
- Homework: Write rough draft.

Thursday, 10:30–11:15 a.m.

- Evaluative Writing: In groups, students read rough drafts and hear peers' feedback.

CONDUCTING THE CORE INTERPRETIVE ACTIVITIES

FIRST READING FOLLOWED BY SHARING QUESTIONS

How should I introduce the story?

Shared Inquiry focuses on interpretation, so we encourage you to get to the reading as soon as possible. We believe students can enjoy reading and discussing our stories and can think about the issues the stories present without much background information about the history, author, or setting of the story. Do not introduce a story by asking students to predict what the story is about based on the title. However, you might want to conduct the story-specific Building Context activity included in each unit before the first reading. This popular Supplemental Activity draws on students' own experience and knowledge to stimulate their interest and to prepare them to better understand the story and identify with its characters.

Should I read the story aloud or should students read independently?

Even if your students are proficient readers, we recommend you read the selection aloud to them the first time so that they concentrate on the language and ideas of the story rather than on the mechanics of reading. Listening to the story read aloud by a fluent and expressive reader helps students with comprehension and prepares them for a second reading with note taking. Reading aloud to your students will allow the class to finish the reading at the same time and leads naturally into Sharing Questions. Ideally, readings should be intimate, with students sitting in a group around you so that all can hear the story clearly.

Should students just listen or should they follow along in their books?

That depends on the story and your students. We usually encourage students to follow along in their books while you read the story aloud to them in order to promote fluency in reading. Following along fosters a connection between the words, pictures, and ideas of the story and promotes reading readiness in children who aren't yet reading independently. In *Conversaciones,* students work closely with the text and practice active reading skills. However, at times you may want students just to listen closely while you read the story aloud, pausing to show them the pictures.

Do I have to read the whole story in one sitting?

If your students are restless or the selection is fairly long, you may want to find a natural stopping point within the selection to break up the reading. Conduct Sharing Questions after students have heard the entire selection.

Should I ask questions during the first reading?

Students will have a chance to ask questions when you are finished, so keep interruptions during your first reading to a minimum. You may, for example, quickly supply definitions of unfamiliar words that are important to comprehension. Do not ask prediction questions as these lead students to guess what the author will say next; in Shared Inquiry, readers are encouraged not to speculate, but to base their opinions on the text.

What is Sharing Questions?

Sharing Questions is a session after the first reading in which students are free to ask any questions they have. It is a way to help students engage the story and address problems of comprehension.

Why should I do Sharing Questions with my students?

At its simplest level, Sharing Questions allows students to clear up misunderstandings and factual errors, get help with vocabulary, and set the selection more firmly in their minds. More important, Sharing Questions sets the tone for the whole process of Shared Inquiry by

- Promoting an atmosphere of openness and cooperation in which it is safe to wonder aloud

- Developing the habit of reflecting and wondering after reading

- Teaching students that their curiosity and desire to know are good starting points for exploration

- Encouraging an appreciation of different opinions and reactions

Sharing Questions can also help you, the leader, tailor a story unit that will address and incorporate your students' interests. By paying careful attention to your students' curiosity about the story, you can gather questions for Shared Inquiry Discussion and develop note-taking prompts, prompts for writing and art activities, and ideas for further research.

How do I conduct Sharing Questions?

Immediately after the first reading, while the story is fresh in everyone's mind, encourage students to ask about anything in the selection that they wondered about, such as why an event happened as it did or why a character did or said a particular thing. You might also ask what parts of the story they liked best or found surprising and why. As students pose questions, write them on the board or chart paper. As much as possible, try to use the students' own wording when helping them phrase questions.

After you have collected six to eight questions, have the class briefly consider answers to each one. Be sure the class answers any pressing vocabulary or factual questions. Try to reserve some of their interpretive questions to use in Shared Inquiry Discussion (see the Question Web master in appendix B, p. 407). If possible, keep the class's list of questions posted during their work on the story. For more specific ideas about conducting this activity, see Meeting Students' Needs, p. 368. For a review of the different types of questions that arise in Shared Inquiry, see About Shared Inquiry, p. xiii.

How is Sharing Questions different from Shared Inquiry Discussion?

The emphasis in Sharing Questions should be on identifying points of curiosity about the selection and resolving factual questions and questions about vocabulary. Students will be far better prepared to discuss interpretive questions in depth after they are more familiar with the reading selection. Let students know that this is a time to clear up questions that need to be answered right away and to discover questions they want to explore further. While you may want to ask a follow-up question to help clarify what a student is asking, do not ask many follow-up questions about students' initial answers to a question. If an interesting question seems to be leading the class into a full-scale discussion, remind students that they will have time to discuss the selection fully after the second reading.

What if my students don't have any questions after the first reading?

At first, your students may be shy or reluctant to raise questions. After all, asking a genuine question is risky; you're admitting you don't understand something! Students may not know how to articulate what they are curious about. They may be worried a question isn't a "good" one, or they may simply be unsure of what to ask. It may help to ask students what parts of the story surprised them or what they especially liked and why, or to try an art activity. You can also model for your students how to ask a question about the story by telling them something you wondered about and writing a question about it on the board or chart paper.

How do I handle students' factual questions or questions about vocabulary?

When at all possible, have students help one another answer factual questions or questions about vocabulary instead of answering them yourself. If the class is unable to answer a factual question correctly and cannot locate the relevant passages from the text, refer students to the relevant passages and reread them so that the class can resolve the question. If the class is unsure of the meaning of a word, have them find the word in the story and try to determine the meaning from context. You may also send students to a dictionary for questions about words.

What if my students have too many questions after the first reading?

This is a wonderful "problem" to have! Remember that you can use their questions later, especially to help you develop a focus question and related questions for Shared Inquiry Discussion.

First, though, resolve the pressing factual or vocabulary questions as a class. Then do any one of the following:

- Have students write their name and questions on index cards. At random, pick six to eight questions for the class to consider briefly.

- Have students work in groups, pairs, or individually to come up with possible answers to the remaining questions.

- Have students choose one or two questions to answer in writing or through art.

- Have students share questions in small groups. Each student can contribute one question to a group list or the group can generate several questions while working together.

Whether you ask students to work individually, in pairs, or in groups, be sure to allow them to share their favorite questions and answers with the whole class by posting them on a bulletin board, handout, or chart paper.

Should I encourage my students to ask interpretive questions during Sharing Questions?

Not necessarily. All questions after the first reading are valuable. Students should feel free to ask whatever they are wondering about after the first reading. You don't want to stifle your students' curiosity by dismissing or diminishing any questions that are not interpretive. You may use Sharing Questions, however, to point out to your students that an interpretive question has more than one answer that can be supported with evidence from the text. As your students gain more experience with *Conversaciones*, they will tend to resolve factual questions more quickly, ask fewer questions unrelated to the text, and ask more interpretive questions.

MEETING STUDENTS' NEEDS

Beginning

Students will sometimes

- Be shy or reluctant to ask questions

- Ask questions unrelated to the selection

- Not know what to ask about

Model how to ask questions by sharing your reaction to something in the text, then turning your reaction into a question and recording it on the board or chart paper. Ask students for some of their reactions to the story and help them phrase questions about those reactions.

Ask students what they liked about the story and what they did not like. Or, ask students to identify parts of the story that surprised them, confused or puzzled them, or seemed important. In order to turn some of their reactions into questions to list on the board or chart paper, try to get students to explain their reactions.

Have students brainstorm words that begin questions, such as *who, what, where, why, when,* and *how*. After listing several of these words on the board or chart paper, ask students if they can think of questions about the story using each of the words on the list.

Intermediate

Students will sometimes

- Ask too many questions for the whole class to consider or for the time allotted

- Ask a variety of questions, including factual, interpretive, and evaluative

- Be comfortable thinking out loud in order to pose questions

Select a central character or major event in the story, and ask students to brainstorm as many questions as they can about the character or event.

Select a puzzling or interesting passage to reread. As the passage is read aloud, pause and ask students to brainstorm questions about the language and events in the passage.

Help students consider answers and evidence when exploring their questions. As the class briefly answers some of the questions, record their answers, asking students what made them think that. Also jot down any evidence the students mention (a page number or a few words from the text). After several questions have been answered, you may want students to identify the interpretive questions and reserve them for Shared Inquiry Discussion. Or, you might ask students to select one of the remaining questions to answer in writing.

Advanced

Students will

- Pose many specific questions about the text

- Ask many interpretive questions and suggest possible answers

- Resolve factual questions and questions about vocabulary effectively by using the text, the dictionary, and their classmates' responses

Have small groups of students test questions to see if they have more than one possible answer based on evidence in the text. This will help students answer the factual questions, discard questions unrelated to the text, and identify interpretive questions. Allow the groups to share their favorite question with the class by listing those questions on the board or chart paper. Tell the class that because their interpretive questions raise so many different ideas and opinions, you will try to use them in Shared Inquiry Discussion.

Have students identify a central character or event that they would like to explore. Challenge them to come up with as many interpretive questions as they can about the character or event.

Divide the selection into sections, and ask small groups or pairs to develop questions about their section. Have groups resolve factual and vocabulary questions and briefly consider possible answers to their interpretive questions. Invite each group to list their favorite interpretive question on the board or chart paper.

SECOND READING WITH NOTE TAKING

Why read the story twice?

The idea of reading a story twice is often new to students. In addition to explaining the Shared Inquiry process (see Shared Inquiry Discussion, p. 371), you may also wish to give students specific reasons why rereading is important:

- A second reading can clear up things that were confusing the first time. This ensures that everyone has a good understanding of the basics of the selection before discussing it.

- A second reading allows readers to notice things they didn't the first time. During the first reading a reader enjoys the story and finding out what happens, so it's hard to notice details. A second reading allows a reader to pay attention to the way a selection is put together and generate more ideas and questions about it.

Why take notes?

Especially if your students have never taken notes before, emphasize that notes help readers think further about their reactions to a story, remember what those reactions were, and share them with other readers. Taking and explaining notes will also help students learn how to identify and explain support for their ideas. Briefly explain how you will expect students to use their notes after they take them (see Meeting Students' Needs on the following page).

Should students use one of the note-taking prompts provided or make their own notes?

One of the note-taking options is to have students mark the text according to a note-taking prompt of the kind we provide in the Core Interpretive Activities for each story. These prompts ask students to mark particular reactions to the story: for example, they may mark with an *A* places where they agree with something a character does, and with a *D* places where they disagree. Marking a story according to a prompt can help students prepare to discuss a particular focus question during discussion. Using a prompt also makes it easier to lead a focused discussion of students' reactions to the story, since they are thinking about the same issue as they mark the text. However, having students take notes without a prompt has important advantages: it encourages students to take more responsibility for deciding what to mark, and it may furnish unexpected insights. Students can make simple marks in the margins, underline words or phrases, or keep track of questions that arise during the second reading. You're the best judge of which process fits your students' needs. You may wish to begin by having students use a note-taking prompt, then progress to making their own notes, or you may wish to alternate between the two practices.

What should students do with their notes?

Reflecting on their notes and comparing them with others' notes helps students learn to cite and explain evidence more effectively, so plan time for students to talk about their notes. The Meeting Students' Needs section on the following page describes a number of ways in which students can discuss and use their notes.

How thoroughly should students discuss their notes?

The discussion should be thorough enough that they see different ideas emerging and get practice explaining why they marked passages as they did, but not so thorough that they cover an issue fully. Students should come away eager for Shared Inquiry Discussion, not feeling that they've already said everything there is to say. Confining students' discussion of their notes to a few pages of the story, or to a limited amount of time, helps preserve their enthusiasm for Shared Inquiry Discussion. For example, you might have students discuss the notes they made on two or three pages of the story and end the session after 20 minutes or so.

How can students take notes if they can't write in the books?

Ideally, each student will have his or her own book and will be able to write in it. If this isn't possible, consider one of the following methods:

- Have students use sticky notes to mark parts of the selection.

- Have students make notes on a separate sheet of paper. They can note the page number and two or three words from the selection along with their reaction.

May students do the second reading at home?

Yes, if they are able to read the story independently or if an adult is available to read the story to them; this is an effective way to build a strong home–school connection and to encourage a habit of reading at home. If students do the second reading as homework, it is especially important to process their notes in class.

MEETING STUDENTS' NEEDS

Beginning

Students will sometimes

- Be skeptical about or resistant to reading twice

- Be unfamiliar with note taking

- Not know which parts of the selection to mark

- Make indiscriminate marks

- Be unable to explain their notes

Model the note-taking process for students by marking a story yourself using a suggested note-taking prompt. After the second reading, show students your notes on the story and lead a brief discussion of some of the passages you marked (be sure students understand that there is no "right" way to mark a passage).

Make a tape recording as you read the story aloud to the class for the first time. For the second reading, play the tape as students mark the story, while you circulate and help students who are stumped. The tape can be stopped and restarted as needed during this process.

Read the first two pages of the story aloud, asking students to mark passages as you read. Then ask students to share what they marked and briefly explain why they marked it that way. This process can be continued for the rest of the selection.

Read the first two pages of the story aloud, asking students to listen carefully for anything that addresses the note prompt (for example, students might listen for clues that Carlos is thinking of himself or others). Ask students to raise their hands when they hear a clue. Ask students what clue they heard, and follow up with questions such as *What did that clue make you think? How would you mark that?*

Intermediate

Students will sometimes

- Mark places in a selection on their own

- Explain why they marked a place in the selection as they did

Lead a brief discussion of the notes students made on two consecutive pages of the story—look for a section you can imagine students having different ideas about. Focus on asking why students marked passages as they did and why others agree or disagree.

As a warm-up for Shared Inquiry Discussion, ask students to share the marks they made on a particular page of the selection. Allow students to discuss their notes on the page for 5–10 minutes before beginning discussion with your focus question.

Have pairs of students discuss how they marked the story. Then have each pair explain why they agreed or disagreed about a particular passage, either in front of the class or in writing.

Have students choose a passage they felt strongly about and write a few sentences explaining why they marked it. Students can then post their paragraphs on a bulletin board or chart paper.

Ask students to make their own notes on at least two sections of the story. Encourage students to mark the two places in the story that interested them most and to write down anything that will help them remember their reactions; give them an opportunity to share what they marked and why.

Advanced

Students will

- Be comfortable making notes and explain them in detail

- Know more than one way of processing their notes in pairs or a group

- Be able to make their own notes

Identify a passage students disagreed about, and set up a debate in which students argue for marking the passage in a particular way. Two students can argue each side, with the class discussing at the end of the debate the evidence for marking the passage each way (be sure students understand that there is not one "right" way to mark a passage.)

Have students choose one of the passages they marked. Ask them to draw a line down the middle of a piece of paper and to list on one side reasons for marking the passage the way they did and on the other side reasons for marking it another way. If students are stumped about identifying reasons for the other side, have them work in pairs.

After the first reading, have students brainstorm note-taking prompts to use during the second reading. You can either have the class vote on which note-taking prompt to use or have small groups use different prompts. As part of the discussion of the notes students made, ask students to assess how well their note-taking prompts worked and why.

STUDENTS TALK ABOUT THEIR NOTES

Leader: During your second reading, I asked you to pay special attention to the Cat [in "The Master Cat"]. You marked places where you thought he behaved like a human with an *H* and places where he behaved like an animal with an *A*. Let's look at the section where the Cat is in the ogre's palace, where the ogre says he'll turn into a lion. How did you mark the paragraph that comes after that?

Claudio: I put an *A* there.

Leader: What happened that made you put an *A* there?

Claudio: The Cat being scared and jumping on the roof.

Leader: What made you think the Cat was acting more like an animal there?

Claudio: Any animal would be afraid of a lion. When cats are scared of something, they jump as far away as they can.

Leader: Did anyone else mark that sentence with an *A*?

Cecilia: Yes, I did.

Leader: What was your reason for thinking the Cat was acting like an animal?

Cecilia: It says that he did it "not without some danger and difficulty." I don't think a human would jump on a roof. A human would go out a door or maybe jump out a window. Animals can do things humans can't.

Laura: I marked an *A* there, too.

Leader: Why did you mark it that way?

Laura: I think an animal would be scared of a lion—the lion could eat him! The Cat killed animals before, so he knows the lion could kill him.

Leader: Let's see about *H*'s now. Did anyone mark that section with an *H*?

Alfredo: I did. The Cat doesn't think the lion would eat him. A lion is in the cat family, too, so they are like cousins. It's more like a human to be so scared.

Victor: I used an *H* there, too.

Leader: Why did you think he was acting more human than animal there?

Victor: Because of the boots.

Leader: What about the boots?

Victor: Animals don't wear boots. The boots make it more dangerous for him. A cat could use his claws to hang on, but the Master Cat wants to look good and wear boots and that's like a human.

Leader: It seems that there are many different ways to read that paragraph. Let's look at one more before we finish up. What did you think about the paragraph where . . .

SHARED INQUIRY DISCUSSION

What distinguishes Shared Inquiry Discussion from other types of discussion?

In Shared Inquiry Discussion, the roles of the leader and the text are different than in many types of discussion. The leader of a Shared Inquiry Discussion joins the group as a fellow learner who has not decided on an answer to the question he or she is asking about the selection. Rather than explaining the text to the group or leading the group to an answer, the Shared Inquiry leader asks questions intended to help each group member develop his or her own thinking about the ideas being discussed.

The text in a Shared Inquiry Discussion is the sole focus of the group's attention. Because the aim of a Shared Inquiry Discussion is for each group member to achieve a better understanding of the text under discussion, the leader asks questions that encourage group members to think more deeply about the ideas in the selection and to compare and weigh answers. Personal anecdotes and references to other books, movies, and so on are of limited value in such a discussion.

How should I choose a question or questions for discussion?

As a Shared Inquiry leader, you join with your students in a process of discovery, providing guidance by careful questioning. An important part of the leader's role is choosing the interpretive questions the class will discuss. Questions can come from your own notes about the story, from the questions your students ask in the Sharing Questions session after the first reading, and from the suggested questions in this Leader's Edition.

You may wish to lead discussion on three or four interpretive questions, moving to a new question when the class has had an opportunity to consider several possible answers to a question and to weigh evidence for each. We usually recommend that you lead discussion on one central question, or focus question, so students become familiar with considering an idea in depth.

What are focus questions and related questions?

In general, a discussion is most effective when it centers on one major interpretive question. This question, which we call a *focus question,* addresses a central problem of meaning in the selection. Answering a focus question satisfactorily requires examining many passages in the story. Often a focus question will jump out at you and your students—it's the one you most want to find answers to.

Once you've identified the focus question you want to ask, it's a good idea to find a few interpretive questions that will help your students think about that question. We call these *related questions,* because they lead back to the focus question. These questions may deal with different parts of the problem that the focus question is about or bring up parts of the story that bear on the problem. In the Suggested Questions for Discussion for each unit, focus questions appear in bold and related questions appear under the focus question they support.

The Question Web master (see appendix B, p. 407) is designed to help you organize your questions and to make it easy to refer to them during discussion. The focus question checklist can help you select the focus question that will lead to a fruitful and lively discussion.

FOCUS QUESTION CHECKLIST

- ☐ The question is interpretive—it has more than one reasonable answer that can be supported with evidence from the story.

- ☐ The question is about a major issue in the story. It suggests a lot to talk about.

- ☐ I can think of two or more ways to answer the question and have not decided on an answer myself.

- ☐ My students are likely to be interested in talking about the question.

- ☐ The question is worded clearly, and the issue it addresses will make sense to my students.

How can I create a good environment for discussion?

Establishing an atmosphere that promotes discussion involves preparing both the classroom and the students themselves.

Setting up the classroom. Try to arrange the room so that everyone can see and hear one another. Your students should have a convenient surface on which to place their books and open them up. Ideally, have students sit around a table or arrange their desks in a circle or square. If this isn't possible, you can even have students sit on the floor. This type of arrangement stimulates discussion and helps students realize that the ideas offered by their classmates can be a major source of insight into a selection. It also helps reinforce your role as a partner in Shared Inquiry.

Explaining the discussion process to students. In addition to explaining how Shared Inquiry Discussion works, it is vital that you help your students understand the guidelines the class will follow during discussion and the reasons for those guidelines.

GUIDELINES FOR SHARED INQUIRY DISCUSSION

1. **Everyone needs to read or listen to the story before the discussion.** Because the purpose of discussion is to share ideas about a particular story, everyone needs to read or listen to it before joining in.

2. **Talk about only the story that everyone has read or listened to.** In discussion, the group works to understand a story that everyone has had a chance to think about. It's not fair or productive to use this time to talk about things the group may not share (for example, other books, movies, or personal experiences).

3. **Explain what part or parts of the story helped you come up with your answer.** Hearing the evidence for different answers helps everyone better understand the ideas being discussed. It also helps everyone decide which answer he or she agrees with.

4. **Expect the leader to ask questions, not answer them.** The leader doesn't have the "right" or "best" answer to the question. In Shared Inquiry Discussion, each person should decide what he or she thinks about the question.

Can my class also have its own ground rules for discussion?

Yes. Although the guidelines listed above are the only ones we strongly recommend, you may wish to have your class follow additional rules concerning behavior in discussion. Below are some of the most common ground rules classrooms use:

- Talk to other students, telling them you agree or disagree and asking them questions. Don't talk to the leader all the time.

- When someone else is speaking, listen to him or her as you would like others to listen to you.

- It's fine to disagree with what someone else says, but disagree in a polite way.

- Ask questions when you don't understand something. You can ask someone what he or she meant, or ask the person to explain an idea more fully.

What's the best number of students for a discussion group?

We find it takes at least 10 participants in order to hear a variety of ideas in discussion. Ideally, every student should have several opportunities to participate, and behavior management issues should not dominate your discussion time. If you find that in your group it is difficult to give all students a chance to speak during discussion or that you must spend a great deal of time dealing with behavior problems, try dividing your group for discussion. Generally, we recommend dividing a class for discussion when it is larger than 20 students.

How can I divide my class for discussion?

Because one goal of a Shared Inquiry Discussion is to hear every student's ideas, you will want to make sure that your group is not too large. Most leaders with more than 20 students use one of the following strategies to create smaller discussion groups:

Arrange for another leader to take half the group. This is an ideal way to involve volunteers in your classroom; consider having your school make a call for volunteers. Alternatively, your school can designate a site coordinator to lead discussions in several classrooms weekly. This role has been filled successfully by resource teachers, librarians, teacher aides, guidance counselors, and assistant principals. We strongly recommend that anyone who will be leading discussion take a Great Books workshop (see p. xii for more information about workshops).

Send half the class to another room. When possible, pair your discussion time with other half-class activities such as computer lab or library period. Or arrange with another teacher to trade times; one or more colleagues teaching the same grade can work out a mutually helpful schedule.

Involve half the class as observers of the discussion. If you choose this option, it's important to give the observers a real job to do. One third-grade teacher has observers write questions they would like to ask participants. Halfway through and at the end of discussion, observers can bring up their questions during a time set aside for this purpose. Another teacher asks observers to prepare to "help out" ideas they like by bringing up additional evidence and reasons near the end of discussion. To make observation work, arrange students in an inner circle of discussion participants and an outer circle of observers, where everyone can see one another.

Assign half the class to an independent or small-group activity. Independent seat work or paired activities can keep students productively occupied while you lead others in discussion.

How can I lead discussion most effectively?

Leading discussion is a process you can expect to be more at ease with over time. If you lead discussion regularly, both you and your class will grow more confident and comfortable with it. The following reminders should help you as you grow accustomed to the process of discussion.

Share your curiosity and enthusiasm. When you genuinely want to know the answer to a question and want to hear your students' ideas about it, your curiosity and respect for your students will energize discussion. By sharing what you are curious about and admitting what you don't know, you model the attitude you are asking students to adopt.

Track student participation with a seating chart. Using either a chart you make yourself or the seating chart master (see appendix B, p. 409), mark which students participate in discussion and how. A check mark can indicate that a student offered an answer, the notation "NA" can indicate that a student had no answer when asked to speak, and so on. It's a good idea to write down key words or phrases from students' answers so that you can use them as the basis of follow-up questions. The chart can help you identify patterns of participation in your class and evaluate students' contributions, if you need to give a grade for participation.

Ask follow-up questions often. Follow-up questions—spontaneous questions that respond directly to students' comments—drive and sustain an effective discussion. They help students develop their ideas in depth and help everyone think more carefully about the relationships between different answers. Careful, attentive listening is the most important skill a Shared Inquiry leader can cultivate.

The best follow-up question to ask is the one you think of yourself—the one you want to know the answer to. It can be as simple as *What did you say?* or *What made you think so?* Follow-up questions can

- **Clarify comments.** *What do you mean by that word? Could you say that again?*

- **Get evidence.** *What in the story gave you that idea? What did the character do or say that made you think so?*

- **Test ideas.** *How would you explain this part of the story, given your answer? Is there anything in the story that doesn't seem to go with your answer?*

- **Get additional opinions.** *What do you think about what she just said? Does anyone have an idea we haven't heard yet?*

Ask students to look back at the story frequently. Asking students to find passages and read them aloud helps everyone think about the specifics of the story and keeps discussion on track. Revisiting the text can also clear up misunderstandings and prompt students to think of new questions and interpretations.

SHARED INQUIRY DISCUSSION CHECKLIST

- ☐ Set up the room so that everyone can see and hear one another easily.

- ☐ Ask students to come to discussion with their books, a pen or pencil, and a notebook.

- ☐ Create a seating chart or use the seating chart master (see appendix B, p. 409) so you can track students' participation in discussion.

- ☐ Remind students, as needed, of the guidelines of Shared Inquiry Discussion (see appendix B, p. 415). Be sure that students understand that there is more than one good answer to the focus question you will ask and that you have not decided on an answer to it.

- ☐ After posing your focus question, give students five minutes to write down their answers—and to find passages in the text that support their answers—before discussion begins.

- ☐ Use follow-up questions to help students clarify their own answers, find evidence to support their answers, and respond to others' answers.

- ☐ Use related questions to help students think about different parts of the story and aspects of the focus question.

- ☐ At the end of the discussion, ask students to look back at their original answers on the Building Your Answer page. Ask what new ideas they have heard and whether they would change their original answer.

- ☐ After every third or fourth discussion, ask students to evaluate their progress. Help the class set goals for improvement.

Return often to the focus question. Especially if you feel that the discussion is wandering, ask students how their thoughts relate to the focus question. This reminds everyone of the problem the group is trying to solve and ensures that it will be considered in depth.

Create space for quieter students to speak. It's easy for discussion to be dominated by talkative students, with quieter ones getting shut out. Marking participation on a seating chart can help alert you to this pattern; if it happens in your group, try asking quieter students if they've heard an answer they would agree with or what answer they wrote down on the Building Your Answer page.

Encourage students to speak directly to one another. By using students' names and asking them to explain their ideas to one another, you foster an environment of open inquiry and respect.

How do I know when it's time to wrap up discussion?

Because of the reflective nature of Shared Inquiry Discussion, you'll probably want to schedule at least 30 minutes for this activity. With a group of 15–20 students, this amount of time will allow everyone to participate. Sometimes you must wrap up a discussion simply because you've run out of time, but ideally you want to close discussion when

- The group has heard and discussed a number of answers to the focus question

- Most students could, if asked, provide their "own best answer" to the question

Tell your students that their "own best answer" is one that they like, one that they feel reasonably confident in, and one that they can support with evidence from the story. You can usually sense when your group has arrived at this point, but you can always check by asking, *Does everyone have an answer they're satisfied with? Are there any different ideas we haven't heard yet? Is there any part of the story that we should look at before wrapping up?* Don't worry about reaching consensus on an answer; the stories in *Conversaciones* are chosen for their ability to support multiple interpretations, and members of your group will likely end up with different opinions.

SAMPLE SHARED INQUIRY DISCUSSION

The following transcript from parts of a Shared Inquiry Discussion of "The Upside-Down Boy" includes marginal notes to show how follow-up questions were used to deepen participants' thinking. As you read the transcript, think about how you would respond to what the participants say. In each instance, several different follow-up questions are possible.

Focus Question:

Why does Juanito describe himself as the upside-down boy?

Related Questions:

As he walks to school, why is Juanito afraid that his tongue will turn into a rock?

Why does Juanito say, "My feet float through the clouds when all I want is to touch the earth"?

Why is Juanito finally able to tell his father that at first he felt "funny, upside-down" at school?

Why is Juanito able to be lead the class choir at the end, when before he found it difficult to talk?

Leader:	_[after asking the focus question and having the group write down answers]_ Alejandro, why do you think Juanito describes himself as the "upside-down boy"?
Alejandro:	Because he's mixed-up.
Leader:	What do you mean by mixed-up?
Alejandro:	Confused because he just moved and lots of things are new. He's really confused about school. Most kids learn about recess and lunchtime in kindergarten, but Juanito was eight when he moved, so that's why he feels upside-down.
Leader:	Does Juanito feel upside-down because lots of things are new, like the city and his house on Juniper Street, or simply because he has started school for the first time?

◆ ◆ ◆

Leader:	Maria, do you also agree that Juanito says he feels upside-down because he's confused at school?
Maria:	No. School is definitely new to him and he has to figure everything out, but I think he says he's upside-down because he's uncomfortable.
Leader:	How is uncomfortable different from confused?
Maria:	Well, I think confused is when you aren't sure what to do, and uncomfortable is when you just don't feel that you're in the right place.
Leader:	Is there something in the story that makes you think Juanito doesn't feel that he is in the right place?

Asks for clarification

Pursues an implication of Alejandro's response.

As discussion continues, the group seems to almost unanimously agree that Juanito is the upside-down boy because he is new to school. Since the leader would not have asked the focus question if she thought it had only one reasonable answer, she must use follow-up questions to bring out the complexities of the matter under discussion.

Solicits an additional opinion. When the leader probes Maria's response, a different interpretation of upside-down emerges.

The leader pursues Maria's definition of uncomfortable.

Asks for evidence.

Maria:	Remember when he walked to school with his father and pinched his ear and said, "Am I really here?" He was in a big city with street lights and people going fast, and it wasn't like the countryside. I think he misses the fields.	
Leader:	Then, Maria, does Juanito feel upside-down because he feels the right place for him is the country, not the city?	Returns to the focus question, incorporating Maria's new insight; pursues an implication of her idea.
Maria:	Maybe. He might feel like he's upside-down because he's not close to the earth anymore, like when he was a campesino. I remember one place where he said "my feet float through the clouds when all I want is to touch the earth."	
Luis:	I still think he feels upside-down because he is confused. He is happy when he's at home, so I don't think he's uncomfortable living in the city. But I think he's mostly confused because he doesn't speak English.	
Leader:	Luis, was there something Juanito said or did that made you think his upside-down feeling is mostly about not speaking English?	Asks for support.
Luis:	Definitely. There was the time when Juanito was walking to school with his dad and he asked him, "Will my tongue turn into a rock?" Then his teacher asked him what he was painting and his tongue was like a rock. He couldn't answer because he didn't know enough English.	
Carla:	I disagree. I think Juanito's tongue was a rock when Mrs. Sampson asked him about his painting because he was afraid that she thought it was a bad painting. When she said, "What is that?", he probably thought his painting was too crazy. It's his first day of school, so he probably wants to do well.	
Leader:	So, Carla, does Juanito feel upside-down because he doesn't speak English well or because he's worried about what Mrs. Sampson thinks of his work?	The leader formulates a question combining Luis's and Carla's different points of view. In doing so, she makes it easier for the group to explore Juanito's tongue-tied feeling, which is relevant to the focus question.

◆ ◆ ◆

Leader:	Let's return now to our opening question and see what some other people have to say. Carlos, why do you think Juanito describes himself as the upside-down boy?	Asks the group to reconsider the focus question in light of the new thinking about Juanito's character; solicits additional opinions.
Carlos:	I think it's mostly because he feels confused about everything at school. But he also feels like no one really knows him. Since he can't speak English and can't read yet or explain his art, he probably thinks that nobody understands him or knows what he's good at.	
Ana:	I agree with that, and that's why I think he was happy at home but feeling like an upside-down boy at school. When he goes home with his painting, his mom can see the flying tomatoes right away. He sings loudly at home and he goofs around and acts silly. Because he's new at school and doesn't speak English, he can't really let his real personality show.	
Leader:	If Juanito feels like he can't let his real personality show, then why does he sing in front of his class?	Tests Ana's opinion by asking whether it is consistent with other evidence in the text. This opens the door to other interpretations of the story's events.
Beatriz:	Because Mrs. Sampson probably knew that he had a good voice. She wanted the rest of the class to know so they would respect him.	
Antonio:	Yeah, I think Juanito really liked singing and might have been waiting to be asked. He was probably glad that she let him be a star.	
Leader:	That brings us back to something Carlos said earlier. You said that Juanito probably thinks that nobody knows what he's good at. Did you mean that no one, not even Mrs. Sampson, can recognize what Juanito is good at, or did you mean that Juanito just can't tell anyone?	Returns to Carlos's earlier comment to examine it in light of Antonio and Beatriz's answer. In asking Carlos to reconsider his thoughts, the leader pursues the line of inquiry opened up by the others.

Carlos:	At first I thought that he would need to tell people, but I guess you're right about Mrs. Sampson—she did figure out that he was a good singer. Maybe that's why things start getting better for Juanito. I think after that he might start to feel right-side up.	
Leader:	What in the story made you think that Juanito was beginning to feel right-side up?	Asks for evidence.
Carlos:	When he went home singing and telling everyone, "My teacher says my voice is beauuuuutiful."	
Leader:	How does that passage show that Juanito is beginning to feel right-side up?	Asks how the cited evidence supports Carlos's opinion.
Carlos:	Well, it shows that he is happy and excited, and everything starts to change after that.	
Vanessa:	You're right, because then his mom and dad start sharing stories about how they learned English and he gets an A on his poem, and then his dad gives him the harmonica.	

◆ ◆ ◆

Leader:	Marco, why is Juanito able to take on such an important role at the end of the story?	Having explored the complexities of Juanito's situation, the group is ready to explore one of the related questions, which examines the significance of Juanito's leadership role at the end.
Marco:	I don't know.	
Leader:	Well, why is Juanito able to be lead the class choir at the end, when before he found it difficult to talk?	Rewords the question to refer more directly to the text.
Marco:	I think he felt like people believed in him.	
Leader:	What made you think that Juanito felt like people believed in him?	Asks for evidence.
Marco:	Because everybody came to his Open House Day, even the canary. And Mrs. Sampson wore a chile sombrero.	
Leader:	Marco, does the fact that Juanito felt people believed in him mean that he was no longer upside down?	Incorporating one of Marco's ideas, the leader returns to the question of why Juanito led the choir at the end.
Marco:	I'm not sure.	
Amelia:	Nah . . . I think he's going to feel like an upside-down boy for a long time. His parents always believed in him. They moved for him. But he is still missing his old life.	
Leader:	But why do you think the author has Juanito count out to his choir "*Uno . . . dos . . .* and three," in Spanish and English?	Reformulates the question to raise a possible intention of the author.
Amelia:	I think that's to show that he is upside down and mixed-up. He doesn't know whether to use English or Spanish.	
Marco:	But he calls himself "El Maestro Juanito," which makes it seem like he has a lot of confidence. It seems like Juanito's changed a lot. I think he stopped being the "upside-down boy" because he began to feel like an important part of his class, his school, and his family. I think he might feel comfortable being himself at the end, and that's why he counts in both languages.	

Because of the leader's close interest and steady involvement, the participants in this discussion get caught up in striving for answers. They examine the text, begin to talk to one another, build on their own ideas, and come to more comprehensive interpretations of the story.

USING THE BUILDING YOUR ANSWER PAGE

The Building Your Answer page (see appendix B, p. 411) is designed to help students record their thoughts about your focus question and to reflect on their response to discussion. Here are some specific suggestions for using it effectively during discussion:

- Make the Building Your Answer page an expected part of the discussion process.

- Consider photocopying the Building Your Answer page after printing your focus question at the top.

- Give students time (four or five minutes of silence) to write down an answer before discussion.

- During discussion, frequently ask students to share the answers they wrote.

- Close discussion by asking students to reconsider their original answers.

- Use the Building Your Answer page as part of students' participation grade.

- Post the class's Building Your Answer page after discussion.

- Use the Building Your Answer page as the the basis for a writing assignment (see p. 387 for specific suggestions).

MEETING STUDENTS' NEEDS

Beginning

Students will sometimes

- Try to answer but not really understand the interpretive nature of the question

- Write brief comments or retell story events

- Write an answer that is purely literal

- Focus on their own answer only, without remarking on others' ideas

As you circulate during writing time, focus on what students *have* been able to write and ask follow-up questions to help them elaborate further. You can also do this before students write by having them rehearse their answers orally.

Write an answer as a group by focusing on one sensible answer that came out of discussion. Ask students to tell you one or two things that happened in the story that support the answer, and use them in the group's answer.

With students' help, list several answers that came out of the class discussion. Model turning a few of those answers into complete sentences that answer the focus question.

When you plan your question for the next discussion, write it so that you present two of the possible answers you've considered *(Did Rogelia leave home because she felt useless or because she was curious?)*.

In your next discussion, concentrate on asking follow-up questions that help students tie their ideas to the focus question *(So how does that help you think about our question?)*, respond to other students *(Would you agree with that?)*, and use the text to support their answers *(What in the story made you think that?)*.

Intermediate

Students will sometimes

- Write a simple answer that responds to the question
- Note a few places in the story that relate to their idea
- Identify an idea with which they agree or disagree

Let students know, before discussion begins, that they should listen for one idea that is different from their own. They may write it on their Building Your Answer page during discussion. Model how to include and comment on another person's idea in your own writing.

Have students fold a piece of paper in half. Label the left side "What I Read" and the right side "What I Thought." Have them choose two passages that support their final answer and write the page numbers and first sentences of the passages on the left and the inferences they made on the right.

Select one well-written sentence from each student's writing, and write it on chart paper. Have the class read the sentences one at a time and discuss what makes them strong.

During discussion, use follow-up questions to push students to explain their choice of evidence. Ask *How does that part show that _____? What made you think _____ when you read that part?*

Advanced

Students will sometimes

- Write an answer that is clear and distinct
- Provide evidence, but need to explain how it supports their answer
- Explain why they agree or disagree with other responses

During discussion and before writing, ask students to specifically address different parts or phrases of the question to get at its various implications.

Model gathering and weighing evidence to decide on an answer. On the board write three ideas that came up during discussion, and have students suggest places in the text that support each idea. Think aloud about one idea and which evidence seems to support it most strongly. Model writing a paragraph with the idea as the thesis, evidence supporting the thesis, and a concluding sentence.

Have students circle one of the responses in the After Discussion section. For "Change your mind?" have them write a paragraph stating their original idea, the evidence and comments that influenced them, and their new idea. For "Keep the same answer?" have them state their idea and explain why they disagree with at least two other answers.

CONDUCTING THE SUPPLEMENTAL ACTIVITIES

VOCABULARY

Why do the stories contain such a broad range of vocabulary?

The stories in *Conversaciones* have not been simplified to meet a controlled vocabulary—the words appear exactly as the author or translator wrote them. One of the criteria for what makes a story "great" is its rich and interesting language, and readers are most motivated to learn new vocabulary when they encounter it in the context of a meaningful story.

How can I help my students with challenging vocabulary?

In general, strive for an atmosphere in which questions about words are seen as welcome opportunities for everyone to solve problems and develop language skills. The following suggestions will help students enrich their vocabularies and learn strategies for understanding words that are new to them:

Encourage students to ask about difficult words right after the first reading. One of the best times for students to bring up vocabulary questions is after the first reading, during Sharing Questions. To encourage this, remind students to listen for anything that they don't understand, including words or phrases, during the first reading. During Sharing Questions, ask the group for answers to questions about words, just as you would other types of questions—*Does anyone have an answer to this question? What does* conciencia *mean?* It is generally most helpful to have the group try to define the word based on prior knowledge or context clues before turning to a dictionary, then use the dictionary to confirm or refine the group's rough definition.

Think aloud about how to develop a definition based on context clues. This is especially applicable to foreign words, for which a dictionary usually isn't available. Model thinking about an unfamiliar word yourself, asking yourself questions about possible meanings, coming up with a working definition, trying it out in the sentence, searching the text for clues, then testing out a refined definition. Check your definition against a dictionary, if possible. Last, you may want to model a helpful way to remember the word (for example, creating a mental image, using the word in a funny phrase).

Challenge students to listen for words being used in contexts outside the story. Research suggests that people learn many words incidentally—by listening to a radio show, watching a documentary, overhearing a discussion—rather than from direct instruction. Challenge students to listen and look for the words from the unit's vocabulary activities or their My Favorite Words dictionary (see appendix B, p. 421) outside of school. Also, when working with a new word, ask students if they have read or heard it before and what the context was. Thinking about context can help develop a definition.

Help students understand which words they need to know for comprehension. We've all had the experience of understanding a passage of text without knowing the definition of each and every word. Proficient readers pause over the words that interfere with their comprehension and look them up, ask for help, or figure out an approximate meaning and move on. You can model this process by selecting a passage with several difficult words and asking students which word they'd look up if they could choose any one. Have students share their choices and reasoning, guiding them to the realization that some words play a more important role in comprehension than others.

Why do different stories offer different types of vocabulary activities?

Each story unit suggests supplemental vocabulary activities. The number and type of activities depends on the language used in each story. Some stories call for greater attention to specific words than others.

The Interpreting Words activity asks students to examine and work with words that are significant to the story. Looking closer at such words might lead students to explore themes, multiple meanings, relationships with other words and concepts, or traits and behaviors of characters. The other vocabulary activities challenge students to draw on words they already know or to consider relationships among words by finding synonyms or antonyms or defining a word based on its context. One thing you won't find in the unit activities is a preselected list of words for your students to look up and memorize. In this program the emphasis is on learning fewer words well, through critical and creative thinking, rather than many words superficially.

How many vocabulary activities should I have my students do?

Some leaders have students do all of the suggested activities; others create their own activities. Still others skip vocabulary work and devote that time to other Supplemental Activities if they feel their students have mastery of the story's vocabulary.

What if my students are interested in words that I didn't expect?

Ideally, vocabulary development should be self-directed, with students identifying words that have interfered with their own comprehension or that they found personally puzzling or intriguing. Two masters in appendix B help students work out definitions of words that interest or puzzle them— My Favorite Words dictionary (p. 421) and Context Clues (p. 423).

Should I do the vocabulary activities as a whole class activity?

Many leaders want to work on vocabulary in a whole class setting. The activities described in the vocabulary section of each story unit work well as whole class or small-group activities. Most of the activities are intended to be done with some leader assistance. Leaders can ask helpful questions, suggest different avenues of thinking, or simply share their own word knowledge. While many of the activities provide suggestions of specific words to explore, it is impossible to predict which words will be unfamiliar or of interest to each particular group of students. Therefore, leaders should feel free to substitute words they feel are more appropriate for their group. If you do consider assigning an activity for independent work, look it over carefully to make sure your students can complete it successfully on their own.

How do I conduct the Word Mapping activity?

Word Mapping: Students brainstorm words related to a key word or concept and organize the words into categories and groups.

Word Mapping develops vocabulary and increases students' understanding of word meaning. If done before the first reading, this activity will activate prior knowledge and prepare students for vocabulary they may encounter in a story. Word Mapping is most effective when a leader guides a group in the creation of the map, rather than having students make maps independently. A leader can orchestrate a lively interplay of ideas, and collaboration often motivates students to generate a rich variety of words.

Begin the activity by writing a key word or concept from the story in the center of the board or a sheet of chart paper. For "Ellen's Lion," for example, a key concept could be "children's worries." Give students a moment to reflect on the word or phrase, then invite them to share words that come to mind. When students participate in this activity for the first time, it is helpful to label several of the map's spokes with categories that related words might be grouped into, such as "nighttime," "growing up," or "strange places." When a student suggests a word, such as *darkness,* ask which category it would fall under and why. A follow-up question, such as *Why do little children worry about darkness?*, may elicit more vocabulary. If a student responded, "Because the darkness is full of the unknown," the word *unknown* could be connected to *darkness.*

A more advanced way to conduct this activity is for students to brainstorm words first, then group them into categories. To make it easier to move words from place to place, you can write them on self-adhesive notes instead of directly on the board.

Concluding this activity can be as simple as congratulating the group on the collection of words they generated. If you want to give students practice using some of the words on the map, have them write a short answer to a question about the map's central concept or a simple poem using the central concept as the title.

How do I use the vocabulary masters in appendix B?

There are four vocabulary masters in appendix B: My Comic Strip (p. 417), ABC Challenge (p. 419), My Favorite Words (p. 421), and Context Clues (p. 423).

My Comic Strip: Students demonstrate their ability to use words from the story in context by creating a comic strip.

Have students choose a designated number of words that they will use to create a comic strip. The words can appear in the title, as speech or thought balloons, or as action words in the frame. While we suggest a list of possible words for students to choose from, consider making your own list based on the vocabulary questions students raised during Sharing Questions and your knowledge of the group's skills and needs. Discuss or review the meanings and uses of the words before students begin working.

To support students approaching this activity for the first time, familiarize them with the features of comic strips by bringing in several examples. Then create a group comic strip using an enlarged version of the master drawn on the board, an overhead projector, or on chart paper. First, plan a story line by having students brainstorm ways to use various words together. Then invite several students to sketch in the frames and add the words. As students develop their proficiency in this activity, they may work with partners or individually.

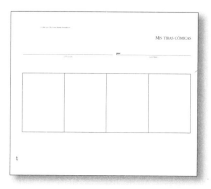

ABC Challenge: Students collect at least one word for each letter of the alphabet to describe a character or concept related to the story. Words can come from the selection, students' own vocabularies, dictionaries, or other sources.

You may choose a topic for the ABC list, such as a concept from the story (e.g., qualities of a good friend) or a character's name, or use the topic suggested in the story unit.

Students write the topic at the top of the activity master and try to think of words that describe the topic. The challenge is to find at least one word for each letter of the alphabet. Of course, some letters, such as *ñ* or *k,* almost never begin words in Spanish. After your class discovers this, ask them to suggest exceptions to the rules, such as allowing words that simply contain those letters or allowing foreign words.

This activity can be done individually, but doing it with a large group or the whole class offers more opportunities to expand vocabularies. The group or class list can be made on chart paper. If a certain letter stumps the group, you may suggest a word and spend a moment elaborating on it. Other times, leave any unfilled spaces blank, post the list, and challenge students to collect words over the course of several days. Words can come from a range of sources, including families and the media—you may find that students even *read* the dictionary!

My Favorite Words and Context Clues: Students select words to define from context.

Research shows that students learn and retain new words most successfully when they select their own words for study. An ideal time for students to choose words is after the first reading. When conducting either of these Vocabulary activities, allow class time for students to work out the definitions and then have them share their words with the class or in small groups.

If you plan for students to regularly select their own words for vocabulary work, have each student make a My Favorite Words dictionary by folding and stapling copies of the word entry pages inside the cover. Many leaders have students add at least one new word to their personal dictionary each time they read a new story. The Context Clues activity is more suitable if you do not plan for students to keep an ongoing collection of words but would rather work occasionally on defining words in context.

These activities are designed for students to use independently. However, the first few times your class does them, you may want to select your own word and model the process of thinking about its meaning based on context and other clues in the text. Explain that making an informed guess about a word's meaning will often help a reader understand the dictionary definition, but without enough context information, even reasonable guesses can sometimes be off.

CREATIVE ENDEAVORS: ART

How does drawing help students interpret literature?

When children read and listen to stories, they create visual images in their minds. These images are their interpretations of a text's words, and drawing these images often helps students express their ideas. When students are given the opportunity to respond to questions about their drawings, they can often articulate complex and abstract ideas about the story, using their artwork as a springboard.

Why are the stories accompanied by only a few black-and-white illustrations?

To encourage students to focus on the words in each story, and to give them opportunities to make inferences and use their imaginations, each story has just a few black-and-white illustrations. As you read with students, you may want to stop periodically and ask them to imagine what a character, place, or scene looks like. It may be necessary to reread a passage and discuss the meaning of confusing words. Have students describe some of the images they picture in their minds.

How do I use the art master?

Students can use the art master (p. 425) page to express their interpretations of characters, scenes, and settings. It is designed for use with any of the stories. Some leaders offer choices of several topics or captions for drawing, some photocopy the art master with a prewritten caption, and others have their students draw whatever they like from the story, writing their own caption. The Creative Endeavors activities often suggest places in the text with especially rich or intriguing descriptions of characters, scenes, or settings as inspiration for drawing.

When should I have students draw?

Have students draw whenever you want them to share and compare ideas they might have trouble articulating, appreciate different perspectives, or move forward in their thinking. A good time to draw is after the first reading and Sharing Questions—you will capitalize on students' initial enthusiasm for a story and capture their first impressions. In discussing their depictions of a character or scene, students reveal their developing ideas about the story, points of interest, and the connections they are making to their own experiences. Discussing their artwork may also alert you to certain elements of the story that confused students or certain words they didn't understand (students avoid interpreting those words in their pictures). A benefit of assigning artwork after Sharing Questions is that any misunderstandings can be cleared up before the second reading. However, you can tap into your students' creative abilities at any time during the course of a story unit. It can be interesting, for example, to have students draw *after* Shared Inquiry Discussion, when they have a deeper, and perhaps more developed, interpretation of the story.

Why is it important for students to compare and discuss their artwork?

Discussing the students' artwork with them will increase the value and enjoyment of this type of drawing activity. Many leaders have students gather together after a drawing period, then ask them one at a time to show their drawing to the group while the leader asks questions.

The most effective questions are ones that ask about what you actually see, not what you assume a shape to be or a color to mean. For example, ask *Why did you make the character's mouth turning down?* instead of *Why did you make the character angry?*, and *What are the black shapes above his head?* instead of *Why did you put thunder clouds in the sky?* Ask follow-up questions for clarification and evidence as you would in discussion.

Can students ask questions about each other's drawings?

Definitely! As children experience how your questions open up the world of the story and reveal the unique thinking of each artist, they will enthusiastically initiate questioning and vie for the chance for their artwork to be discussed. Help them notice that your questions ask about what you see on the page and not about your assumptions. Tell them that the goal is to learn what the artist thinks, not what the questioner thinks.

Can I use the same approach with other art forms?

Certainly. Your students will benefit from exposure to other art forms such as painting, sculpture, and collage. Write captions on index cards to attach or stand next to the artwork.

SAMPLE DISCUSSION ABOUT ARTWORK

Following is a sample discussion of a student's interpretive drawing, based on the phrase *What a beautiful house!* from "The Dream Weaver."

Leader: Can you tell us what you drew around the house?

Enrique: I made lots of special things growing around the house.

Leader: What do you mean by special things?

Enrique: Well, make-believe things. In the story it said the house was surrounded by yellow flowers, but I also made things like lollipop flowers and trees that grow fruit made of gold.

Leader: What made you think of adding make-believe things?

Enrique: Because everything that happens at Gosvinda's home seems like magic. Like the way the animals help Rogelia and Gosvinda with the work. That isn't possible in real life, so I think the woods where the house is must be enchanted.

Leader: Tell us about that window, the one near the roof of the house.

Enrique: I made it big. It has to be big.

Leader: Why?

Enrique: Because the story said they could see the clouds and the distant mountains, and it also said the birds came and went through the window when they brought orders for dreams. It's the window in the loft where they weave, so I think it's the most important window in the house.

Leader: What does it say on the sign you drew near the door?

Enrique: It says, "Enter if you have imagination."

Leader: Why do you think Gosvinda would have a sign like that?

Enrique: Because she was expecting Rogelia and hopes she will be the right person to help her. I think you have to be good at imagining if you're going to weave someone's dream. The story said she dreamed about her designs and planned them in her head, so she must have a good imagination.

What if students have a hard time getting started?

One reason some students hesitate is a lack of confidence in their artistic abilities. In this case, let them experiment with different drawing techniques—for example, using the point and the broad side of a crayon, using paints or markers, or filling up the whole page. Remind them that their ideas are what matters. On the other hand, if students seem stuck because they don't know what to draw, try one or more of the following suggestions:

- Reread the passage that describes what the students will be illustrating, and ask them to point out details, either explicit or inferred, that they might include in their drawings.

- Lead a predrawing visualization. Tell students to close their eyes, and ask them questions to help them imagine details about what they will be drawing. For example, if they are to draw a funny-looking man, ask them *What is funny about the way he looks? What is his face like? What is he wearing? How is he standing? Is he carrying anything?*

- Have students work in pairs on chart paper to create a collaborative drawing. Make sure to give partners time to talk about their ideas before they begin drawing.

How can I help students think more carefully about their drawings?

- Encourage students to explain the sources of their ideas for drawing. If a student says, "I made Rogelia have a surprised face," encourage her to support this decision by asking, "What in the story made you think she'd be surprised?"

- Model asking questions about one of the students' drawings, then have students ask questions about each other's artwork.

- After students draw, ask them to think about how they'd answer this question: *What question would you like to ask the author in order to make your drawing more detailed?* Students can share answers in writing or as they discuss their pictures.

How can I use the illustrations to extend my students' thinking about the story?

- Have students critique the illustrations that accompany the story. Guide them by asking questions like *What can we tell about this artist's ideas about the story? Are there details in the artwork that you like or agree with? Is there anything you would change?*

- Have students imagine the story published as its own book. Ask them to draw the image or scene for the book cover that would best represent the story.

CREATIVE ENDEAVORS: DRAMA

How does drama help students interpret literature?

Dramatic play enhances the enjoyment and critical understanding of a literature selection, helping students empathize with characters, analyze important scenes, grasp the sequence of events, and interpret the subtle meanings of words and phrases. Acting out a story is an immediate, creative way for students of all ages and abilities to engage with the text.

How do I select passages that are suitable for students to dramatize?

Most story units list suggestions for suitable passages, but you can select others by making sure that the passage has dramatic potential. The scene should be fairly self-contained, emphasize some kind of confrontation or conflict between characters, and contain dialogue (a humorous scene is also a good bet for dramatic play). Choose passages or scenes that can be interpreted in different ways so that the class can reflect on and discuss the actors' choices afterward.

When is the best time to use dramatization?

There are good reasons to use dramatic play at various points in a story unit.

Before discussion. When students share questions after the first reading, you may see that it would be helpful to focus on a particularly confusing or ambiguous passage. Students will get more from acting out a scene if they first have a chance to look closely at the passage, discussing words and various interpretations together.

After discussion. After Shared Inquiry Discussion, dramatic play allows students to use the ideas and interpretations they have developed and to think further about ideas raised by classmates. Doing dramatic play after discussion can provide closure if students focus on a significant final scene or perform several key scenes in order, making a simple dramatization of the whole selection.

With writing. Students can gain experience writing dialogue by composing scripts based on the selection and performing their scenes.

Can I just ask students to act out the whole story?

Many leaders find that this approach chaotic. Because dramatic play should enhance understanding of a story and call on students' interpretive thinking skills, it is best to give students some structure, which includes focusing them on a promising scene or passage.

What should we do after the performance?

Students enjoy talking about their performances. Always take time after a dramatic play activity to discuss what the group has seen and experienced. Discussing the presentations in terms of the choices that were made by the actors will help students understand that drama is an art form that focuses on interpretation.

How can I help self-conscious or less confident students enjoy drama?

- Have students mime the actions of characters as you read passages aloud.

- Have small groups do choral readings of selected scenes, using tone of voice to convey characters' feelings and intentions. Before they read, have each group talk together to agree on the interpretations they want to convey.

- Have students use puppets, which they can make, to depict events from the story in the order that they occurred. They can enact the scenes without reading them from their books. This is a good way to review the plot.

How can I challenge students who are confident performing and improvising?

- Play a version of charades. Give student groups a sentence or passage from the story on a slip of paper, and have them act out the sentence or passage using only actions, no words. The audience must guess which part of the story they're seeing.

- Have students create "frozen pictures," or tableaus of the story's scenes. Assign one scene or passage to each group. The group decides which postures, expressions, and gestures they will use to depict the scene. Turn off the lights as each group arranges its scene, then turn the lights on as a narrator begins reading. Perform tableaus in sequential order to review the plot.

- Have students act out various passages of the story. They should not read their lines from the book or memorize exactly what their characters say, but rather play the role as they do when they play imaginary games at recess.

How can I use drama to extend students' understanding of a story beyond what is written?

- Play a role-playing game called Hot Seat. Choose a character from the story and have students write questions they'd like to ask the character. The questions can be story-specific or hypothetical. Have a student volunteer take the "hot seat," a chair in front of the class, and play the character. The class asks questions, and the volunteer tries to answer them in a way that is true to her understanding of the character. Students can also take the role of an inanimate object, such as the pocketknife in "Carlos and the Cornfield."

- Have students work in small groups to write scripts for scenes the author refers to but does not specifically describe. For example, in "Ooka and the Honest Thief," we are told that Ooka gives Gonta a job, but the author does not describe the men's interaction. Have students perform their script, if they like.

WRITING

What is the purpose of writing in *Conversaciones*?

The goal of the writing suggestions and activity pages provided in *Conversaciones* is to develop students' critical and creative thinking. The writing activities are designed to help students systematically articulate, support, and develop their own ideas, and stimulate original thought and prompt students to connect personally with literature.

Students' ability to write, explain, and support an answer is closely tied to what happens in discussion. All of the Core Interpretive Activities and many of the Supplemental Activities present possibilities for writing, though they can also be conducted aloud or with the leader writing for the group. We encourage you to think about the benefits your students can derive from writing in connection with the Shared Inquiry process, especially the Shared Inquiry Discussion, and to incorporate writing into selected activities.

How can I encourage my students to write throughout the course of their work on a story?

Students have opportunities to use writing to develop and extend their thinking as they work on a story. Writing can range from short notes to lengthier narratives.

Before Discussion	Beginning/End of Discussion*	After Discussion
To help students keep track of their thoughts and begin developing their own interpretations, have them	To help students refine their interpretations and synthesize ideas around a single issue, have them	To help students extend the process of reflection and apply their thinking to other situations, have them
• Take notes during their first and/or second reading	• Write their answers before discussion on the Building Your Answer page	• Develop the ideas on the Building Your Answer page into an opinion piece or persuasive essay
• Write their reactions to and questions about the story after the first reading	• Record classmates' ideas on the Building Your Answer page at the end of discussion	• Write expository pieces related to a story's ideas or the author's craft
• Write answers to peers' questions	• Write their answers after discussion on the Building Your Answer page	• Use creative writing to express thoughts and ideas in unique, personal ways
• Write about their interpretation of a word with multiple meanings	• List evidence that supports their ideas on the Building Your Answer page at the end of discussion	
• Write captions for artwork and scripts for dramatic plays		

* During discussion, students usually direct their attention to listening to one another. However, if students find it helpful, they can occasionally jot down ideas they want to remember.

How should I use the supplemental writing activities?

Each unit includes writing activity pages designed to be used as short-answer writing assignments or rough drafts for more developed pieces. We encourage leaders or students to select the writing activity that best provides them with an avenue for extending their thinking about a story, whether it be writing poetry, a letter, a story, an interview, or an essay.

How can I help students develop their writing skills?

The current thinking about how writing should be taught places the emphasis on the *process* of composing a text, as opposed to the final written product. Research shows that students benefit from instruction that places attention on the thinking required by a piece of writing rather than on mechanics. Students are also more successful at writing when they have ample time for rereading, rethinking, and rewriting. In addition, students need to write frequently if they are to master the complex processes of communicating ideas in writing.

With these findings in mind, you will want to give your students writing assignments on a regular basis and provide plenty of opportunities to rethink and revise their ideas. You can use students' own successful writing products as examples of what you're trying to teach. The writing process is often described in the following steps: rehearse, draft, revise, edit, and publish. Even when you do not plan for students to do extended work on a piece of writing, they will benefit from a prewriting activity (talking, brainstorming, mapping, drawing) before writing a first draft.

What's the purpose of the questions printed in the margins of most writing activity pages?

We call these guiding questions, and they help students generate ideas and organize them. With the support of the guiding questions, students of varying abilities often think more deeply about the topic and convey more details than they might otherwise. By no means do students have to confine their ideas to the lines beside the guiding questions or view the questions as the only ones possible. More experienced writers may not need the activity page at all and may prefer to see the prompt and guiding questions written on the board, with the option of using the guiding questions as they see fit.

Should I have students revise and polish every piece of writing?

You can build in as much revision as you think your students need, but time is a constraining factor for most leaders. If students are completing one writing activity for each story they work on, most leaders do not have their groups polish each piece to final draft standards. Students can keep their rough drafts in a *Conversaciones* writing portfolio, selecting one piece at a regular interval—such as every four weeks—to revise and rework. When students do rework a piece, they should understand that revision isn't simply correcting spelling, punctuation, and grammatical errors, but making their meaning clear with language.

What about teaching the mechanics of writing?

Because the emphasis in *Conversaciones* is on the development of ideas, we are not including suggestions for instruction in grammar, punctuation, usage, and spelling in this Leader's Edition. Of course, all aspects of the craft of writing are important. One effective way to incorporate instruction in mechanics is to determine your students' needs in this area as you observe their writing and to develop short lessons based on these needs. In this way, you'll be teaching mechanics and style as part of an ongoing effort to express meaning.

How can I use the Building Your Answer page to develop students' writing?

The Building Your Answer page is a tool for helping students learn to communicate their thoughts in writing. It is the place where students can record their initial response to your focus question and their final, or "personal best," answer at the end of discussion. In addition to giving students a time to write their final answers, a leader can provide guidance in writing different types of sentences, paragraphs, or essays that reflect the thinking that occurred in discussion. You might, for example, close discussion by having students write their best answers, take a break, then return for a short lesson on writing a paragraph with evidence that supports a thesis statement.

When you look at your students' ability to communicate thoughts in writing, it is important to distinguish between the ability to write down words in a sentence, which many children will readily do, and the ability to write a response or explanation that makes sense, conveys a sequence of thought, and truly addresses the question you asked. One of the Building Your Answer masters in appendix B (see p. 413) has been left blank for you to fill in your own After Discussion prompts. If you let your students know what they will be expected to write after discussion, they can practice the targeted skills during discussion. The following are examples of prompts that address specific student needs:

- *Which idea did you like best?* (for students who have difficulty writing a clear answer)

- *What idea surprised you?* or *What was one idea you disagreed with?* (for students who need to listen to one another more)

- *What is one question you'd still like to ask the group (or the author)?* (to encourage curiosity and further questioning)

Can students' writing be used to assess the development of their critical-thinking skills?

Yes. Pieces of writing related to Shared Inquiry Discussion, such as a paragraph based on the Building Your Answer page or evaluative writing, will reflect your students' growing abilities to develop ideas, support them with textual evidence, and respond to the ideas of others.

APÉNDICE A

APPENDIX A

Ya sea que usted califique o no la participación de los estudiantes en Great Books, la evaluación le ayudará a establecer objetivos para los logros individuales de los estudiantes y la satisfacción del grupo. El compartir sus objetivos con los estudiantes les da una idea clara sobre la dirección del trabajo emprendido o de lo que se espera de ellos, lo que los ayudará a desempeñarse mejor. La evaluación del progreso de los estudiantes y de su propio desempeño también puede ayudarle a ser un mejor director, puesto que hay una relación directa entre lo que usted hace y la calidad de la discusión. Su elección de las preguntas de seguimiento y su voluntad de escuchar animarán a los estudiantes a desarrollar ideas, a respaldarlas con evidencia tomada del texto, y a trabajar como un grupo para explorar la selección.

En la Indagación colectiva se cultivan ampliamente las capacidades de lectura, opinión crítica, escucha, y conversación, en las que usted no sólo puede esperar mejoras mensurables usando los elementos corrientes de evaluación, sino que también le ofrecen recompensas intrínsecas. No hay dos discusiones iguales y, no obstante el nivel de nuestra capacidad de directores y participantes, leer y discutir literatura excepcional constituye una valiosa experiencia de aprendizaje.

¿En qué forma puedo alentar a mis estudiantes a evaluar y mejorar el desempeño de su grupo en la discusión?

Considere las preguntas siguientes para ayudar a los estudiantes a evaluar informalmente la discusión y la calidad de su participación en ella: *¿Se concentró en el cuento o perdió el hilo en algunas ocasiones? ¿Se prestaron mucha o poca atención? ¿Respaldaron mutuamente sus ideas con evidencia tomada del cuento? ¿Qué les gustó o disgustó de la discusión?* También podría pedirles que identifiquen algo que el grupo hizo bien y una habilidad que el grupo deba mejorar, y que den ejemplos del comportamiento que el grupo desearía tener durante la discusión.

¿En qué forma puedo evaluar y mejorar mi desempeño como director?

La participación de sus estudiantes en la Indagación colectiva lo refleja claramente. A medida que identifica áreas en las que los estudiantes necesitan mejorar, piense en qué forma podría mejorar sus estrategias de dirección para reafirmar el progreso de los estudiantes. Cada una de las preguntas de seguimiento que usted haga le dan al grupo la oportunidad de demostrar lo que sabe y de elaborar poco a poco una mejor interpretación del cuento.

Es difícil observar y evaluar su desempeño cuando dirige al mismo tiempo una discusión. Podría solicitar la ayuda de un colega familiarizado con la Indagación colectiva o grabar la discusión para analizarla después. Considere las siguientes preguntas: ¿Empecé la discusión con una pregunta de enfoque bien definida? (Vea la lista de control de las preguntas de enfoque en la pág. 346.) ¿Hasta qué punto tuve una actitud abierta y evité llevar a los estudiantes a que me dieran las respuestas que quería oír? ¿Aceptamos e investigamos las respuestas en las que yo no había pensado? ¿Con qué frecuencia les pedí a los estudiantes que se valieran de la evidencia tomada del cuento para respaldar sus respuestas? ¿Hasta qué punto animé a los estudiantes a hablar directamente entre ellos, a considerar las ideas de los demás y a indicar los motivos que tuvieron al estar de acuerdo o en desacuerdo con sus compañeros de clase? ¿Cuán bien ayudé a los participantes a desarrollar sus ideas? ¿Tuvieron todos la oportunidad de participar? ¿Cuán satisfecho quedé con la discusión? ¿Cuán satisfechos quedaron los estudiantes? Luego, identifique algo en lo que usted ayudó al grupo y una habilidad en la que desearía que el grupo mejorara.

¿Cuáles son los elementos que puedo usar para evaluar el desarollamiento de los estudiantes?

Con la práctica de la Discusión colectiva, los estudiantes desarrollarán capacidades en tres campos primordiales:

- Idea—la capacidad de entender y generar una respuesta a una pregunta interpretativa

- Evidencia—la capacidad de respaldar la pregunta con evidencia del texto

- Respuesta—la capacidad de responder a los comentarios e ideas de los demás y aprender de ellos

Aunque la Discusión colectiva es donde la mayoría de los directores observan las mejores ideas de los estudiantes, evaluar esta compleja actividad grupal puede ser un verdadero reto para el director que ya hace todo lo posible por escuchar, pensar y responderle al grupo. A continuación, encontrará algunas formas prácticas de evaluar el rendimiento de los estudiantes y el progreso que muestren en la Indagación colectiva.

La gráfica de participación. Su gráfica de participación le proporciona un registro de la participación de los estudiantes y de las ideas que expresen en la discusión (vea la pág. 347). La comparación de estas notas de una semana a otra, le ayudará a calificar a los estudiantes o a informarles del progreso individual o grupal.

Observación. Para medir el progreso individual de los estudiantes, usted u otro observador puede concentrarse en varios alumnos por discusión. Si se mantiene el grupo reducido (de 12 a 15 personas), los estudiantes tendrán más oportunidades de participar.

Tareas de escritura. Las tareas de escritura permiten que las ideas interpretativas "se conserven" para la evaluación y, por lo tanto, son la forma más fácil y confiable de evaluar el desempeño de los estudiantes. Lo más apropiado es hacer que respondan las preguntas interpretativas *después* de la discusión, cuando hayan tenido la oportunidad de considerar otras opiniones y afirmar sus ideas. Vea la sección sobre el uso de la página de Elaborar tu respuesta (pág. 352).

La capacidad de expresión del estudiante en la escritura no es siempre igual a la que manifiesta en una discusión. Concéntrese en el contenido de lo que el estudiante ha escrito, más que en la forma en que lo ha hecho. Siempre es posible hacer que los estudiantes trabajen en la forma de escribir durante la revisión.

Carpeta. Una carpeta con el trabajo de los estudiantes durante un período extenso es algo que puede ayudarle y ayudar a los estudiantes a tomar nota de los logros y el progreso alcanzados. La carpeta puede contener muestras de muchos tipos de trabajo: preguntas de los estudiantes, páginas de actividades, páginas de Elaborar su respuesta, ilustraciones, y tareas de escritura creativa. Puede hacer comparaciones entre los primeros y los últimos cuentos que los estudiantes hayan completado, o dejarles que identifiquen varias piezas que reflejen lo mejor que han producido, y que expliquen por qué se sienten orgullosos de ellas.

¿Ofrece la Great Books Foundation elementos de evaluación formales y capacitación?

Los días de consulta y la capacitación adicional sobre estrategias y evaluación de la Indagación colectiva, que puede conseguir por intermedio de la Great Books Foundation, son formas excelentes de continuar su progreso como director. Para más información, llame al 1-800-222-5870 o visite el sitio www.greatbooks.org.

INCORPORAR OTRAS ACTIVIDADES DE LENGUAJE A *CONVERSACIONES*

Reconocemos que los profesores tienen la responsabilidad de ayudar a los estudiantes a alcanzar una amplia variedad de objetivos de lectura y de actividades de lenguaje. Las lecturas y actividades interpretativas de *Conversaciones* tratan de muchos de los mismos objetivos que otras actividades de lenguaje y también desarrollan habilidades de análisis crítico. Como las actividades de *Conversaciones* amplían la capacidad intelectual y creativa de los estudiantes, a menudo disfrutan y aprenden más con estas actividades que con otras. Tenga presente que cuando los estudiantes empiezan la Discusión colectiva, aún deben estar intrigados y animados por las posibilidades del cuento. Demasiadas actividades o actividades que riñan con los objetivos de la Indagación colectiva pueden desanimar a los estudiantes y convertir la feliz exploración de un cuento atractivo en un ejercicio aburrido.

¿Qué clase de actividades de lenguaje se pueden combinar bien con *Conversaciones*?

Las actividades que no interfieran con el enfoque interpretativo ni con el método de la Indagación colectiva son compatibles con los cuentos y actividades de *Conversaciones*.

Antes de la Discusión colectiva, usted puede combinar las actividades sobre el cuento con

- Minilecciones sobre temas de escritura, tales como lenguaje descriptivo, comillas, o sintaxis, con ejemplos tomados de uno de los cuentos de *Conversaciones*

- Organizadores gráficos que les sirvan a los estudiantes para anotar y compartir ideas relacionadas con el cuento

Después de la Discusión colectiva, usted podría pedirles a los estudiantes que amplíen sus ideas con

- Organizadores gráficos que les sirvan para anotar y comparar ideas derivadas de la discusión

- Debates, dramatizaciones, o elocuciones basados en temas motivados por un cuento

- Tareas de escritura que exploren las ideas suscitadas en la discusión

- Deberes que les hagan comparar e indicar las diferencias entre los cuentos

- Investigación o lecturas adicionales sobre los antecedentes del cuento, del autor, o de un tema en particular

¿Cuándo puedo usar un cuento o una actividad interpretativa de *Conversaciones* en vez de otras lecturas o actividades de lenguaje?

Use una actividad de *Conversaciones* cuando los objetivos que tiene para los estudiantes sean

- Leer con sentido

- Sacar conclusiones para responder a las preguntas interpretativas

- Respaldar las interpretaciones con evidencia textual

- Responder a otras interpretaciones

Por ejemplo, si regularmente hace que su clase llene una hoja de ejercicios para explorar los personajes y sus motivaciones, elabore una pregunta de enfoque para la Discusión colectiva, que cumpla la misma finalidad, como *¿Por qué se describe Juanito a sí mismo como el niño de cabeza?*, y pídales que contesten en la página de Elaborar tu respuesta. Si su clase trabaja a menudo en métodos de escritura, use el método con alguna de las sugerencias de escritura de las Actividades adicionales en lugar de hacerlo con un tema seleccionado por el estudiante o asignado por el profesor. Conduzca una Discusión colectiva en vez de un círculo literario. En vez de valerse de otras actividades de aprendizaje cooperativas o de pequeños grupos, usted puede usar alguna de las sugerencias para tomar apuntes con un compañero durante la segunda lectura.

¿Qué tipo de actividades de artes del lenguaje no se pueden reemplazar o combinar con las actividades de *Conversaciones*?

Ciertas actividades de artes del lenguaje tratan de objetivos diferentes y se valen de métodos distintos para alcanzar estos fines. No confunda a los estudiantes al combinar actividades que recalquen la respuesta a preguntas objetivas o se concentren en experiencias personales, con cuentos y actividades interpretativas de *Conversaciones*. Con literatura menos apropiada para la interpretación, lleve a cabo estas actividades en forma separada. Otros ejemplos de actividades con objetivos diferentes son

- Lograr consenso

- Analizar la forma en que un cuento encaja con el tema de una unidad o la manera en que ilustra un concepto específico

- Reseñar a un autor, una cultura, un período, o una ambientación para explicar un texto

- Usar un texto para conocer al autor, la cultura, el período, o la ambientación

- Escribir el final de un cuento, hacer una imitación o parodia del relato que no esté respaldada por el texto

¿Puedo utilizar lecturas que no se encuentren en _Conversaciones_ como base de la Discusión colectiva y de las actividades interpretativas?

Sí, ¡el método de la Indagación colectiva no debe limitarse a los cuentos de esta antología! Se puede valer de otros cuentos, poemas, capítulos de novelas y ensayos, siempre y cuando las lecturas incluyan temas interpretativos y propicien discusiones detalladas. Cuando tenga un trozo que considere adecuado para sus estudiantes en cuanto a temas e ideas, asegúrese también de que reúna estos requisitos:

• **Que la selección tenga un límite de tiempo** para que los estudiantes puedan leerla dos veces y trabajar intensamente con ella

• **Que la selección motive preguntas provechosas para usted y los estudiantes.** Usted debe sentir por el texto la misma curiosidad que desea crear en sus estudiantes. Sólo puede ser un director eficiente si hace las preguntas adecuadas.

• **Que la selección respalde una discusión interpretativa extensa.** El trozo que considere debe promover varias interpretaciones y respaldarlas. Lo ideal sería que el autor no diera una lección o moraleja explícita ni que explicara mucho sobre lo que los personajes hacen o dicen. Usted quedará con preguntas al final de la primera lectura e incluso después de la segunda, pero estará en condiciones de hallar respuestas en el texto. Para asegurarse de que una selección sea lo suficientemente compleja y jugosa para los objetivos de la Indagación colectiva, procure tener una lluvia de ideas sobre las preguntas interpretativas. Si puede reunir siete u ocho preguntas interpretativas sin mucho esfuerzo, el trozo tiene muy buenas posibilidades. Luego, use la lista de control de las preguntas de enfoque (pág. 346) para saber si hay una pregunta completa que motive muchas interpretaciones diferentes y explore varios pasajes del texto. Establezca una meta elevada: para que una selección mantenga una discusión animada y absorbente, debe sobresalir ante sus ojos como algo "valioso".

PARTICIPACIÓN DE LOS PADRES

Cuando los estudiantes y los padres colaboran en casa en los cuentos de *Conversaciones,* todos se benefician. Los estudiantes establecen una conexión entre los mundos del hogar y la escuela, lo que refuerza el mensaje de que la lectura vale la pena. Con frecuencia, crece la confianza que tienen al leer y aumenta la dedicación a hacerlo. Los padres ven el progreso de sus hijos y tienen la oportunidad de hablar con ellos acerca de los temas que los cuentos motivan.

Una forma de lograr la participación de los padres es hacer que los estudiantes hagan una de las lecturas del cuento en casa. Los estudiantes pueden leer a los padres o éstos a sus hijos. Según su programa en el salón de clase, usted puede elaborar un plan de lectura en casa que funcione como la segunda lectura del cuento o pedirles a los estudiantes y a los padres que lean el cuento juntos por tercera vez la noche anterior a la Discusión colectiva que usted va a dirigir. Si es posible, indique una noche determinada para que los estudiantes lean con sus padres. Vea la carta de muestra en la página siguiente para enviarles a los padres al iniciar *Conversaciones.*

Puede cultivar la participación de los padres al presentarles *Conversaciones* por medio de una conversación corta o de una muestra visual en una de las reuniones de padres de familia o en un encuentro informal. Esto les da a los padres la oportunidad de entender el enfoque del programa en las ideas analíticas, y los padres interesados pueden optar por servir de voluntarios en el salón de clase. Los padres que asisten al Taller de Indagación colectiva para los padres o al Taller de Indagación colectiva—Primer nivel, pueden ayudarle a dirigir la discusión, facilitando la división de la clase en grupos más pequeños. Para mayor información sobre los talleres y los horarios disponibles, visite nuestro sitio, www.greatbooks.org, o llame a nuestra oficina al teléfono 1-800-222-5870.

Estimados padres:

Nuestra clase empezará pronto *Conversaciones*, un programa de lectura y discusión publicado por la Great Books Foundation. Su niño va a leer cuentos seleccionados por la calidad literaria y el contenido estimulante que tienen. En *Conversaciones*, se anima a los niños a hacer preguntas acerca de los cuentos y a explorar, respaldar, y desarrollar sus propias ideas durante la discusión. A medida que transcurre el año, espero que los estudiantes aprendan a hacer preguntas más cuidadosas, ofrezcan motivos para sus opiniones, y escuchen las ideas de los demás.

Les incluyo un programa con el cuento que trataremos cada semana. Puesto que los cuentos de *Conversaciones* dan que pensar, los estudiantes deben escucharlos o leerlos por lo menos dos veces. Usted puede colaborar al leer el cuento con su niño la noche antes de la discusión. Quizás usted quiera leerle al niño, o él o ella disfrute leyéndole el cuento a usted. Sea cual fuera la decisión, le solicito que se tome unos momentos para hablar del cuento con su hijo. Puede empezar haciéndole una pregunta sobre algún aspecto del cuento o pidiéndole que haga alguna pregunta, si la tiene. Cuando el niño empiece a ofrecer ideas, siga los comentarios que haga con preguntas como "¿Por qué crees eso?" o "¿Quieres decirme algo más sobre eso?" Las preguntas y respuestas de este tipo le ayudarán al niño a entender mejor el cuento y a hablar con más confianza durante la discusión en clase.

Si desea venir a la clase y ayudar leyéndoles a los estudiantes o servir de voluntario en otras actividades en el salón de clase, sírvase llamarme al teléfono número _____. Si tiene alguna pregunta sobre *Conversaciones*, no vacile en comunicarse conmigo. Quedo a la espera de hablar con usted.

Atentamente,

_____

CUENTO	FECHA
Carlos y la milpa de maíz *Jan Romero Stevens*	_____
Ooka y el ladrón honrado *Cuento folklórico japonés en versión de I. G. Edmonds*	_____
La tejedora de sueños *Concha Castroviejo*	_____
El monstruo que se volvió pequeño *Joan Grant*	_____
El niño de cabeza *Juan Felipe Herrera*	_____
Maese gato *Charles Perrault*	_____
Los cazadores invisibles *Cuento folklórico nicaragüense en versión de Harriet Rohmer*	_____
El león de Elena *Crockett Johnson*	_____
El robo de las aes *Gonzalo Canal Ramírez en versión de Germán Ramos*	_____
La hija de la nieve *Cuento folklórico ruso en versión de Arthur Ransome*	_____

ASSESSING PROGRESS IN SHARED INQUIRY

Whether or not you assign a grade for students' participation in Great Books, assessment will help you set goals for students' individual achievements and accomplishments as a group. Sharing your goals with students gives them a clear idea of what they are working toward or what is expected of them, which will help them perform better. Evaluating students' progress and your own performance can also help you become a better leader, since there is a direct connection between what you do and the quality of discussion. Your choice of follow-up questions and willingness to listen will encourage students to develop their ideas, support them with evidence from the text, and work together to explore the selection as a group.

Shared Inquiry cultivates a wide range of reading, critical thinking, listening, and speaking skills in which you can expect to see measurable improvements using your standard assessment tools, but it also has its own intrinsic rewards. No two discussions are alike, and regardless of the skill levels of leaders and participants, reading and discussing outstanding literature is a valuable learning experience.

How can I encourage my students to assess and improve their group's performance in discussion?

Consider using the following questions to help students informally evaluate the discussion and their performance: *Did you focus on the story, or did you sometimes get off track? How well did you listen to each other? How often did you support one another's ideas with evidence from the story? What did you like or not like about the discussion?* You might also ask them to identify one thing the group did well and a skill the group needs to improve, and to suggest examples of behavior the group would like to encourage during discussion.

How can I assess and improve my own performance as a leader?

Your students' performance in Shared Inquiry reflects strongly on your own. As you identify areas in which students need to improve, consider how you might improve your leadership strategies to bolster students' growth. Every follow-up question you ask provides an opportunity for your group to demonstrate their knowledge and work toward building a more thoughtful interpretation of the story.

It is difficult to observe and evaluate your performance while you lead discussion. You might enlist the help of a colleague who is familiar with Shared Inquiry or tape the discussion to review later. Consider the following questions: Did I begin discussion with a well-crafted focus question? (see the focus question checklist, p. 372) To what extent did I remain open-minded and avoid steering students toward answers I wanted to hear? Did I accept and explore answers I hadn't thought of? How often

did I ask students to use evidence from the text to support their answers? To what extent did I encourage students to speak directly to each other, consider each other's ideas, and offer reasons when they agreed or disagreed with their classmates? How well did I help participants develop their ideas? Did everyone get a chance to participate? How satisfied was I with the discussion? How satisfied were the students? Then, identify one thing you helped the group do well and a skill you would like to help the group improve.

What tools can I use to assess students' performance?

As students practice Shared Inquiry Discussion, they will develop their skills in three key areas:

- Idea—the ability to understand and generate an answer to an interpretive question

- Evidence—the ability to support the answer with evidence from the text

- Response—the ability to respond to and learn from others' comments and ideas

Although Shared Inquiry Discussion is where most leaders see their students' best thinking, assessing this complex group activity can present challenges for the leader who is already trying hard to listen, think, and respond to the group. Following are some practical ways to help you assess students' performance and progress in Shared Inquiry.

Seating chart. Your seating chart provides a record of students' participation and the ideas they express in discussion (see p. 373). Comparing these notes from week to week will help you assign grades or give students feedback on their progress, as a group or individually.

Observation. To gauge individual students' progress, you or another observer can focus on several students per discussion. Keeping the group small (12–15 students) will give the students you are monitoring many opportunities to participate.

Writing assignments. Writing assignments make interpretive thinking "hold still" for assessment and are therefore the easiest and most reliable way to assess each student's performance. It is most appropriate to have students compose answers to interpretive questions *after* discussion, when they have had an opportunity to consider other opinions and firm up their own ideas (see the section on the Building Your Answer page, p. 378).

Students' ability to express themselves in writing is not always the same as their ability to express themselves in discussion. Focus on the content of what a student has written, rather than the mechanics. You can always have students work on mechanics during a revision stage.

Portfolios. A portfolio of students' work collected over an extended period of time can help you and your students note their individual achievements and progress. The portfolio may include samples of many kinds of work—students' questions, activity pages, Building Your Answer pages, drawings, and creative writing assignments. You may compare work from the first and last stories students completed, or let students identify several pieces they consider their best and explain why they are proud of them.

Does the Great Books Foundation offer formal assessment tools and professional development?

Consultation days and additional professional development in Shared Inquiry strategies and assessment, available from the Great Books Foundation, are excellent ways to help you continue to progress as a leader. Call 1-800-222-5870 or visit www.greatbooks.org for more information.

INTEGRATING OTHER LANGUAGE ARTS ACTIVITIES WITH *CONVERSACIONES*

We recognize that teachers are responsible for helping students meet a wide range of reading and language arts objectives. The *Conversaciones* readings and interpretive activities address many of the same objectives as other language arts activities and also develop critical-thinking skills. Because the activities in *Conversaciones* stretch students intellectually and creatively, students often enjoy and learn more from them than from other activities. Keep in mind that when students begin Shared Inquiry Discussion, they should still be intrigued and excited by the possibilities the story holds. Too many activities or activities that conflict with the goals of Shared Inquiry can dampen students' enthusiasm and turn the joyous exploration of a rich story into a tiresome exercise.

What language arts activities work well in combination with *Conversaciones*?

Activities that do not interfere with the interpretive focus and the Shared Inquiry method are compatible with *Conversaciones* stories and activities.

Before Shared Inquiry Discussion, you may combine work on the story with

- Minilessons on writing topics, such as descriptive language, quotation marks, or sentence structure, using examples from a *Conversaciones* story

- Graphic organizers that help students record and share their thoughts about a story

After Shared Inquiry Discussion, you might ask students to extend their thinking with

- Graphic organizers that help students record and compare ideas from discussion

- Debates, dramatizations, or speeches based on issues raised by a story

- Writing assignments that explore the ideas brought forth in discussion

- Assignments that ask students to compare and contrast stories

- Research or further reading on the story background, author, or a particular theme

When can I use a *Conversaciones* story or interpretive activity instead of other reading or language arts activities?

Use a *Conversaciones* activity when you have one or more of the following goals for students:

- Read for meaning

- Draw conclusions to answer interpretive questions

- Support their interpretations with textual evidence

- Respond to other interpretations

For example, if you would typically have your class fill out a worksheet to explore characters and their motivations, craft a focus question for Shared Inquiry Discussion that will accomplish the same goal, such as *Why does Juanito describe himself as the upside-down boy?* and have them develop their Building Your Answer page answers. If your class regularly engages in process writing, use the process with one of the Supplemental Activities writing suggestions in place of a self-selected or leader-assigned topic. Substitute a Shared Inquiry Discussion for a literature circle. Instead of other small group or cooperative learning activities, you can use one of the suggestions for taking notes with a partner during the second reading.

What types of language arts activities cannot be replaced by or combined with *Conversaciones* activities?

Certain language arts activities address different goals and use different methods for arriving at those goals. Do not confuse your students by combining activities that emphasize answering factual questions or focus mainly on personal experience with *Conversaciones* stories and interpretive activities. Do these activities separately, with literature less suited for interpretation. Other examples of activities with different goals include:

- Reaching a consensus

- Analyzing how a story fits a unit theme or illustrates one specific concept

- Writing a report about an author, culture, period, or setting to explain a text

- Using a text to learn about its author, culture, period, or setting

- Writing a story completion, imitation, or parody that is not supported by the text

Can I use readings not found in *Conversaciones* as the basis for Shared Inquiry Discussion and interpretive activities?

Yes, the Shared Inquiry method need not be limited to the stories in this anthology. You may use other stories, poems, chapters of novels, and essays, as long as the readings include interpretive issues and will sustain in-depth discussion. When you have a piece that you feel is suitable for your students in terms of issues and ideas, also make sure that it meets each of these other criteria:

- **The selection is limited in length** so students can read it twice and work with it closely.

- **The selection raises genuine questions for you, as well as your students.** You must experience the same kind of curiosity about the text that you want to encourage in your students. You can only be an effective leader if you can ask genuine questions yourself.

- **The selection must support extended interpretive discussion.** The piece you consider must invite and support a number of interpretations. Ideally, the author should not state an explicit lesson or moral or explain everything characters do or say. You should be left with questions at the end of your first and even second reading yet be able to find possible answers to them in the text. To make sure that a selection is complex and rich enough for Shared Inquiry purposes, try to brainstorm interpretive questions. If you come up with seven or eight interpretive questions without much effort, the piece is a strong possibility. Then use the focus question checklist (p. 372) to see if there is a comprehensive question that sparks many diverse interpretations and explores various passages in the text. Set your sights high—a selection that will sustain a lively and compelling discussion must stand out to you as "great."

INVOLVING PARENTS

When students and their parents work together at home on *Conversaciones* stories, everyone benefits. Students experience a link between the worlds of home and school, which reinforces the message that reading is worthwhile. Frequently, their confidence in their ability and commitment to reading grow. Parents see the progress their children are making, and have the opportunity to talk with them about issues that the stories raise.

One way to involve parents is to have students do a reading of the story at home (see the sample letter on p. 396 to send to parents when you begin *Conversaciones*). Students may read to parents, or parents to students. Depending on your classroom schedule, you may wish to plan a home reading as the second reading of the story or to ask students and parents to read the story together for a third time the night before you lead Shared Inquiry Discussion. If possible, establish a regular night for students to read with their parents.

You can also cultivate parents' participation by introducing them to *Conversaciones* with a short talk or visual display at an open house or parents' organization meeting. This gives parents a chance to understand the program's focus on critical thinking, and interested parents may wish to volunteer to help in the classroom. Parents who take a Parent Leader Training Course or Shared Inquiry Leader Workshop—Level I can help you lead Shared Inquiry Discussion, making it possible to divide your class into smaller groups. More information about workshops and schedules is available on our Web site, www.greatbooks.org, or through our office, 1-800-222-5870.

APÉNDICE B

_____

(TÍTULO DEL CUENTO)

_____

Pregunta relacionada

_____

Pregunta relacionada

Pregunta de enfoque*

_____

_____

* Ponga a prueba su pregunta de enfoque utilizando
la lista de control de la pág. 346.

_____

Pregunta relacionada

_____

Pregunta relacionada

Pasajes para tener en cuenta

_____

_____

_____

_____

Escriba los nombres de los estudiantes alrededor del óvalo y use este cuadro para seguir los comentarios y la participación de ellos.

Pregunta de enfoque: _____

Empiece la discusión con esta pregunta. Vuelva a la pregunta a menudo. Puede terminar la discusión utilizando la sección Después de la discusión de la página de Elaborar tu respuesta.

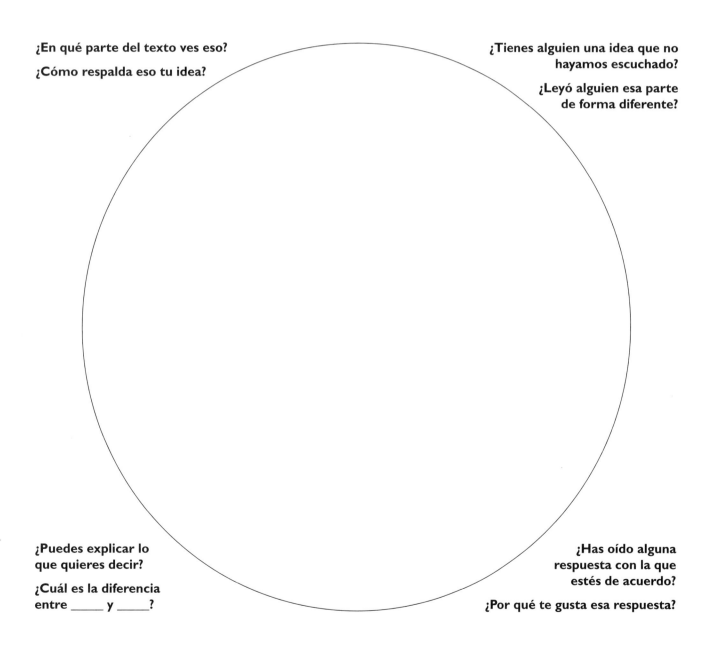

¿En qué parte del texto ves eso?

¿Cómo respalda eso tu idea?

¿Tienes alguien una idea que no hayamos escuchado?

¿Leyó alguien esa parte de forma diferente?

¿Puedes explicar lo que quieres decir?

¿Cuál es la diferencia entre _____ y _____?

¿Has oído alguna respuesta con la que estés de acuerdo?

¿Por qué te gusta esa respuesta?

Nombre: _____

Título del cuento: _____

Pregunta de enfoque: _____

_____

_____

Mi respuesta antes de la discusión: _____

_____

_____

Después de la discusión . . . (traza un círculo alrededor de una o más de
las siguientes)

Cambié de opinión. (¿Cómo?)	Oí una nueva idea que me gustó. (¿Qué?)	Le agregué algo a mi respuesta. (¿Qué?)

_____

_____

_____

Nombre: _____

Título del cuento: _____

Pregunta de enfoque: _____

_____

_____

Mi respuesta antes de la discusión: _____

_____

_____

Después de la discusión: _____

_____

_____

_____

_____

_____

NORMAS PARA LA
DISCUSIÓN COLECTIVA

1.

Todos tienen que leer el cuento o
escucharlo antes de la discusión.

2.

Habla únicamente del cuento que todos
han leído o escuchado.

3.

Explica cuál fue o cuáles fueron
las partes del cuento que te sirvieron
para dar esta respuesta.

4.

Espera que el director haga preguntas,
no que las conteste.

MIS TIRAS CÓMICAS

por

_____
(TÍTULO)

_____
(NOMBRE)

Nombre: _____

Título del cuento: _____

El desafío es pensar en palabras que _____

_____

Si puedes, ¡piensa en <u>dos</u> palabras por cada letra!

A _____

B _____

C _____

D _____

E _____

F _____

G _____

H _____

I _____

J _____

K _____

L _____

M _____

N _____

Ñ _____

O _____

P _____

Q _____

R _____

S _____

T _____

U _____

V _____

W _____

X _____

Y _____

Z _____

MIS PALABRAS FAVORITAS

Diccionario personal de

_____

MIS PALABRAS FAVORITAS

Palabra: _____

Encontré esta palabra en _____ página _____ .

Creo que la palabra significa _____

Esta es una buena suposición porque _____

El diccionario dice _____

(Escribe una frase con la palabra para un dibujo.)

_____

MIS PALABRAS FAVORITAS

Palabra: _____

Encontré esta palabra en _____ página _____ .

Creo que la palabra significa _____

Esta es una buena suposición porque _____

El diccionario dice _____

(Escribe una frase con la palabra para un dibujo.)

_____

Nombre: _____

Título del cuento: _____

¡Sé un buscapalabras!

Mi palabra misteriosa es _____.

Está en la página _____.

Ésta es la frase en la que aparece mi palabra misteriosa:

_____

_____

Ésta es una pista del significado que aparece ANTES de mi frase con la palabra misteriosa:

PISTA _____

_____

Ésta es una pista del significado que aparece DESPUÉS de mi frase con la palabra misteriosa:

PISTA _____

_____

Creo que mi palabra misteriosa significa _____

_____

- Intenta leer la primera frase que escribiste arriba y sustituye tu significado por la palabra misteriosa.
- Ahora, usa el diccionario para ver si hay una definición comparable a la tuya. Cópiala aquí:

_____

_____

Haz un dibujo que muestre la palabra misteriosa en una situación diferente. Luego, escribe una frase para tu dibujo.

_____

(Escribe una frase aquí.)

Nombre:

Título del cuento:

Escribe tu frase aquí.

ACKNOWLEDGMENTS

All possible care has been taken to trace ownership and secure permission for each selection in this series. The Great Books Foundation wishes to thank the following authors, publishers, and representatives for permission to reprint copyrighted material:

CARLOS Y LA MILPA DE MAÍZ/CARLOS AND THE CORNFIELD, by Jan Romero Stevens. Spanish translation by Patricia Hinton Davison. Copyright 1995 by Jan Romero Stevens. Reprinted by permission of Northland Publishing.

Ooka y el ladrón honrado, by I. G. Edmonds. Spanish translation by Osvaldo Blanco with permission of the author and his agents, Scott Meredith Literary Agency LP. Translation copyright 1999 by The Great Books Foundation. *Ooka and the Honest Thief,* from OOKA THE WISE, by I. G. Edmonds. Copyright 1961 by I. G. Edmonds and reprinted by permission of the author and his agents, Scott Meredith Literary Agency LP. Copyright renewed 1989, by I. G. Edmonds.

La tejedora de sueños, from EL JARDÍN DE LAS SIETE PUERTAS, by Concha Castroviejo. Copyright 1961 by Concha Castroviejo. Reprinted by permission of María Antonia Seijo Castroviejo. English translation by Helen Lane. Translation copyright 2002 by The Great Books Foundation.

El monstruo que se volvió pequeño, by Joan Grant. Spanish translation by Osvaldo Blanco. Translation copyright 2002 by The Great Books Foundation. *The Monster Who Grew Small,* from THE SCARLET FISH AND OTHER STORIES, by Joan Grant. Reprinted by permission of A P Watt Ltd. on behalf of Nicola Bennett.

EL NIÑO DE CABEZA/THE UPSIDE-DOWN BOY, by Juan Felipe Herrera. Copyright 2000 by Juan Felipe Herrera. Reprinted by permission of Children's Book Press.

Maese gato, from CUENTOS COMPLETOS DE CHARLES PERRAULT, by Charles Perrault. Spanish translation by Joëlle Eyheramonno and Emilio Pascual. Copyright 1997 by Grupo Anaya, S.A. Reprinted by permission of Grupo Anaya, S.A.

LOS CAZADORES INVISIBLES/THE INVISIBLE HUNTERS, as told by Harriet Rohmer, Octavio Chow, and Morris Vidaure. Spanish translation by Rosalma Zubizarreta and Alma Flor Ada. Copyright 1987 by Harriet Rohmer. Reprinted by permission of Children's Book Press.

Conversar y cantar, Dos pares de ojos, and *Algo así como un silencio,* by Crockett Johnson. Spanish translation by Dolores M. Koch with permission of the Ruth Krauss Estate. Translation copyright 2002 by The Great Books Foundation. *Conversation and Song* and *Two Pairs of Eyes,* from ELLEN'S LION, by Crockett Johnson. Copyright 1959 by Crockett Johnson. *A Kind of Silence,* from THE LION'S OWN STORY, by Crockett Johnson. Copyright 1963 by Crockett Johnson. Reprinted by permission of the Ruth Krauss Estate.

EL ROBO DE LAS AES, by Gonzalo Canal Ramírez as told by Germán Ramos. Copyright 1983 by Ediciones Ekaré. Reprinted by permission of Ediciones Ekaré. English translation by Margaret Sayers Peden. Translation copyright 2002 by The Great Books Foundation.

La hija de la nieve, by Arthur Ransome. Spanish translation by Dolores M. Koch. Translation copyright 2002 by The Great Books Foundation. *The Little Daughter of the Snow,* from OLD PETER'S RUSSIAN TALES, by Arthur Ransome. Published by Penguin Books Ltd.

ILLUSTRATION CREDITS

Jeanne Arnold's illustrations for *Carlos y la milpa de maíz* are from the book of the same name. Northland Publishing. Illustrations copyright 1995 by Jeanne Arnold. Reprinted by permission of Northland Publishing.

Leo and Diane Dillon prepared the illustrations for *Ooka y el ladrón honrado.*

Enrique O. Sanchez prepared the illustrations for *La tejedora de sueños.*

Mary Jones prepared the illustrations for *El monstruo que se volvió pequeño.*

René King Moreno prepared the illustrations for *El niño de cabeza.*

George Cruikshank's illustrations for *Maese gato* are from GEORGE CRUIKSHANK'S FAIRY LIBRARY, first published in 1870 by Routledge, Warne, and Routledge. Reproduced courtesy of the Newberry Library.

Leovigildo Martínez prepared the illustrations for *Los cazadores invisibles.*

Ed Young prepared the illustrations for *El león de Elena.*

Peli's illustrations for *El robo de las aes* are from the book of the same name. Ediciones Ekaré. Illustrations copyright 1983 by Peli. Reprinted by permission of Ediciones Ekaré.

David Johnson prepared the illustrations for *La hija de la nieve.*

Cover art by René King Moreno.

Text and cover design by Think Design Group.